신학 공부를 위해 필요한

101가지 ᅵ념

Kelly James C   ᆫith

KB125938

차례

Contents

일러두기

• 책 제목은 한국어 번역서가 있는 경우, 원제의 의미와 차이가 있더라도 독자의 편의를 위해 한국어
  번역서의 제목을 따랐다(영어 제목을 병기하였다). 단, 번역서가 여러 가지이면서 통일된 제목이 없는
  경우, 원래 제목을 살리거나 많이 사용되는 것으로 보이는 제목을 선택하였다.

• 〔   〕안의 내용과, 본문에 있는 주는 역자의 첨언/주이다.

• 일부 긴 문장의 경우 수식 관계를 분명하게 하기 위해 역자가 임의로 작은따옴표를 삽입하였다.

• 이 책에서 사용한 성경은 개역개정판이며, 다른 번역본을 사용한 경우 별도로 표기하였다.

서문: 독자를 위한 안내

시작 과정과 목적

2년쯤 전, 웨스트민스터 존 녹스 프레스Westminster John Knox Press의 편집자 도널드 맥킴Donald McKim이 켈리 제임스 클락에게 신학자를 위한 철학사전을 써 보는 게 어떻겠냐는 아이디어를 가지고 왔다. 자신의 동료가 300개나 되는 용어로 가득한 철학사전을 썼기 때문에, 늘 경쟁자였던 켈리는 이 제안에 흥분되었다. 켈리는 301개를 써서 자신의 동료를 앞지른 다음, 승리를 확정짓기 위해 325개의 용어를 비밀리에 쓰는 꿈을 꿨다. 그러나 도널드는 고작 101개의 용어로 책을 만들고 싶다고 했고, 우리는 그렇게 하기로 합의하였다.

켈리는 철학적 신학의 전문가였지만, 그럼에도 자신이 신학에 있어서는 그저 아마추어임을 고백했다. 그래서 켈리는 철학적 훈련과 신학적 훈련을 모두 받고 고든콘웰대학교에서 가르치고 있는 리처드 린츠를 영입하였다. 그런데 대륙철학 관련 내용을 쓰기에는 켈리와 리처드만으로는 충분하지 않다는 것이 분명해지자, 부족한 부분을 채우기 위해 켈리의 동료이자 친구인 제이미 스미스를 영입하였다. 제이미는 대륙철학에 속하지 않은 표제어에서도 많은 공헌을 했다.

이 사전은 목사나 신학 관련 직업 종사자뿐만 아니라, 신학생 및 신학에 관심 있는 사람 모두를 대상으로 한다. 따라서 우리는 독자들에게 철학적 지식이 거의 없다는 가정 아래 쓰고자 노력하였으며, 접근성을 최대화하는 것을 목표로 삼았다. 또한 신학생들이 신학을 공부하며 어떤 철학 용어, 철학 개념, 철학자의 이름을 접하게 될지 고민하였으며, 이를 결정하기 위해 노력하였다.

우리는 이 자그마한 사전에 대표적이며 포괄적인 내용이 담기기를 바라기는 하지만, 모든 내용을 총 망라했다고 자처하지는 않는다. 용어를 101개로 제한한다는 것은 우리의 취사선택이 요구되는 일이어서, 이러한 선택의 기준이 무엇이었는지 이야기하는 것이 적절할 것이다. 첫째, 이 사전은 고전적 철학·신학의 문제는 물론 현대적 관심사에 대해서도 다루고자 했다. 이 책은 특정한 배경context을 전제로 하고 있다. 만약 우리가 1950년에 이런 책을 썼다면, 틀림없이 이 책의 형태는 매우 달라졌을 것이다. 고전적인 인물과 문제를 다루는 "방식"도 매우 상이했을 것이다. 우리는 21세기가 시작되는 시점에 있는 신학자들, 즉 "포스트모더니즘"과 "해체"와 같은 현상들과 씨름하는 신학자들을 위한 자료를 제공하기 위해 노력하였다. 그러나 또한 아우구스티누스나 아퀴나스에게 가져갈 문제들에도 우리의 현재 위치에 알맞은 고유한 형태와 고유한 관심이 반영되어 있다. 우리는 시의적절한 설명을 만들어 내려고 하면서도, 단지 유행일 뿐인 논의는 피하려고 하였다. 그럼에도 이 책은 역사에 깊이 뿌리내리고 있다. 가장 많이 인용된 용어는 플라톤, 아우구스티누스, 아퀴나스, 계몽주의다. 따라서 우리는 이 책의 유용성이 오래가기를 바란다.

둘째, 이 책은 신학과 관련된 철학 용어와 철학자들을 모아 둔 것이지, 신학사전을 만들려고 한 것이 아님을 잊어서는 안 된다. 독자들은 이 책에서 "구원론"이나 "페리코레시스", 칼 바르트, 폴 틸리히와 같은 항목을 찾지 못할 것이다. 이러한 용어는 보통 신학사전에 있다. (아우구스티누스나 아퀴나스와 같은 고전 신학자들에 대해 논의한 곳에서도 이들의 철학적인 기여에 초점을 맞추려고 노력했다.) 대신에, 우리는 신학과 건설적인 관계가 있는 철학 용어들과 철학자들에 대해 논하는 쪽을 택했다. 그래도 철학적 숙고에 풍성한 영감을 불어넣은 몇몇 신학 용어(예컨대, 지옥)에 대해서는 논하였다. 여기에 두 가지 단서가 붙는다. 하나는 많은 철학적 문제와 철학자들이 여기에 포함되지 않았다는 것이다(예컨대, W.V.O. 콰인 같은 철학자나 수학철학 같은 문제들). 왜냐하면 신학적 논의에 별다른 영향을 미치지 않은 철학적 주제도 많기 때문이다.

또 다른 하나는 여기에서는 많이 주목받지 못하는 신학적 영역이 있다는 것이다(예컨대, 종말론). 왜냐하면 이런 신학적 논의에는 철학적 언어가 별로 침투하지 않았기 때문이다. 종합적으로 101개의 표제어라는 우리의 범위와, 이러한 범위 설정에 따르는 불가피한 선택을 독자들이 염두에 두었으면 한다.

셋째, 우리는 역사적 인물에 대한 논의와 철학적 개념 사이의 균형을 제시했다. 확실히 선택의 제약을 염두에 둔다면, 이는 결국 불가피하게 다음과 같은 종류의 의문이 모두 제기될 수 있는, 일종의 "드러나지 않은 기준"이 있음을 의미한다. 왜 보나벤투라가 아니라 둔스 스코투스인가? 왜 아빌라의 테레사가 아니라 위-디오니시오스인가? 왜 인종 비판 이론이 아니라 페미니즘인가? 이러한 물음은 모두 타당하지만, 분량 제한 때문인 것이지 우리의 선택이 부당한 것은 아니라고 변호하였다. 게다가 우리의 설명은 역사적 인물들에 대한 미묘한 해석의 차이와 학문적인 비평들도 충분히 다루지 못하였지만, 대신에 역사적 인물들에 대해 우리가 제시한 내용은, 가다머가 "영향사"라고 묘사한 것을 고려하여, "일반적으로 인정된" 전통을 대표하는 것이다. 예를 들어, 이 책에서 제공하는 플라톤이나 스토아 철학에 대한 그림은 서양의 철학적 신학 전통에서 전유된, 널리 알려지고 받아들여진 해석이다. 더 비평적인 논의는 참고 문헌 목록에 있는 작품들에서 찾아볼 수 있을 것이다. 우리는 101개 용어라는 지면을 가지고, 가장 광범위하게 쓰일 수 있는 사전을 빚어내기 위해 몇 가지 어려운 결정을 내려야 했다. 우리는 이 사전이 어떤 분야에 대해서는 침묵을, 또 어떤 분야에서는 맹점을 수반할 수밖에 없었음을 인정하지만, 그럼에도 이 결과물이 포괄성을 유지하는 사전이기를 바란다.

사용자 길잡이

이 책은 여러 가지 방식으로 사용될 수 있다. 때로는 독자나 학생이 "허무주의"라는 용어나 "마르틴 하이데거"와 같은 이름을 발견하고, 곧장 가나다 순으로 정렬된 해당 표제어로 이동할 수도 있다. 하지만 이 사전이 망라하는 범위와 포괄성은 표제어 목록이 전부가 아니다. 101개의 표제어 아래, 우리는 이

외에도 여러 쟁점과 인물을 다루었다. 예를 들어, 한 학생이 책을 읽다가 "자크 데리다"라는 이름을 발견하여, 데리다가 누구이며 어떤 일을 하였는지 궁금해할 수 있을 것이다. 하지만 그 학생은 표제어 목록에서 데리다를 발견하지 못할 것이다. 그러나 책 뒷부분에 있는 상호 참조 색인으로 넘어가면, "해체"라는 표제어 아래에서 데리다에 대한 광범위한 논의가 있음을 발견하게 될 것이다. 또는 누군가가 "경험론"이 무엇인지 궁금하다면, 색인을 통해서 경험론과 합리론에 대한 논의가 "인식론"이라는 표제 안에 포함되어 있음을 발견할 수 있을 것이다. 따라서 1차 참고점은 표제어 목록이지만, 상호 참조 색인이 이 사전의 자원들을 캐내는 일에 있어 매우 유용할 것이다. 추가로, 본문의 내용 중 표제어는 별표*로 표시하였다.

이 책을 활용하는 두 번째 방법은, 각 표제어에 대한 설명 맨 마지막에 있는 "함께 보기" 부분에 나와 있는 몇몇 참고 항목을 따라가는 것이다. 이 부분은 관련된 주제, 인물 또는 흐름을 독자들에게 알려 주며, 이곳을 통해 몇몇 개념이 더 충분히 논의될 것이다. 각 항목의 마지막에 있는 함께 보기 부분을 보면, 각 사상의 길을 좇아갈 수 있을 것이다. 이러한 "연쇄적 참조"를 통한 학습은 논점에 대한 포괄적인 그림을 제공할 것이다.

마지막으로, 이 책은 다양한 주제에 대한 유용한 책들의 참고 문헌 목록으로 사용될 수 있다. 각 표제어의 맨 끝에는 참고 문헌 목록이 있다. 참고 문헌 목록 안에 있는 책들은 대부분 철학 서적이지만, 철학적으로 정통한 신학 서적들도 포함하려 하였다. 그리고 참고 문헌 목록은 독자들에게 가장 친숙한 책들로부터 가장 어려운 것까지 나열하고자 하였다.

감사의 말

켈리 제임스 클락은 먼저 이 책을 구상하고, 리처드 린츠와 제이미 스미스의 도움을 요청한 후, 이 책이 완성되기까지 줄곧 이 프로젝트를 주도하였다. 리처드와 제이미는 이 프로젝트에서 보여 준 켈리의 리더십에 대해 감사를 표한다. 켈리는 이 프로젝트를 제안한 도널드 맥킴과, 이 프로젝트가 완료될 수 있도록 안식 기간을 지원해 준 칼빈대학교에 감사 드린다. 이 책의 편집을 친절하게 도와준 켈리의 전 학생인 안젤라 셰프Angela Scheff에게 특히 고마운 마음을 전하고자 한다. 또한 라이프니츠에 대해 도움을 준 마이클 머리Michael Murry와, 칸트와 리드에 대한 통찰을 준 이하디Lee Hardy에게 감사를 드린다.

계몽주의

Enlightenment

18세기 "해방" 운동은 이성을 권위 위에 올려놓음으로써, 종교의 통제로부터 학문을 해방하고자 하였다. 계몽주의란 무엇인가에 대한 *칸트의 설명은 명료하다. "너 자신의 이성을 사용하려는 용기를 지녀라." 이성의 정밀 조사를 거친 후 살아남을 수 없는 것—비합리성, 편견, 미신—은 폐기되어야 한다. 로크, 볼테르, 벨, *흄, 칸트, 울스턴크래프트 같은 계몽주의 사상가들은 종교, 도덕, *철학, 과학 및 사회의 본질에 대해 합리적으로 재검토하고자 했다.

16-17세기의 혁명과 개혁으로 사회적, 정치적, 과학적, 종교적 선택권이 갈피를 잡지 못할 만큼 다양해졌다. 이로 인한 끔찍한 결과가 자주 있었음에도, 사람들은 다양함 가운데 무언가를 선택하기 위한 확실한 방법을 가지고 있지 않았다. 점점 다원화되는 사회 속에서, 신적 권위에 호소하는 것은 점점 더 문제가 되었다. 어떤 하나님(개신교의 하나님, 로마 가톨릭의 하나님, 재세례파의 하나님)이 권위 있는 분인가? 그리고 누구의 성서 해석이 참된가? 홉스가 썼듯이, "한 선지자가 다른 선지자를 속인다면, 이성 외에 무엇으로 하나님의 뜻을 분별할 수 있겠는가?"

계몽주의 사상가들은 신적 권리로 사람들을 다스린다는 개념(왕권신수설)을 거부함으로써, 인간 사회를 위한 합리적 기반을 추구하였다. 사람들은 평등하며 자연권(예를 들어, 생존권, 자유권)을 가지고 태어난다고 생각하게 되었다. 자유 민주주의는 타인이나 다른 나라, 그리고 변덕스러운 통치자로부터 개인을 보호해 주는 권리와 법률 체제로 발전되었다. 따라서 우리는 계몽주의에서 *"인식론적" 혁명과 "정치적" 혁명으로 묘사될 수 있는 것 사이의 상관관계를 발견한다. 둘 다 개인에 대한 권위와 전통의 지배를 전복하고자 하였다.

권위에 대한 계몽주의의 비판에도 불구하고, 이성이 항상 전통적인 신념과 가치를 폐기하지는 않았다. 몇몇 계몽주의 사상가들은 무신론자였고, 다른 이들은 이신론자理神論者였으며, 그리고 몇몇은 그리스도인이었다. 예를 들어, 칸트는 그리스도인의 믿음과 가치에 정당성을 제공하기 위해 권위와 성서보다 이성을 사용하였다. 하지만 칸트는 이성이 하나님에 대한 합리적 믿음을 뒷받침해 줄 수 있다고 믿지는 않았다. 유신론을 뒷받침해 줄 합리성의 토대를 제거했으면서도, 신앙을 위한 자리를 마련해야 한다고 주장하였다. 그러나 계몽주의적 견해의 특성이 심화될수록, 기독교 교리가 더 수정되거나, 혹은 기독교 신앙이 완전히 거부되었다. 예를 들어, 토마스 제퍼슨은 이성적인 사람에게 *기적은 질색이라고 믿어서 성서를 아주 탈초자연화하였다desupernaturalized.

이성의 자율성, 권위의 거부, 기적의 부인은 결국 유럽 대륙에서와 특히 학계에서 예수의 생애에 대한 수많은 회의와 종교적 믿음의 상실로 이어지곤 했다. 그뿐 아니라 후기 칸트 철학자들이 상정한 가정들은 루돌프 불트만의 신약성서 "탈신화화" 작업과 같은 고전적 자유주의 신학들과, 보다 최근의 것으로 고든 카우프만의 인간학적 신학을 탄생시켰다. 그러나 20세기로 넘어가는 시기의 윌리엄 제임스와 20세기가 끝날 무렵의 개혁주의 인식론자들은 계몽주의 사상가들이 전제했던 가정들에 대한 강력한 공격을 시작하였다.

함께 보기 #데카르트 #모더니티·모더니즘 #상식 철학 #이성·합리성 #이성과 믿음(하나님에 대한) #인식론 #자연 신학 #칸트 #파스칼 #흄

참고 문헌 Roy Porter, *The Enlightenment*; Jonathan Israel, *Radical Enlightenment*; Peter Gay, 『계몽주의의 기원』(*The Enlightenment*); James M. Byrne, *Religion and the Enlightenment*.

과정 사상

Process Thought

*실체보다 사건(과정)의 우위성을 강조하는 학설이다. 이러한 도식에서는 생성becoming이 존재being보다 더 근본적인 것이다. 서양 고전 사상에서는 존재론을 '사물이나 실체를 가장 근본적인 차원에서 구성하는 것'으로 이해했다. 대조적으로 과정 사상의 존재론은 사건들—시간을 통해 발생하는 과정들—에 한정되어 있다.

철학적 전통의 형태로서의 과정 사상은 고대 철학자 헤라클레이토스의 작품과 플라톤의 『테아이테토스』*Theaitētos*에서 영감을 얻었다. 이 둘은 변화를 실

재의 근본적인 것으로 보았다. 알프레드 노스 화이트헤드는 이 운동의 창시자이다. 이 전통과 관련된 또 다른 인물로는 앙리 베르그송과 찰스 하트숀이 있다. 신학적 전통에서 과정 신학은 화이트헤드의 작업과 더 밀접하게 관련되어 있으며, 과정 신학의 대표적인 제안자로는 슈베르트 오그덴, 존 캅, 데이비드 레이 그리핀이 있다.

　　과정 사상의 우주론에서 중요한 점은 실체가 아니라 사건의 전개unfolding of events다. 예를 들어, 실재는 시간의 흐름 가운데 너울거리는 큰 물결(또는 물결의 집합)과 같은데, 그 특징은 물결을 구성하는 물의 양에 의해서라기보다 물결의 움직임에 의해서 정해진다. 상대성 이론은 이 배경에 큰 영향을 미쳤다. 질량은 고정되어 있지도 불변하지도 않지만, 에너지의 함수이며 에너지와 서로 교환될 수 있다는 것이 중심 개념이다. 이러한 통찰력을 포착하는 방법으로, 화이트헤드는 실재가 "현실적 계기들"actual occasions로 구성되어 있다고 추정하였다. 이것들은 그 자체로서 영속적인 존재가 아니라, 오히려 파악됨으로써 서로 연속적으로 묶이는 생성의 과정이다. 이러한 파악 행위 자체가 과정의 망 안에서 서로 묶이는 계기다. 화이트헤드는 *인식론적 위기— 한 쪽(정신)이 그 종류에 있어 완전히 다른 무언가(물질)를 실제로 어떻게 알 수 있는가?—를 항상 만들어 내는, 정신과 물질이라는 두 세계 사이의 존재론적 거리를 우려하며, 정신과 물질의 이원론을 거부하였다. 과정 사상은 사실상 정신과 물질을 '본유적인 다양성-안의-통일성을 지닌 과정'으로 환원한다. 원래 화이트헤드의 바람은 보다 전통적인 *형이상학적 철학의 추상성을 제거하는 것이었음에도, 그의 작업은 결국 그가 벗어나고자 했던 철학자들의 작업보다 훨씬 더 추상적인 것이 되었다.

　　과정 신학은 과정 *철학의 일반적인 틀을 수용하지만, 하나님을 세계 안의 가장 깊고 가장 심오한 과정으로 본다. 과정 신학자들은 *불변성, *전지, *전능, *초월성과 같은 하나님에 대한 고전적이고 정적인 개념을 거부한다. 오히려, 이들의 탈초자연화된 하나님은 다른 모든 계기들이 관련되는 근원적 계기이시다. 세상이 변하듯이 하나님도 변화하신다. 하나님은 역사를 결정하지 않으시며, 오히려 다른 사건들을 자기 쪽으로 자석처럼 "끌어당기시거나" 설득하신다. 하나님은 타자의 자유를 침해하지 않으시며, 악을 운명 짓지도 않으신다. 오히려 타자들이 자기처럼 하도록 설득하려 하시면서, 악을 극복하기 위해 분투하고 계신다.

과정 신학과 열린 유신론 사이에는 유사점이 있다. 두 사상 학파 모두 시간 바깥이 아니라 시간 안에 하나님이 존재하신다는 관점을 지닌다. 이 둘 모두 하나님이 미래를 아시지도 결정하시지도 않는다고 생각한다. 그리고 이 둘은 신의 주권과 예지에 대한 고전적 이해를 가정하게 되면 악의 문제가 극복 불가능하다고 생각한다. 하지만 중요한 차이점이 있다. 열린 유신론은 하나님의 내재성뿐만 아니라 하나님의 *초월성을 고수하며, 또한 실체적 존재론과 반대되는 과정적 존재론에 보통 전념하지는 않는다. 마지막으로 열린 유신론은 하나님이 전적으로, 최고로 *선하시다는 관점을 지닌다.

함께 보기 #목적론 #불변성·무감수성 #신정론 #실체 #악의 문제 #영원·불후 #원인·인과성 #자연주의·유물론 #전능 #전지·예지 #존재신론 #초월 #편재 #하나님의 본성 #형이상학·존재론
참고 문헌 John Cobb and David Griffin, 『과정 신학』(*Process Theology*); John Cobb and Clark Pinnock, *Searching for an Adequate God*; Lewis Ford, *Transforming Process Theism*.

관념론

Idealism

심적(관념들) 또는 정신적(비물질적) *현상들을 궁극적인 것으로 상정하는 철학 이론. 오직 정신적 현상만을 실재로 여기기 때문에, "idea-ism"이라 부르는 것이 더 좋을 것이다(ideal-ism의 경우 이상주의로 이해될 수도 있다). 실재를 완전히 물질로 상정하는 *유물론과는 상반되는 위치에 있다. 관념론과 유물론이 결합된 여러 혼합 이론뿐만 아니라 관념론 자체에도 여러 다양한 형태가 있다. 고대 그리스 사상에서 *플라톤이 기여한 부분은 종종 관념론의 한 형태로 생각된다. 왜냐하면 플라톤은 최상의 실재가 형상(이데아Ideas)의 세계에 존재한다고 믿었기 때문이다. 플라톤에게 감각 세계는 그림자의 영역이다. 그런데 플라톤의 저서들을 전체적으로 보면 이것이 지시하는 바가 무엇인지 정하기 어

려워진다. 왜냐하면 플라톤은 다른 때에는 물리적인 세계 또한 완전한 실재로 단언하기 때문이다.

초기 그리스도인들(예를 들어, *아우구스티누스)은 창조주가 창조 순서에 있어 철학적으로 1순위라고 주장하였다. 하나님은 물질적인 존재가 아니시기 때문에, 보이지 않는 세계가 물리적인 세계보다 더 "실재적"이라는 주장을 지지하였다. 여기에는 *신플라톤주의의 영향이 있다. 신플라톤주의는 순전히 물질적인 존재는 순수 영적인 존재보다 실재성이 덜하다고 주장하였다. 여기에는 창조물, 몸, 땅에 있는 인간 *행복의 자원들, 그리고 인간의 문화 활동을 경시하는 경향이 있었다.

관념론은 근대 초기의 기독교 철학자 조지 버클리의 작품에서 훨씬 더 두드러졌다. 버클리는 세계에 대해 우리가 가지고 있는 유일한 증거는 세계에 대한 우리의 지각知覺이라고 주장하였다. 그러나 지각은 정신적인 것이지 물질적인 것은 아니다. 실재에 대해 우리가 유일하게 알고 있는 것은 관념들이다. 관념들은 우리가 직접적이며 확실하게 접근할 수 있는 유일한 존재entities이다. 관념들은 궁극적인 실재임이 틀림없다. 버클리가 자신의 유심론唯心論적 세계관을 주장한 것은 부분적으로는 점점 더 유물론적으로 그리고 *무신론적으로 되어 가는 *계몽주의적 세계관과 싸우기 위함이었다.

근대 시기 동안에는 대개 관념이 물질적 대상의 표상/재현이라고 여겨졌다. 이러한 전통은 *헤겔의 작업에서 절정에 달했다. 헤겔은 역사에 대한 관념론 *철학을 제시하였다. 헤겔에게 역사는 절대정신의 완전한 실현이라는 멈추지 않는 내적 목적으로 작동한다. 절대정신은 역사가 앞으로 나아가게끔 하며, 일상적인 역사의 갈등을 설명해 준다. 만약 어떤 최종적이고 궁극적인 의미가 역사 속 일상적인 무질서한 경험에 주어지려면, 절대정신은 역사를 초월해야만 한다. 헤겔 철학은 필연적으로, 실재가 궁극적으로 관념 세계에 존재해야 함을 의미한다. 18세기가 끝날 무렵에 영국의 헤겔 추종자들은 물질세계에 대한 모든 언급을 중단하고, 궁극적인 관념적 실재는 추상적이며, 불변하고, 구분이 없으며, 무시간적이라는 생각을 유지했다.

관념론 철학은 '지저분하지만 강력한 물질세계의 현실'로부터 점점 동

떨어지게 되면서, 점점 외면당하게 되었다. 관념론은 19세기 서양의 지배적인 철학이었음에도, 결국 과학적이고 실용적인 것으로 관심이 바뀐 철학자들에 의해서 현실과 상관없는 것으로 여겨지며 거부되었다. 아무도 관념론을 반박하지 않았지만, 또한 아무도 관념론에서 매력을 발견하지도 않았다. 그래서 관념론이 그저 합리적으로 제거된 것처럼 철학은 변하였다. 최근에는 *실증주의자들이 관념론의 죽음을 선고한 것은 너무 이른 것이었다고 하는 몇몇 조짐이 있다. 현대 *반실재론자들은 관념론 거부의 배후에 놓여 있는 유물론의 근본적인 가정을 부인한다. 그리고 현대 기독교 철학자들은 실재(하나님)가 궁극적으로 영적이라는 확신을 복권시키기 위해서 싸우고 있다. 이러한 논쟁에서 신학적으로 중요한 것은 창조 질서의 선함(창세기 1:31, [보시기에 심히 선하였더라])을 어떤 방식으로 이해하느냐와, 그래서 창조주와 피조물 사이의 관계를 어떻게 생각하느냐 하는 것이다.

함께 보기 #신플라톤주의 #실재론·반실재론 #아우구스티누스 #자연주의 #플라톤·플라톤주의 #헤겔
참고 문헌 Jonathan Dancy, *Berkeley*; David Berman, *George Berkeley*; Robert J. Fogelin, *Routledge Philosophy Guidebook to Berkeley and The Principles of Human Knowledge*; Robert Merrihew Adams, *Leibniz*.

관점주의(원근법주의)

Perspectivalism

인간의 인식이 관점 또는 틀과 관련되어 있다는 주장. 종종 *반실재론과 연결되어 있는 **강한 관점주의**hard Perspectivalism는, 실재와 실재를 인식하는 관점이 관련되어 있다고 주장한다. 이 주장은 무언가가 어떤 사람에게는 실재일 수 있는 반면에, 또 다른 사람에게는 실재가 아닐 수도 있음을 함의한다(서로 다른 믿음을 가진 사람들의 각기 다른 인식의 틀과 사회역사적 위치에 따라 달라진다). 강한 관점주의에서는 "사물"에 대한 누군가의 관점이 객관적일 수 없다. 차라리 어떤 관점이 "완전히 받아들여진 것"이라고 말할 수 있을 것이다. **약한 관점주의**soft perspectivalism는 보다 겸손하게, 세계에 대한 누군가의 지각은 그 사람의

특유의 관점 또는 지평에 의해 조건 지어진다고 주장한다. 따라서 관점 바깥에 실재—누군가의 관점에서 본 세계—가 있음을 주장한다. 그러나 이러한 세계로의 접근은 항상 특정한 관점에 의해 매개된다. 관점주의와 대조적인 것으로는 일종의 **소박실재론**naïve realism을 들 수 있다. 소박실재론은 객관적인 실재를 알 수 있다고 주장한다. 그리고 어떤 관점의 지평에도 좌우되지 않고 이 실재를 지각할 수 있다고 주장한다.

　*니체는 급진적인 관점주의를 대표한다. 신은 죽었다는 니체의 선언은 서양에서 기독교의 영향력에 대한 종말을 알리고, 또한 모든 절대적인 것이 고갈되었음을 주장하려는 의도였다. 개인이 자신만의 고유한 의미를 찾는 것 외에는 아무것도 남지 않았다. 모든 인간의 이해는 해석이다. "실재"는 관점을 통해 걸러진 것이다. 니체에 따르면 객관적이거나 중립적인 관점(신의 눈)은 없다. 따라서 객관적 세계란 없다. 모든 인식은 유한하고, 관점에 따른 것이며, 잠정적인 것이다. 세계에 대한 우리의 관점 "바깥에 있는" 세계는 없다. 실재란 의견 일치와 관습의 문제다. 실재는 언제나 실재가 전개된 맥락의 흔적을 지닌다. 여기에서 니체가 *포스트모더니즘의 선구자라는 것이 명백해졌다.

　강한 관점주의를 지지하는 많은 사람들은 다른 집단의 사람들(마치 우월한 관점을 가진 듯한, 즉 신과 같은 사람들)을 판단하지 않겠다는 진심 어리고 고귀한 열망으로부터 그 동기를 얻는다. 그러나 그로부터 따라오는 결론을 소화하기란 어렵다. 만약 관점주의가 옳은 것이라면, 유대인 대학살이나 여성 할례도 특정한 관점을 지닌 사람들에게는 *선한 것이 되기 때문이다.

　약한 관점주의는 20세기 중반 이후로 두드러졌다. 사회역사적 연구는 역사적 맥락이 인간의 이해에 미치는 중대한 영향을 더 크게 인식하도록 만들었다. 20세기 들어서 계몽주의의 한 요소인 토대론의 죽음은 현상학적 주장과 짝을 이루며 '모든 지식이 단 하나의 객관적인 토대 위에 (과학적으로) 구축될 수 있다는 확신'이 폐기되었음을 의미했다. 오히려 이해에 대한 연구는 '사람이 보고 믿는 것에 깊은 영향을 미치는 사회역사적으로 조건 지어진 관점'과 밀접하게 관련되어 있다. 이는 가정과 신념이 상호 작용하는 방식에 대한 올바른 이해를 가져왔다. 약한 관점주의는 가장 넓게 거의 보편적으로 받아들여지는 포스트모더니즘의 통찰 중 하나이며, 전통적인 기독교 *신앙과도 조화된다. 사도 바울은 타락 이후에 인간의 "관점"이 어두워졌으며, 구속되지 않은 인류는 창조된 실재의 구조를 제대로 지각할 수 없음을 가르쳤다. 이는 아브라함 카이퍼(네덜란드의 신학자이자 정치인)의 과학적 지식에 대한 관점, 즉 선행하는 헌신에 의해 과학적 지식이 좌우된다는 관점에 영향을 미쳤다. 우리는 전제주의 *변증학이 무언가 관점주의적인 것을 상정하고 있다고 말할 수 있다.

약한 관점주의는 많은 골치 아픈 문제들을 가지고 있다. 자신의 관점이 다른 누군가의 관점보다 더 낫다는 것을 어떻게 확신할 수 있는가? 다양한 관점으로부터 나온 여러 주장에 대해 어떻게 *진리임을 판단하는가? 과학에서는 뉴턴 역학과 양자 물리학의 관점이 서로 상충하는 것으로 보인다. 종교적 문제에서는 기독교의 주장들이 다른 종교들과 충돌하는 것으로 보인다. 두 경우 모두, 만약 다양한 주장이 서로 다른 각각의 관점 '내부'에서 만들어진다면, 어떻게 이러한 차이에 대해 판단을 내릴 수 있겠는가? 몇몇 약한 관점주의를 지지하는 사람들은 합리성의 기준이 전통들로부터 구성되지만 전통들은 다른 전통을 향해 "말"을 걸 수 있다고 추정한다. 또한 전통이나 관점은 내적인 어려움이나 외적인 증거 때문에(다른 전통으로부터 더 좋은 설명에 직면했을 때와 같이) 변할 가능성도 있다.

종교적 *다원주의가 깊어진 우리 시대에, 다양한 관점들이 서로 교차하여 대화하는 것은 현대 신학의 핵심 문제가 되었다. 다양한 종교(예를 들어 기독교와 이슬람)를 가로 지르는 대화는 물론 종교 내부의 다양한 전통들(예를 들어 로마 가톨릭과 개신교) 사이의 대화 모두 중요하다. 그러나 *상대주의를 다양한 관점들에 대한 관용보다 우위에 놓고, 여러 종교 전통들 사이의(또는 종교 전통 내부의) 불일치를 용인하는 것은 심각하게 받아들여져야 할 문제다.

함께 보기 #계몽주의 #니체 #포스트모더니즘 #상식 철학 #실재론·반실재론 #인식론 #해석학 #해체 #헤겔 #형이상학·존재론

참고 문헌 Richard Middleton and Brian Walsh, 『포스트모던 시대의 기독교 세계관』(*Truth Is Stranger Than It Used to Be*); Peter Berger and Thomas Luckmann, *Social Construction of Reality*; Ian Hacking, *The Social Construction of What?*; John Searle, *The Construction of Social Reality*; Kenneth Gergen, *Social Construction in Context*; Richard Rorty, 『철학 그리고 자연의 거울』(*Philosophy and the Mirror of Nature*); idem, *Objectivity, Relativism and Truth*.

기적

Miracles

자연적 질서 내에 신적으로 야기된 초자연적 사건. 때때로 자연 법칙을 위반하는 것으로 정의된다. 정통 기독교 신앙은 탁월한 기적의 모본인 그리스도의 *부활에 기초한다. 간단히 말해서, 시체가 살아나는 것은 "자연적으로" 발생하는 일이 아니다. 사실, 자연 세계가 일반적으로 작동하는 모습과 이전에 우리가 자연 질서에 대해 경험한 것들을 고려한다면, 기적은 우리가 예상하는 바에 어긋난다. 이와 같은 기적은 1세기부터 현재에 이르기까지 기독교를 비판하는 자들의 오랜 공격 목표였다.

기적에 대한 가장 명확한 비판 중 하나는 『인간 오성에 관한 탐구』*Enquiry Concerning Human Understanding*에서 데이비드 흄이 제시한 것이다. 흄은 "자연의 법칙을 위반하는 것"이라는 기적에 대한 일반적인 정의를 받아들였다. 그리고 이러한 정의를 전제하면, 기적이 불가능한 증거가 경험 자체로부터 당연하게 나옴을 입증하려고 하였다. 왜 그러한가? 왜냐하면 "자연의 법칙"은 "확고하고 불변하는 경험" 또는 "일률적/제일적 경험"에 기초하기 때문이다. 다시 말해서, 바로 우리 경험의 일률성을 통해 소위 자연 법칙이라는 것이 정해지며, 이로써 자연 법칙이 최대한 정당화되는 것이다. 그러나 사람들의 말에는 때때로 거짓말이나 실수가 있다(우리는 증언에서 일률성/제일성을 경험하지 못한다). 그래서 증언은 경험의 일률성을 통해 최대한으로 정당화될 수 없다. 그러므로 '자연 법칙에 대한 정당화의 최대치'와 '기적 증언에 대한 정당화의 최대치'를 비교할 때, 후자의 타당성이 더 낮기 때문에, 기적 증언은 자연 법칙에 대한 우리의 확신을 포기할 만큼 충분한 증거가 결코 될 수 없다. 자연 법칙이 위반되었다는 것보다 기적을 보고한 사람이 거짓말을 했다거나 속았다는 것이 훨씬 더 그럴 법하다. 그래서 흄은 "기적을 확립할 수 있을 만큼 충분한 증거는 없다"고 결론 내렸다.

그렇다면 흄의 논증은, 기적을 믿을 만한 증거가 충분할 수 없음을 입증하는 것에 의존한다. 심지어 기적이 일어났다 하더라도, 그 기적을 받아들이는 것은 결코 합리적이지 않다. 그러나 그의 경험론적 관점은 기적적인 일의 존재론적 불가능성까지 입증하지는 못한다. 자연주의가 더욱 널리 받아들여짐에 따라, 우주가 닫힌 체계라는 믿음은 기적을 배제하기 위해 취해졌다. 그러나 '아무것도 우주의 작동에 개입할 수 없다는 형이상학적 가정'은 [당연한 사실인 것처럼 스스로를 위장하고 있어서] 어떻게 이 가정이 선결문제 요구의 오류를 슬쩍 피해가고 있는지 알아보기 어렵게 만든다. 심지어 어떤 신학자들은 자연주의의 가정에 저항하지 못하였다. 가장 유명한 예는 루돌프 불트만이다. 이러한 자연주의적 출발점은 오직 *실존적 *진리만을 남긴 채 기적적 요소로부터 신약성서를 "탈신화화"하는 루돌프 불트만의 작업에 동기를 부여하였다.

함께 보기 #무신론 #변증학 #자연주의·유물론 #흄
참고 문헌 C. S. Lewis, 『기적』(*Miracles*); Norman Geisler, *Miracles and the Modern Mind*; Richard Swinburne, *Miracles*; idem, *The Concept of Miracle*; John Earman, *Hume's Abject Failure*.

기호학

Semiotics

(연기가 불이 났음을 알리는 신호sign인 것처럼) 무언가에 대한 "표시"mark나 표지sign를 가리키는 그리스어 세메이온séméion에서 유래한, 특히 언어와 관련된, "기호"signs에 대한 분석. 거리의 표지가 공원으로 가는 길을 알려 줄 수 있는 것과 같이, 단어도 사물이나 생각을 가리키거나 표지가 되는 기능을 할 수 있다. 예를 들어, 기호로 특정한 실재를 가리키는 것과 마찬가지로, 말(글)은 화자(저자)의 생각을 담은 기호로 이해된다.

고전적으로, 아리스토텔레스는 **상징**symbols의 측면에서 기호에 대해 다음과 같이 말하였다. "글로 쓰인 말은 발화된 말의 상징이며, 발화된 말은 정신적 경험의 상징이다"(『명제론』*De interpretatione*). 스토아학파에서 더 발전된 기호학은 아우구스티누스가 『그리스도교 교양』*De doctrina christiana*에서 기호에 대해 논의하면서 더 나아갔다. 20세기 "언어학적 전환"에 비추어볼 때, 페르디낭 드 소쉬르가 언

어학을 거의 모든 학문적 담론의 중심으로 만들었다고 볼 수 있다. (소쉬르의 고전적 모형은 데리다의 *해체에서 주요 표적이었다.) 소쉬르의 특별한 관심사는, "기표"(개별 낱말 또는 표시)와 "기의"(표시가 가리키는 것) 사이의 관계를 어떻게 이해하느냐 하는 것이었다. 소쉬르는 기표와 기의 사이의 관계를 완전히 자의적인 것으로 제시했다.

기호학과 "기호" 개념은 언어와 해석의 측면에서뿐만 아니라, 가장 중요하게는 성례전의 본질과 관련하여 신학 담론에 깊숙이 자리하고 있다. 이와 같은 20세기 기호학의 논쟁들은 성찬의 본질에 대한 중세 후기와 종교개혁의 논쟁들을 반복하는 경향이 있다. 그 논쟁은 기표와 기의의 관계—"표징"sign으로서의 떡과 다시 살아나시고 승천하신 그리스도의 몸의 관계—를 어떻게 이해하느냐 하는 것이다. 가톨릭 신학은 기표와 기의가 **동일**하다고 주장하는 반면, 개혁파는 성찬식에 그리스도께서 "실재 임재"하신다고 주장하면서도 또한 떡이 완전히 나타나지 않은 것을 **가리키는 것**pointer임을 강조한다. 츠빙글리파 (또는 "기념론자")의 성례전에 대한 모형은, 기표 안에서 기의의 실재 임재를 보지는 못하지만 현전하지 않은 것을 상기시키기 위해 **그저** 가리킬 뿐이라는 점에서 "소쉬르적" 경향이 있다. 어떤 경우든, 성찬에 대한 신학적 논의에서는 어느 정도 언어학적 수단을 필요로 한다.

함께 보기 #종교 언어 #해석학

참고 문헌 Robert Corrington, 『신학과 기호학』(*A Semiotic Theory of Theology and Philosophy*); David Power, *Sacrament*; Stephen Moore, *Poststructuralism and the New Testament*; Ferdinand de Saussure, 『일반 언어학 강의』(*Course in General Linguistics*).

논리학

Logic

논증에 대한 학문. 논리학은 논증 자체가 가지고 있는 성격이나 내용이 아닌, 논증의 형식이나 구조에 중점적으로 관심을 둔다. 엄밀한 의미에서의 논리학은 논증에 있는 전제들이 참인지 여부에는 관심이 없고, 다만 전제들이 참이라고 가정할 때 '전제로부터 결론이 따라 나오는지'에만 관심이 있다. 논증은 연역과 귀납의 두 가지 형태로 나누어진다. **귀납 논리**inductive logic에서는 전제로부터 결론이 어느 정도의 개연성을 가지고 따라 나온다(따라서 불확실성이 어느 정도 있다). **연역 논리**deductive logic에서는 전제로부터 결론이 *필연적으로 따라 나온다(따라서 전제가 참이라면 결론도 틀림없이 참이다).

　　논증의 형식이란, 결론이 전제들로부터 추론되는 방식을 말한다. 논리적으로 타당한valid 형식의 연역 논증에서 전제가 참이면 반드시 결론도 참이다. 또한 논증의 형식이 타당하고 전제가 참이라면, 그 논증은 건전하다sound고 간주된다. 최초의 위대한 논리학자인 *아리스토텔레스는 모든 좋은 논증은 비슷한 논증 형식을 갖는다고 하였다. 예를 들면 다음과 같다.

　　1. 모든 사람은 죽는다.
　　2. 소크라테스는 사람이다.
　　3. 그러므로, 소크라테스는 죽는다.

　　위 논증은 '모든 A가 B이고, C가 A이면, 그러므로 C는 B이다'는 형식에 속한다. 만약 전제들(1, 2)이 참이라면, 결론(3)이 필연적으로 도출된다. 새로운 연역 논리의 형식—"모든 x에 대해", "〔적어도〕 x가 하나 있다", "가능적", "필연적"과 같은 용어들을 사용하는 논리 형식—은 19세기와 20세기에 개발되었다. 이는 연역 논리의 범위와 용도를 어마어마하게 확장시켰다.

　　과학 혁명의 출현과 함께, 논리학자들은 귀납 추론의 모형에 더 큰 관심을 기울이기 시작했다. 이러한 형식은 특정 사례로부터 일반화하는 논증이다. 예를 들어, 어떤 사람이 10마리의 검은 까마귀들을 본다면, 그 사람은 모든 까마귀가 검다고 결론 내릴 수 있다. 귀납 추론의 문제는 일반적으로 지각된 개별 사례들에 대한 예외 가능성이 있다는 점이다. 이와 관련하여, 귀납법은 개연성을 다루는 것이지 필연성을 다루는 것은 아니라고 말할 수 있다. 귀납 논증은 개연성이 높은 것에서부터 낮은 것까지 다양하다.

　　연역적 확실성이 매력적이기는 하지만, 인간은 완전하지 않은 자료를 사용하여 결정을 내려야만 할 때가 더 많다. 버틀러 주교가 현명하게 알려주었 듯이, "개연성은 인생의 인도자이다." 즉, 인간의 거의 모든 결정은 귀납 논증에 붙어 있는 불확실성을 수반하면서 귀납적으로 이루어진다. 신학적 추론에서는 연역 논증이 거의 없다. 대개 신학적 논증은 종교적인 직관이나 성서 본문에 기 초하거나, 개연성과 귀납에 의존하는 신학적 규범에 기초한다. 신학적 추론에 서 연역 추론이 보증하는 확실성을 열망하더라도, 해석과 석의에서 쓰이는 귀 납적 방법으로는 그러한 확실성을 얻을 수 없다.

논증이 잘못되게 하는 여러 가지 방식, 즉 여러 오류가 있다. **오류가 있 는 논증**은 추론 과정 어딘가에 타당하지 않은 추론을 가지고 있다. 추론에는 여 러 종류의 수많은 유형이 있으며, 추론의 오류 또한 여러 유형이 있다. **형식적 오류**formal fallacies는 수용할 수 있는 논리적 형식을 얼추 따르는 것처럼 보이지만, 비 판적인 측면에서 볼 때 형식에서 이탈한 것을 말한다. 논리적 오류가 있는지 여 부를 꼼꼼히 살피지 않는 사람이나, 논리적 오류가 눈에 잘 보일 만큼 훈련받지 않은 사람들은 형식에서 이탈했는지 여부를 모른 채 지나갈 때가 많다. **비형식 적 오류**informal fallacies는 수용 가능한 논증에서 보다 광범위한 사회언어학적 맥락에 따라 발생하는 오류다. 이는 논리 법칙과 엄격하게 연관되어 있지는 않다.

가장 오래였지만 여전히 가장 영향력 있는 비형식적 오류의 목록은 아 리스토텔레스의 저서에서 온 것이며, 가장 최근의 논리학 교과서들도 여전히 아리스토텔레스를 따른다. 비형식적 오류에 대해 간단히 몇 가지 예를 들면 다음과 같은 것들이 있다. 견해 자체를 비판하는 대신 그 견해를 주장하는 사 람을 공격하는 것. 즉, 어떤 견해를 주장하는 사람의 신뢰도를 떨어뜨림으로 써, 그 견해의 신뢰도까지 떨어뜨리는 것(**인신공격의 오류**ad hominem). 전제에 결 론을 포함하고 있는 논증으로, 전제들이 입증되어야 하는 것(**선결문제 요구의 오류**(논점 선취의 오류)begging the question). 상대방의 주장을 곡해하거나 약화한 다음 공격하는 것(**허수아비 논증**straw man argument). 논증의 시작과 끝에서 핵심 용어의 글자는 같으나 의미가 서로 달라서, 이로써 논증 전체의 타당성을 무디게 만 드는 것(**애매어 사용의 오류**equivocation).

오류의 문제는 종교적 신념의 문제에 대한 고도의 논쟁이 벌어지는 시대에 특히 중요해지고 있다. 여러 다른 종류의 논증은 종교적 믿음의 타당성 또는 부당성을 보이는 데 사용되기도 하고, 그리스도인의 도덕적·사회적 설득을 위해 아니면 그에 반대하기 위해 사용되기도 한다. 오류에 대해 이해하면, 수많은 논쟁에서 문제를 명확하게 하는 데 큰 도움이 된다. 그럼에도 갈등은 아마 끝나지 않겠지만 말이다.

함께 보기 #아리스토텔레스 #이성·합리성 #필연성
참고 문헌 M. R. Haight, *The Snake and the Fox*; John D. Mullen, *Hard Thinking*; Morris Engel, *With Good Reason*; John Woods, *Argument*.

니체, 프리드리히

Nietzsche, Friedrich Wilhelm, 1844-1900

독일의 어느 급진적인 기독교 평론가는 (*마르크스, *프로이트와 함께) 니체를 "의심의 거장"으로 묘사했다. 니체의 프로젝트는 *플라톤에서 *칸트에 이르는 서양 사상에서 전통적인 핵심 가치에 대해 문제를 제기하였다. 심지어 표현 방식에도 이러한 면이 나타나 있는데, 대개 복잡하게 쓰인 신비스러운 아포리즘(예를 들어 『선악의 저편』*Jenseits von Gut und Böse: Vorspiel einer Philosophie der Zukunft*)이나 문학적인 신화(예를 들어 『차라투스트라는 이렇게 말했다』*Also sprach Zarathustra*)가 그러하다. 내용에서나 표현 방식에서나 모두, 니체의 프로젝트는 서양 전통에 대한 *포스트모던적 비판의 선구자이자 원천이다. 우리는 니체의 비판을 다음과 같이 세 개의 핵심적인(그리고 서로 연관된) 주제로 기술할 수 있다. 니체의 *윤리학이라고도 할 수 있는 권력에의 의지에 관한 것, 이성을 거부하며 *관점주의를 지지한 점, 종교(특별히 기독교)에 대한 논의.

니체 사상의 근본적인 교리 중 하나는 **권력**의 위치를 새롭게 설정한 것이다. 니체에게 도덕법이나 신의 명령 같은 것에 호소하는 도덕 개념은 잘못 이해된 것이자 나약한 것이다. "선"과 "악"은 신적인 법에 근거한 것이 아니다. 오히려 니체는 주장하기를, 선하다는 것은 힘이 있다는 것이며, 더 구체적으로는 **능동적인**active 것이다. 이와 관련하여 말하면, 우리는 "나쁜 것"을 도덕법을 어기

는 것으로 묘사해서는 안 되며, 오히려 **반작용적인**reactive 의도와 행동 또는 나약한 의도와 행동으로 묘사해야 한다. 이제 니체에게 힘 있고 능동적인 사람이 되기 위해 요구되는 것은 생生의 모든 시련 및 고난과 더불어 존재하는 것existence과 생을 긍정하는 것이다. 힘 있는 개인은 폭력이나 트라우마를 "악"으로 보지 않고, 존재에 대한 그러한 공격을 흡수하며, 그러한 공격이 "선하다"고 긍정할 만큼 강하다. 따라서 힘 있는 개인에 대한 니체의 본보기, 즉 **초인**Übermensch은 모든 존재에 대해 이렇게 말할 수 있다. "다시 그렇게 해보자." 이는 니체가 "동일한 것의 **영원회귀**"의 신화를 긍정하는 것으로 묘사한 것이다. 나약하고 반작용적인 개인은 이러한 긍정을 할 수 없다. 그런 사람은 실존의 트라우마를 다룰 수 없으며, 사물들이 달라지기를 바란다. 무언가가 닥쳐올 때, 나약한 사람은 "나는 이런 일이 일어나지 않았으면 좋겠어"라고 말하며, 그러한 일들을 "나쁜 것" 또는 "악한 것"으로 묘사한다. "악한 것"이 있다는 이 개념은 나약함에서 비롯된다. 이와 같이 니체는 **"노예의 도덕"**(나약한 자들과 반작용적인 자들의 도덕)과 **"귀족의 도덕"**(힘 있고 능동적인 자들의 윤리 체계)을 구분한다.

이러한 개념에 기초하여, 니체는 *진리를 보증해 주는 수단으로 오랫동안 여겨진 "중립적이고 자율적인 이성" 개념에 대해 의문을 제기한다. 『우상의 황혼』Götzen-Dämmerung oder Wie man mit dem Hammer philosophirt과 『비도덕적 의미에서 본 진리와 거짓에 대하여』Über Wahrheit und Lüge im außermoralischen Sinne에서, 니체는 소크라테스가 서양 철학에 미친 영향까지 거슬러 올라가는 논리의 계보를 추적한다. 니체는 비가시적인 본질과 이성의 세계에 철학적으로 심취하는 것은 나약함의 증상이라고 주장한다. 나약함의 증상은 나약한 자들이 지배하는 또 다른 세상을 상정함으로써 여기 이 세상의 어려움들로부터 벗어나고자 하는 것이다. 그래서 니체에 따르면, "이성적"이라고 간주되는 것들은 사실 굉장히 독특한 것이며 나약함을 조건으로 하는 것이다. 그러므로 하나의 보편적인 이성 같은 것은 없으며, 다만 복수의 관점이 있을 뿐이다.

최종적으로, 노예의 도덕에 대한 비판과 철학의 내세성otherworldliness에 대한 비판이 니체의 기독교 비판으로 합쳐진다. 니체에게, 기독교도 마찬가지로 저 세상에 희망을 두고 이 땅의 실존을 거부하는 "나약함"을 특징으로 한다. 이는 『즐거운 학문』*Die fröhliche Wissenschaft*에 묘사된 것으로, 광인狂人이 광장에 들어서서 **"신은 죽었다"**라고 외친 구절로 유명하다. 니체에게 "신의 죽음"은 "가치의 전환"을 함의하는 것이다.

니체의 사상은 기독교에 대한 급진적인 비판으로 이루어졌음에도, 기독교 신학에 오랫동안 영향을 미쳐 왔다. 프란츠 오베르벡의 작품에서 시작하여, 토머스 알타이저의 "급진 신학"과 더 최근에는 마크 테일러의 "해체주의적 반/신학"에까지 영향력을 미쳐 왔다. 니체의 비판에 대한 좀 더 전통적인 전용轉用은 위르겐 몰트만에게서 찾아볼 수 있다.

함께 보기 #관점주의 #모더니티·모더니즘 #무신론 #상대주의 #실존주의 #윤리학 #윤리학(성경적) #이성·합리성 #인간 본성 #진리 #포스트모더니즘 #플라톤·플라톤주의 #허무주의

참고 문헌 Michael Tanner, *Nietzsche*; Gilles Deleuze, 『니체와 철학』(*Nietzsche and Philosophy*); Mark C. Taylor, Erring; Merold Westphal, Suspicion and Faith.

다원주의·배타주의·포용주의

Pluralism/Exclusivism/Inclusivism

기독교가 아닌 종교의 위치에 대한 입장들. 종교의 다양성은 시급한 문제다. 진실한 진리 추구자들은 궁극의 실재의 본성에 대해 서로 다른 폭넓은 결론에 이르렀고, 누군가의 종교적 신념은 자신이 언제, 어디서, 어떻게 자라 왔는지와 밀접하게 연관된 것으로 보인다. 우리의 구원이나 변화가 '하나님(또는 궁극적 실재)에 대한 올바른 것을 믿는 일'과 또 '하나님(또는 천국이나 열반)께 다가가기 위한 올바른 행동을 하는 일'에 달려 있다는 생각은 중요하고 시급한 물음을 낳는다. 우리의 구원은 사회역사적 사건accident에 달려 있는가? 구원을 역사적으로 특수한 신념들에 의존하게 만드는 것이 온당한가? 하나의 종교만이 유일하게 참되며, 그 밖의 종교들은 중대한 결함이 있거나 심지어 거짓이라는 주장이 신학적으로 그리고 도덕적으로 용인될 수 있을까? 기독교에는 기독교와 다른 여러 종교적 신념들과의 관계에 관한 세 가지 주요 이론이 있다. 처음 두 개의 관점, 즉 배타주의와 포용주의는 기독교가 참되며 기독교만이 효력

있는 구원을 줄 수 있는 종교라는 주장을 그 핵심에 둔다. 세 번째 관점, 즉 다원주의는 기독교 신앙이 지닌 진리의 배타성을 거부하고, 대부분의 주요 종교 체계를 통하여 구원이 가능하다고 주장한다.

배타주의는 전통적인 관점으로, (대개 죽기 전에) 예수에 대한 명시적인 신앙을 갖는 사람만이 구원을 받을 수 있다고 주장한다. 기독교의 핵심적인 주장에서 벗어나는 다른 종교들은 거짓이다. 예수의 성육신과 죽음 그리고 *부활에 대한 고백과 믿음이 요구되는 구원은 다른 종교적 전통에서는 발견되지 않는다. 따라서 배타주의자들에 따르면, 구원은 죽음과 부활로 그리스도가 이룬 존재론적 성취뿐만 아니라, 그리스도의 사역에 대한 개인의 *인식론적 신뢰가 요구되는 것이다(로마서 10:9-10).

포용주의는 예수에 대한 명시적인 믿음이 없는 사람도 구원받을 수 있지만, 예수의 구속 사역과 별개로 구원받을 수 있는 사람은 없다고 주장한다. 이는 예수의 속죄가 모든 사람의 구원에 필수적이긴 하지만, 하나님이 비기독교적 종교를 통해서도 구원이 가능하게 하셨다는 것이다. 다른 전통에 있는 사람도 구원에 이르게 하는 그리스도에 대한 신앙에 (무의식적으로) 다가갈 수 있다. (연대기적으로 기원전에 속한) 구약 시대 사람들이 그리스도에 대한 명시적인 믿음과 별개로 구원받는 것처럼, (복음 전달의 측면에서 기원전에 속한) 다른 종교적 믿음을 실천하는 사람에게도 이러한 구원이 가능한 것이다. 포용주의적 그리스도인들은, 대부분의 사람들이 구원에 대한 정보에 접근하거나 향하지 못했을 때에도 그리스도에 대한 명시적인 믿음을 구원의 요구조건으로 만드는 것은 근거 없는 편파적인 주장이라고 호소한다.

종교 다원주의는 구원이나 변화를 이루는 데 모든 종교가 동일하게 효력이 있다는 관점이다. 다원주의의 가장 강력한 수호자인 존 힉은 '궁극의 신적 실재에 대한 복수의 응답들'이 모양은 다르나 유효하며, 동등하게 효력 있음을 확인한다. 힉이 "실재 그 자체"와 "인간이 경험하고 사고하는 것으로서의 실재"를 구분하는 것을 볼 때, 힉은 *칸트주의에 종교 다원주의의 뿌리를 내리고 있다. 다양한 종교적 전통들은 경험으로서 실재에 대한 인식을 형성한다. 우리는 종교적 경험이 닿을 수 있는 현상계에는 접근할 수 있지만, 신적 예지계에는 접근할 수 없다. 우리는 실재 그 자체와 만나지는 못한다. 그래서 다원주의자들은 하나님이 예수 그리스도 안에서 유일한 혹은 결정적인 의미로 자신을 계시했다는 믿음을 거부한다. 기독교 신앙은 동일한 신적 실재에 대한 여러 적절한 응답 중 하나일 뿐이다.

함께 보기 #관점주의 #미결정성 #상대주의 #신인동형론적 언어 #신정론 #실재론·반실재론 #정의 #지옥 #칸트

참고 문헌 John Hick, Dennis Okholm, and Timothy Phillips, eds., 『다원주의 논쟁』(*Four Views on Salvation in a Pluralistic World*); David Basinger, *Religious Diversity*; John Hick, 『하느님은 많은 이름을 가졌다』(*God Has Many Names*); Philip Quinn and Kevin Meeker, eds., *The Philosophical Challenge of Religious Diversity*; Amos Yong, *Beyond the Impasse*.

단순성

Simplicity

"부분이 없는 것" 또는 **"복잡성의 기본 개념"**으로부터 파생된 두 가지 철학적 논의에 주안점을 둔 것으로, 하나는 **이론**의 단순성이고, 또 다른 하나는 **하나님**의 단순성이다. 전자는 이론에 있어서의 형이상학적 미덕에 관련된 것인데, 형이상학적 미덕이란 대립하는 이론보다 더 적은 존재자를 상정하는 것을 말한다. 후자는 하나님의 속성들의 상호 의존에 관한 것이다.

사실에 대한 설명으로 보이는 다양한 이론들을 다 함께 평가할 때, 철학자들은 종종 (*오컴의 면도날과 같은 원리에 기초하여) **더 단순한 이론**이 더 좋은 이론이라고 생각한다. 즉, "단순함은 *진리의 표지다." 행성의 운동을 예로 들어 보면, 프톨레마이오스의 지구 중심 체계에서는 지구가 우주의 중심이며, 하늘이 원형(즉, 완전한) 궤도를 따라 움직인다는 생각을 유지하기 위해, 너무나도 복잡한 궤도를 상정해야 한다. 그러나 코페르니쿠스의 태양 중심 체계에서는 더 간단하게 설명될 수 있다(무엇이 진리인지를 확인할 만한 충분한 자료가 없다고 가정할 때). 과학사가들은 이와 같은 사례들을 살펴볼 때, 다음과 같은 몇몇 물음을 제기하게 된다. 무엇이 한 이론을 다른 이론보다 더 단순하게 만드는가? 더 근본적으로, 왜 단순성이 복잡성보다 더 낫다고 생각해야 하는가? 단순한 이

론이 누군가에게 *미학적으로 더 마음에 드는 것일 수는 있다. 하지만 복잡한 이론보다 단순한 이론이 진리일 개연성이 더 크다는 점은 자명하지 않다.

이 유추는 신학적 이론에 직접적으로 적용된다. 만약 어떤 종교적 *현상이 더 적은 존재론적 실체를 가지고 설명될 수 있다면, 그것은 분명히 더 낫다. 20세기 내내 자유주의 종교사학자들은 예수의 *부활과 같은 사건이 초대교회 제자들 안에 있는 "새로운 삶의 느낌"으로 설명될 수 있거나, 구약성서의 꿈같은 예언들이 천사나 귀신 같은 초자연적 존재들에 대한 언급 없이 설명될 수 있다고 가정하였다. 종교적 *자연주의는 더 단순한 이론이기 때문에, 따라서 더 나은 것이다. 그러나 종교 이론에서 이러한 단순성이 더 낫다는 가정은 결국 동일한 문제들을 안고 있다. 무엇 때문에 복잡한 이론보다 단순한 이론이 진리일 개연성이 더 크다고 할 수 있는가? 물론 단순성만이 의사를 결정하기 위한 요소는 아니며, 이론의 타당성 또한 고려해야 한다.

하나님의 단순성이란 하나님의 존재는 피조물과는 달리 부분들로 구성되어 있지 않다는 주장이다. 다시 말해, 하나님의 존재는 하나님의 본질과 동일하다(하나님의 본질은 존재이다). 이러한 내용을 지지했던 중세와 종교개혁 시대의 신학자들은 모든 창조 질서 가운데 하나님의 유일성을 드러내고자 하였다. 하나님 홀로 불가분하시다. 그래서 하나님은 질료-형상, 실체-속성, 본질과 존재의 복합체가 아니다.

신적 단순성을 비판하는 사람들은 그것이 다음과 같은 점들을 수반한다고 주장한다. (a) 모든 속성이 동일하다. 만약 하나님이 사랑이시고 또한 *전능하시다면, 사랑은 전능이다. 그러나 이러한 용어들은 동일한 대상을 지시하면서, 서로 다른 의미를 지닌다. 직관적으로, 하나님의 이러한 여러 속성들은 서로 다른 것으로 보이며, 이는 신적 단순성을 부정하게 된다. (b) 만약 신이 단순하다면, 모든 신의 속성들은 필연적인 것이다. 예를 들어, 신은 신이면서 전능하지 않을 수는 없다. 그래서 신은 필연적으로 전능하다. 그러나 신이 자유로운 존재라면, 신은 아담을 창조하지 않았을 수도 있고, 이러한 경우에 신은 오직 우연히 아담의 창조한 것이다. 그래서 신의 행동이 자유로운 경우, 필연적으로 소유한 속성도 있는 반면 오직 우연적으로 소유한 속성도 있는 것으로 보인다. 이는 신이 다른 종류의 속성들을 가지고 있음을 의미하며, 신적 단순성에 대한 또 하나의 부정을 의미한다.

신적 단순성에 대한 논쟁은 삼위일체론으로 하나님을 설명하는 우리의 기술記述에도 영향을 미친다. 그리스도인의 사고는 오랫동안, 하나님의 인격의 복수성보다 먼저 하나님의 단일성을 강조하는 것을 선호했다. 바르트에 따르면, 현대의 많은 신학자들은 하나님의 단일성에 앞서 삼위일체 안의 인격의 복수성을 강조해 왔다. 더 오래된 신학 전통에서 하나님의 단순성은 '신적 일치의 우선성'을 명백히 완성하는 것으로 보였다(유일신론). 대조적으로 사회적 삼위일체론자들은 하나님의 관계적 성품을 강조하면서 신적 단순성을 경계해 왔다.

함께 보기 #미결정성 #오컴 #존재신론 #하나님의 본성 #형이상학·존재론 #환원주의
참고 문헌 Christopher Hughes, *On a Complex Theory of a Simple God*; Gerald Hughes, *The Nature of God*; Norman Kretzmann, *The Metaphysics of Theism*; Richard Swinburne, *Simplicity as Evidence of Truth*; idem, *The Christian God*.

대륙철학 ▸▸ 분석철학·대륙철학 60

데카르트, 르네

Descartes, René, 1596-1650

프랑스의 수학자이자 과학자이며 철학자로, 지식에 대한 혁명적인 설명으로 인해 종종 *모더니티의 아버지로 불리기도 한다. 과학 혁명이 과학에 대한 아리스토텔레스적 접근 방식 전체에 문제를 제기했기 때문에, 데카르트는 확실하고 불변하는 지식의 새로운 기초를 모색하였다. 『방법서설』*Discours de la méthode*과 『제일철학에 대한 성찰』*Meditationes de prima philosophia*에서, 데카르트는 개인적인 회의론을 낳은 의심들을 다루는 작업에 착수했다. 데카르트는 스스로에게 물었다. "만약 내가 무언가에 대해 아주 확신할 수 있었는데, 나중에 내가 틀렸다는 것을 발견한다면, 내가 무언가를 확실하게 알 수 있는 방법이 있을까? 오늘 나에게 확실해 보였던 것들이, 내일 틀린 것으로 판명된다면 어떻게 되는 것인가? 나는 **확실성**

에 대한 근거를 찾을 수 있을까?" "토대론"이라고 불리게 된 이러한 확실성과 확실한 지식의 토대에 대한 탐색은 모더니티를 지배하는 프로젝트가 되었다.

데카르트의 방법은 "방법적 회의"의 하나였다. 그는 의심이 불가능한 무언가를 발견할 때까지, 의심 가능한 것이라면 모두 거짓인 것으로 여기며 거부하기로 다짐하였다. 그리고 나서 그는 확실한 무언가, 예컨대 과학을 세우기 위한 확실한 토대를 찾았다(데카르트는 종종 자신의 믿음과 그러한 믿음의 근거를 설명하기 위해 집과 토대의 은유를 사용하였다). 예를 들어, 감각적 믿음(보는 것, 듣는 것 등등)에 대해 고찰할 때, 데카르트는 자신의 감각이 때로는 자신을 기만한다는 것을 깨달았다. 그러므로 자신의 감각을 의심할 만한 이유가 있는 것이다. 이와 같이 자신의 감각은 확실성의 근원이 될 수 없었다.

데카르트는 의심 불가능한 것을 생각해 낼 때까지, 이러한 의심의 과정을 계속해 나갔다. 최악의 시나리오를 상상해 보자(데카르트의 『성찰』): 나는 사악한 악령의 장난감이다. 그 악령은 모든 것에 대해 나를 속이려고 한다. 심지어 2+3=5라는 사실에 대해서도 속이려고 한다. 이 사악한 악령이 모든 것에 대해 나를 속여 왔다면 어떻게 되나? 만약 이 사악한 악마가 모든 것에 대해 나를 속여 왔다 하더라도, 나를 속이기 위해서는 내가 존재해야만 한다고 데카르트는 결론 내린다. 그러므로 확실한 한 가지는, 내가 존재한다는 것이다. 앞선 저작인 『방법서설』에서, 데카르트는 "나는 생각한다, 그러므로 나는 존재한다"Cogito ergo sum라는 유명한 선언을 한다. 그 후의 저작인 『성찰』을 보면, 그 원리는 사실 "나는 속임을 당한다. 그러므로 나는 존재한다"이다. 데카르트는, 여기에서의 "나"는 "생각하는 것", 즉 물질적인 몸 안에 "갇힌" 비물질적 실체라는 결론으로 나아간다. 이와 같이 데카르트는 인간에 대해서 *이원론자이다.

이를 기초로 하여, (많은 신학자들을 포함하여) 대부분의 사람들은 데카르트를 하나님 안에서가 아닌 자기 자신에게서 확실성을 찾는 "주체성"의 창시자로 일컫는다(이렇게 하여 자아 또는 주체를 우주의 새로운 중심으로 만든다). 이야기가 진행됨에 따라, 이러한 주체로의 전환은 새로운 역할, 거의 신과 같은 역할을 주체에게 부여하였고, 점진적으로 하나님을 대체하게 되었다.

그러나 데카르트를 더 자세하게 읽으면, 이러한 주장에 의문이 든다.

「제2성찰」에서는 "나는 존재한다, 나는 현존한다"I am, I exist라는 것이 확실하다고 결론 내리는 것처럼 보이는 반면, 「제3성찰」을 시작하면서 이것은 다시 의심의 도마 위에 오른다. 기만당하기 위해서는 기만당하는 것이 반드시 존재해야 한다고 추론함으로써, "나는 현존한다"I exist라고 결론 내렸기 때문에, "나는 존재한다"I am는 추론은 여전히 의심스러운 부분이었다.● 만약 그러한 추론이 거짓이라면 어떻게 하나? 이런 것에서조차 기만당한다면 어떻게 되는 것인가? 데카르트는 다음과 같은 두 가지를 입증할 수 있는 경우에만, 자신이 의심을 극복할 수 있음을 보여 주기 위해 계속해 나간다. 첫째는 하나님이 존재한다는 것이고, 둘째는 그 하나님이 *선하시며 속이는 분이 아니라는 것이다. 둘 중 하나라도 입증할 수 없다면, 데카르트는 확실한 것은 아무것도 없다는 결론을 내릴 것이다. 그는 존재론적 논증을 포함하여 신 존재에 대한 세 가지 논증으로 계속 이어간다. 이렇게 하여 결국 우리는 데카르트에게서, 지식에 대해 철저히 유신론적인 설명일 수 있는 것을 발견한다.

종종 "데카르트주의"로 불리는 신학에 대한 데카르트의 영향력은 중요하다. 합리성에 대한 데카르트의 토대론적 모형과 확실성에 대한 추구는 몇 세기 동안 이어졌다. 확실성에 대한 데카르트적 욕구는 몇몇 신학자들과 *변증가들 사이에서 거의 병적이었다. 대부분의 현대 사상가들이 데카르트의 이원론을 거부함에도 불구하고, 현대에도 그것이 기독교 신학을 위한 최고의 인간학이리라 믿는 추종자들도 있다. 데카르트 역시 하나님이 모든 것, 심지어 *논리적으로 불가능한 것까지도 하실 수 있다고 주장하는 몇 안 되는 기독교 사상가중 한 명이다.

함께 보기 #계몽주의 #마음·영혼·정신 #모더니티·모더니즘 #원인·인과성 #이원론·일원론 #인식론 #자아 #전능 #존재신론 #형이상학·존재론

참고 문헌 Tom Sorrell, *Descartes*; Richard Watson, *Cogito, Ergo Sum*; John Cottingham, ed., *The Cambridge Companion to Descartes*; Jean-Luc Marion, *Cartesian Questions*.

● 기만당하고 있는지도 모른다는 의심으로부터 기만하는 그 순간의 "나의 현존"(I exist)은 추론할 수 있지만, 기억 등을 매개로 추론될 수 있는 지속적인 "나의 존재"(I am)는 의심으로부터 추론되지 않기 때문이다. 그러므로 이를 뒷받침해 줄 수 있는 존재를 입증해야 하고, 그 존재에 의존하여야 "나의 존재"(I am)를 알 수 있다 ─ 역주(이하 모든 주는 역자의 주).

둔스 스코투스, 요하네스

Duns Scotus, John, 1266-1308

종교개혁자들을 포함하여 근대 초기 사상가들에게 중요한 영향을 미친 중세 후기 철학자. 스코투스는 스코틀랜드(스코틀랜드의 존 둔스)에서 태어났고, 25세에 프란체스코회Franciscan order에 들어갔다. 그의 어린 시절에 대해서는 알려진 바가 별로 없다. 그는 케임브리지와 옥스퍼드 그리고 파리에서 가르쳤고, 쾰른에서 죽었다. 그는 쾰른에서 피터 롬바드의 『명제집』Libri Quattuor Sententiarum에 대한 주석 작업을 하고 있었다. 롬바드의 주요 저작에 대한 주석은 스콜라 전통을 이어가는 것이었으며, 신학적 논쟁의 표준적인 형태였다. 스코투스의 핵심적인 공헌은 아우구스티누스회 및 토미즘 전통에 대한 그의 해석과 비평이다.

스코투스는 독창적인 사상가로, 특별히 논증 분석에 뛰어났다. 그는 *형이상학적 고찰로 가장 잘 알려져 있는데, 이 고찰에서 "존재"라는 용어가 하나님과 피조물에 동일한 의미로 동일하게 적용될 수 있는 완벽히 일의적인 또는 보편적인 용어라고 주장한다. 그는 이러한 일의성에서 시작하여 피조물의 본성으로부터 신 존재 증거를 개발하였으며, 뿐만 아니라 존재 개념의 일반적인 특성으로부터 신 존재 증거를 개발하였다. 신 존재에 대한 스코투스의 엄밀하고 복잡한 논증은 아퀴나스의 우주론적 논증과 *안셀무스의 존재론적 논증에서 유래한 것이다.

형이상학 분야에 스코투스가 남긴 불후의 공헌은 두 가지다. 첫째로, 하나님께서 "이것임"thisness(**개별성의 원리**)을 지니도록 창조하신 덕에 모든 개별적인 것들이 다른 모든 개별적인 것들과 구별된다는 주장이다. 이 '개별화individuation의 원리'는 모든 존재들이 속한 '범주'나 '종류'와 마찬가지로 존재에 근본적인 것이다. 어떤 특정한 당나귀는 다른 모든 당나귀와 다른데, 왜냐하면 각각의 당나귀는 개별성의 원리(각자의 본질)를 지니고 있기 때문이다. 둘째로, 스코투스는 범주들(예를 들어서 "당나귀성"donkeyness)이 정말로 실재한다고 주장하였다. 개별적인 당나귀들이 존재할 뿐만 아니라, 모든 당나귀들이 지니고 있는 당나귀성이라는 보편적인 특성이 존재한다. 따라서 스코투스는 *오컴의 후기 유명론과는 대조적으로, 보편자로 돌아왔을 때는 실재론자였다.

스코투스는 또한 의지가 인과적 결정으로부터 진정으로 자유롭다고 주장하였으며, 더 나아가 반대로 행동할 수 있는 이 자유는 바로 의지를 *마음으로부터 독립시키는 것이라고 주장하였다. 이 자유는 또한 인간의 *합리성을 보호해 주는 장치이기도 하다. 스코투스는 의지는 자연적으로 *선을 향하는 경향이 있다고 주장하였다. 물론 의지가 늘 이러한 경향에 따라 행동하는 것은 아니지만 말이다. 유추하자면, 하나님의 자유는 인간의 자유와 동일한 종류이다. 그러나 인간이 도덕 법칙을 따를 때 선한 것과 같은 식으로, 하나님께서 도덕 법칙에 따르시기 때문에 선하신 것은 아니다. 오히려 하나님의 선하심이 일차적인 것이다. "선"이라는 것은 하나님께서 명령하신 것이며, 무엇인가 선하다면 그것은 하나님께서 그것을 명하셨기 때문이다. 이러한 신 명령 이론은 계몽주의 시기 동안에는 대체로 거부되었지만, 몇몇 현대 종교 철학자들에 의해 재건되었다.

함께 보기 #보편자 #선·선함 #신인동형론적 언어 #신 존재 논증 #아리스토텔레스 #아우구스티누스 #아퀴나스 #안셀무스 #에우튀프론 문제 #윤리학(성경적) #자연 신학 #자유 의지 #종교 언어 #형이상학·존재론

참고 문헌 Thomas Williams, ed., *The Cambridge Companion to Duns Scotus*; Richard Cross, *Duns Scotus*; Alexander Broadie, *The Shadow of Scotus*; Allan Wolter and Marilyn McCord Adams, eds., *The Philosophical Theology of Duns Scotus*; John Hare, *God's Call*.

라이프니츠, 고트프리트

Leibniz, Gottfried Wilhelm von, 1646 -1716

17세기 합리론 전통(데카르트와 바룩 스피노자를 포함하는)과 관련된 독일의 철학자이자 수학자이다. 라이프니츠는 수학, *철학, 신학, 정치학, 과학, 역사에 능통한 방대하고 복잡한 사상가였다. 그는 당시의 모든 주요한 인물과 서신을 주고받았으며, 역학에 있어서의 중요한 발견, (뉴턴과 함께) 미적분의 공동 발견, *악의 문제에 대한 18세기 초의 가장 중요한 논문인 『신정론』*Essais de Théodicée sur la bonté de Dieu*을 쓴 것을 비롯하여 영향력 있는 수많은 지적인 기여를 하였다.

라이프니츠의 철학적 기여 중 가장 오랫동안 지속되는 부분은 *형이상학 및 종교 철학 분야와 관련된다. 형이상학적 측면에서 라이프니츠는 우주가 **모나드**monad라고 하는 궁극의 단순한 실체로 구성되어 있다는 주장으로 잘 알려져 있다. 이러한 개념을 정립한 라이프니츠의 계기는, 점차 보편적인 이해로 받아들여지는 우주에 대한 기계론적 관점에 반대하여, "생명"을 보존하기 위한 것이었다. 라이프니츠에게 우주의 기본적인 "성분"stuff은 물질이기는 하지만 또한 비물질적인 *초월적인 것(라이프니츠가 "실체적 형상"으로 묘사했던 것)으로 "채워져" 있다. 여기에서 라이프니츠가 관심을 가졌던 부분은 **창조된** 것으로서의 우주에 대한 설명을 제공하는 것이다. 이와 같이, 그의 동기는 대체로 신학적이다.

라이프니츠의 형이상학의 또 다른 중요한 특징 역시 신학적인 동기가 작용한 것이다. 그가 주장하기를 각각의 *실체는 인과적으로 고립되어 있다. 다시 말해, 이는 창조에 대한 설명을 창조주께 "합당한" 방식으로 구성하고자 하는 그의 갈망과 또한 섭리를 설명하려는 시도에서 기인한 것이다. 그에 따르면, 이는 창조의 "완전무결성"에 영광을 돌릴 것을 요구한다. 하나님은 제한적인 자율성을 가진 방식으로 세상을 창조하셨다. 선한 하나님께서 "그 스스로 자율적으로 운행될 수 있는" 충분한 우주를 창조하셨기 때문에, 피조 세계는 자율성을 지닌다. 그러나 이러한 자율성은 제한되는데, 왜냐하면 피조물의 자율성은 지음받은 결과이기 때문이다. 라이프니츠에게 각각의 실체는 창조주에 의해 "미리 예정되어" 있다. 따라서 **그 자체 안에** 그것이 나중에 될 모든 것에 필요한 모든 자원을 포함하고 있다. 라이프니츠는 이러한 자원을 내적 "법칙"으로 설명하였다. 이는 각각의 실체가 그 존재하는 동안에 있을 모든 일련의 상태를 야기하는 법칙이다. 따라서 당구공이 다른 당구공을 칠 때, 첫 번째 공은 두 번째 공을 움직이는 *원인이 아니다. 오히려 천지창조 때, 하나님께서 모든 실체들 사이에 **예정조화**preestablished harmony를 걸어놓으셨기 때문에, 두 번째 공이 움직인 것이다. 그래서 두 공이 부딪혔을 때, 첫 번째 공으로 인해서 움직인 것처럼 **보이는** 방식으로 두 번째 공이 움직이지만, 사실은 두 번째 공의 움직임은 두 번째 공의 고유한 "일련의 법칙"에서 비롯된 것이다. 말할 필요도 없이, 라이프니츠에 대한 많은 비판자들은 그러한 관점이 불합리한 결정론이라고 주장했다. 라이프니츠는 예정조화와 양립 가능한 방식으로 자유를 재정의함으로써(언제나 설득력 있는 것은 아니지만) 자신에 대한 비난을 확고하게 부인했다.

라이프니츠는 하나님이 모든 모나드의 창조자라고 주장했다. 그런데 하나님은 완벽하시기 때문에, 라이프니츠는 하나님께서 모나드를 최상의 모습으로 창조하셨음이 틀림없다는 생각을 고수했다. 즉 이 세계는 **모든 가능 세계 중 최상의 세계**인 것이다. 이는 라이프니츠에게 몇몇 설명해야할 점을 남겼다. 볼테르가 자신의 작품 『캉디드』*Candide*에서 유명하고 날카롭게 보여주었듯이, 최상의 가능 세계가 있다면, 그것이 현실 세계만큼 나쁘지는 않을 것으로 생각되기 때문이다. 라이프니츠는 자신의 작품 중 유일하게 책 한 권 분량으로 출판된 『신정론』에서 이러한 우려에 대항한다. 이 책에서 그는 겉으로 보이는 것과 상반되더라도, 우주의 전체적인 조화와 궁극적인 완벽함은 이를 최고의 가능세계로 만들어 준다고 주장한다. 우리는 여기에서 *아우구스티누스가 제공한 설명의 메아리를 발견한다.

또한 라이프니츠는 **충족이유율**principle of sufficient reason을 만들어 냈다. 이것은 라이프니츠와 이후의 전통이 하나님의 존재 증명에 대한 우주론적 방식의 논증에서 널리 사용한 것이다. 이 원리에 따르면, 모든 참된 주장은 그것이 부정되기보다 왜 참된지를 설명해 주는 어떤 충분한 이유를 지닌다. 라이프니츠는 우주 전체가 그 우연한 존재를 뒷받침해 줄 충분한 이유를 필요로 하는데, 그 충분한 이유가 하나님이시라는 것을 보여 주고자 이 원리를 사용하였다. 최근에, 우주론적 형태의 신 존재 논증을 옹호함에 있어, 이 이론의 여러 개정된 변형들이 제시되었다.

함께 보기 #신 존재 논증 #아우구스티누스 #악의 문제 #원인·인과성 #필연성 #하나님의 본성 #형이상학·존재론

참고 문헌 Robert Merrihew Adams, *Leibniz*; Donald Rutherford, *Leibniz and the Rational Order of Nature*.

로고스

Logos

"말씀"이란 단어로 느슨하게 번역된 고대 그리스어로, "-의 근거" 또는 "-학*"이란 의미도 될 수 있다. 고대 그리스의 철학적인 용례에서 로고스는 모든 실재에 질서를 부여하는 우주의 원리다. 우주는 다양하며 통일성이 없어 보이지만, 로고스는 이러한 모든 측면의 근저에서 통일성과 합리성을 제공한다. *아리스토텔레스에 이르러 로고스는 이론의 핵심 논증 또는 설명을 의미하게 되었고, 그것은 *논리학과는 동일시되고 *형이상학적 원리와는 대조되었다. 스토아 전통에서는 로고스를 우주 안의 이성적인 조화의 원리와 동일시하였다. 로고스는 최상의 질서와 통일성일 뿐만 아니라, 합리성의 근거이기도 하다. 로고스는 또한 우주의 법칙을 함축하고 있다. 계절들의 질서 있는 변화 가운데 드러나는 로고스는 자연의 배후에 있는 법칙이며, 자연에 지성의 구조를 부여한다. 이는 "자연법"에 대한 *근대 초기의 개념과 유사하다.

기독교 전통은 이러한 의미의 뉘앙스를 많이 받아들였고, 로고스라는 말을 가지고 이러한 뉘앙스를 예수 그리스도께 부여하였다. 요한복음에서는 특히, 예수님은 창조의 배후에 있는 질서의 원리이자, 창조의 최종 목적이다. 요한은 '예수님은 사람이시지만 그 이상이시라는 것, 즉 예수님은 우주적인 의미를 지닌 인물, 곧 로고스the Logos이시다'라는 자신의 확신을 표현하였다. 몇몇 초기 기독교 신학자들은 더 나아가서, 로고스를 우주의 신적 지혜의 원리로 제시했다.

현대의 신학 논의에서 로고스의 중요성은, 로고스가 예수 그리스도의 복음 안에 있는 지혜의 고유한 표현임을 인식하면서도, 지혜가 기독교 집단 밖에서도 발견될 수 있다는 직관을 포착해 주는 로고스의 개념적인 힘에 있다. 현대 신학은 *이성과 목적이 기독교 전통의 고유한 것이 아님을 주장하면서도, 십자가라는 특수한 걸림돌scandal을 표현하기 위한 최고의 방법을 만들기 위해 계속 씨름하고 있다. 그러나 초기 기독교에서 로고스라는 용어를 채택한 것은 그리스적 범주를 가져옴으로써 기독교 사상이 "그리스화"되었다는 하르낙 등의 비난의 근거도 되었다.

함께 보기 #신플라톤주의 #아리스토텔레스 #아우구스티누스 #원인·인과성 #플라톤·플라톤주의 #하나님의 본성

참고 문헌 David Fideler, *Jesus Christ, Sun of God*; David Winston, *Logos and Mystical Theology in Philo of Alexandria*; Walter J. Ong, 『언어의 현존』(*The Presence of the Word*); Sharon Ringe, *Wisdom's Friends*; Adolf von Harnack, 『기독교의 본질』(*What Is Christianity?*)

르네상스 인문주의

Renaissance Humanism

그리스와 로마의 고전이 풍요로운 삶을 위해 필요한 모든 것을 담고 있다고 여기는 15세기와 16세기의 운동. 유럽의 르네상스는 라틴어와 그리스어와 고전 문예의 부활("부흥"^renaissance)을 보여 주었다. 르네상스 인문주의는 신학과 자연 과학 외의 분야들(문법, 수사학, 역사, 문헌 연구, 도덕 *철학)을 포함하는 인문학적 연구의 부흥을 가져왔다. 그것은 스콜라적 논리와 신학의 허세에 반대하였고, 학문과 배움을 인간적으로 만들기 위해 노력했다. 교리적 확실성에 대한 스콜라 학자들의 주장을 부인했기에, 르네상스 사상가들은 신학적 견해 차이에 대해 더 관용적이었다. 르네상스는 개인의 독립성과 표현의 권리를 행사하면서 종교적 권위에 의존하는 중세의 종말이 시작되는 지점이었으며, 종교개혁을 위한 비옥한 토양을 제공하였다.

르네상스 초기 인물 중 하나인 페트라르카는, 키케로의 철학과 *아우구스티누스의 신학에 영향을 받았다. 철학이 공공선에 기여한다는 키케로의 주장은 철학과 신학의 중요성이 시민(즉, 인간) 영역에 초점을 맞추게끔 하였다. 추상적인 스콜라 신학을 거부하면서, 페트라르카는 인간 존재에 대한 적절한 연구는 자기 자신에 대한 연구라는 아우구스티누스의 관점을 수용하였다. 이는 나중에 인간의 존엄성에 대한 인문주의자들의 핵심적인 학설의 발전을 이끌었다. 인문주의에 대한 이러한 형태는 하나님께서 인간을 특별하게 창조하셨으며 인간은 하나님의 창조에서 특별한 위치를 차지한다는 믿음에서 신학적인 정당성을 찾았다.

새롭게 개발된 언어학적 도구를 사용하여, 르네상스 학자들은 성서, 특히

신약성서를 재검토했다. 새로이 습득한 그리스 언어와 문법에 대한 지식으로 현존하는 라틴어 본문을 비평하고, 더 오래된 그리스어 본문의 원래적 의미를 탐색하였다. 이러한 노력은 종교개혁의 **르쏘스망**ressourcement, 즉 "원천으로 되돌아가려는" 태도에 영감을 불어넣었다. 즉, 당대의 *신앙과 삶의 원천으로서 신약성서와 초대 교회의 교부들에게로 돌아가기 위해 중세의 전통을 건너뛰는 것이었다.

함께 보기 #스콜라 철학 #아리스토텔레스 #아우구스티누스 #플라톤·플라톤주의
참고 문헌 Paul Johnson, *The Renaissance*; Donald J. Wilcox, *In Search of God and Self*; Jill Kraye, ed., *The Cambridge Companion to Renaissance Humanism*.

마르크스, 칼

Marx, Karl, 1818-1883

프러시안 태생의 사상가로 공산주의의 지적 기반을 개발하였다. 마르크스는 혈통적으로 유대인이었지만, 그의 가족은 기독교를 믿었다. 그는 모든 종교적 믿음을 버렸으며, *무신론을 자신의 철학적 기초로 삼았다. 마르크스의 출발점은 19세기 노동자들의 근로 조건이었는데, 이는 부분적으로는 산업혁명에 기인한 것이었다. 노동자들은 저임금으로 장시간 노예처럼 착취당했다. 아이들은 대개 하루 15시간에서 18시간 동안 일하였고, 그 대가로 자신들의 생명을 유지할 수 있을 만큼의 식량을 벌었고, 그래서 그들은 일을 계속할 수는 있었지만 인간으로 살지는 못하였다. 노동자들은 수요와 공급의 법칙을 따르는 상품과 같은 취급을 받았다. (공급되는 노동자들이 많아서) 쉽게 대체될 수 있는 노동자들(즉, 경제적으로 가치가 없는 사람들)은 임금을 거의 받지 못했다. 노동자들은 더 적은 보수를 받았고 또 접근할 수 있는 재원(이것들은 공장으로 가고 있었다)이 더 적었기 때문에, 살아남기 위해서는 더 장시간, 더 고되게 일해야 했다. 간단히 말해서, 그들은 "임금 노예"가 되었다. 거의 예언적이라 할 수 있는 *정의를 향한 마르크스의 열정과 더불어 이러한 부당한 환경들은 몇몇 주요 주제를 포괄하는 마르크스의 철학적 분석에 동기를 부여하였다.

먼저, 마르크스는 ***인간 본성에 대한 유물론적 개념**을 제시했다. 사실,

그는 그 자체로 고정된 인간 본성 같은 것은 없다고 주장했다. 오히려 인간 본성은 인간들이 스스로를 발견하는 물질적 조건에 의해 창조된다. 예를 들어, 자본주의 산업 사회에서 인간 존재는 경제적인 동물이 되도록 길들여지는데, 이는 주로 자본 시장의 생산과 소비로 인해 형성된 것이다. 그런데 인간 "본성"의 순응성malleability 때문에, 물질적 조건이나 환경의 변화는 인간성 자체의 변화를 가져올 수 있다.

이러한 통찰은 사회의 **구조적 불의**에 대한 다음 주제와 연결된다. 마르크스에 따르면, 모든 사회는 힘을 가진 지배·통치 계급이 힘없는 계급을 착취하는 계급투쟁의 역사로 이루어진다(자유인/노예, 영주/소작농 등). *근대 사회의 두 계급은 부르주아(생산 수단의 소유주)와 프롤레타리아(부르주아에게 자신들의 노동을 파는 사람)이다. 부르주아는 자본(생존에 필요한 것 이상의 자원)을 가지고 있기 때문에, 다른 이들의 노동을 살 수 있는 힘이 있다. 노동자들은 자신들의 노동의 대가로 **임금**을 받는다. 그러나 이는 마르크스가 **노동의 소외**라고 묘사한 것을 수반한다. 임금을 위해 자신들의 노동의 결실을 팔기 때문에, 더 이상 자신들의 손으로 얻은 열매를 향유하지도 못하고, 생산물에서 나온 수익도 얻지 못한다. 증가된 부는 부르주아의 소유가 되기 때문에, 노동자들은 공장 시설의 부품으로 전락한다. 이 부품은 그저 소모품이기 때문에 착취될 수 있는 것이다. 그리고 사회 구조는 프롤레타리아들이 억압받는 환경에서 빠져나오는 것을 불가능하게 만든다. 마르크스는 종교가 억압받는 현 상황을 유지하기 위한 도구라고, 프롤레타리아들이 "천국"에서 얻을 더 나은 무언가를 소망하는 대가로 현생에서 자신들이 억압받는 여건을 받아들이도록 촉구한다고 계속 비난하였다.

마르크스에게 이러한 억압의 상황은 바로 사회의 구조에 뿌리를 두고 있는 것이다. 개별 고용주가 비열하다는 것이 아니라, 경제적 구조가 억압받는 계급의 힘을 빼앗는다는 것이다. 이러한 불의를 되돌려 놓을 수 있는 유일한 길은 사회 구조에 혁명을 일으키는 것이다. 개혁으로는 충분하지 않을 것이다. 정의의 도래는 혁명을 필요로 한다.

정의에 대한 마르크스의 열정과 불의의 구조적 본질을 꿰뚫어 보는 통찰은, 1950년대 이후의 신학에 거대한 영향을 미쳤다. 구스타보 구티에레즈의 해방신학은 마르크스를 바짝 따르며, 자신과 선지자들 및 나사렛 예수의 관심이 어떻게 유사한지를 보여 주었다. 희망에 대한 위르겐 몰트만의 종말론은 미래의 계급이 없는 사회에 대한 마르크스의 비전에서 협력점을 발견하였다. 교황 요한 바오로 2세와 존 밀뱅크를 포함한 많은 신학자들은 기독교 *신앙과 상반되는 세계관에 뿌리를 둔 마르크스의 틀을 채택한 기독교 신학을 비판하였다. 그럼에도 불구하고, 마르크스의 영향은 현대 신학에서 계속 반향을 일으키고 있다.

함께 보기 #무신론 #윤리학(성경적) #정의 #포이어바흐 #행복 #헤겔

참고 문헌 Peter Singer, *Marx*; Gustavo Gutiérrez, 『해방신학』(*Theology of Liberation*); John Milbank, *Theology and Social Theory*; Jürgen Moltmann, 『희망의 신학』(*Theology of Hope*); Merold Westphal, *Suspicion and Faith*.

마음·영혼·정신(心·魂·靈)

Mind/Soul/Spirit

　　영속하는 비물질적인 *실체이자, 사람의 의식의 중심. Soul(영혼)이라는 영어 표현은 그리스어 프시케*psyché*를 번역한 것이며, 라틴어로는 아니마*anima*이다. 영단어 Spirit(정신)은 그리스어 프뉴마*pneuma*를 번역한 것이며, 라틴어로는 스피리투스*spiritus*다. 이 용어들은 때로는 서로 바꿔서 사용될 수 있지만, 어떤 문맥에서는 신중하게 구별된다. 그리스 *철학과 기독교 사상 모두에서 전형적으로, "영혼"(그리고 "정신")은 인격체의 비물질적 측면 또는 부분을 지칭한다. 영혼은 일반적으로 의식이나 생각의 중심 또는 생각의 "자리"*seat*와 연결되어 있다. *플라톤과 *아리스토텔레스 모두, 모든 생명체는 영혼을 가지고 있다는 포괄적인 의미에서, 영혼은 생명의 원리라고 생각했다. 플라톤은 모든 개별 영혼의 근원이자, 영혼은 분명 *영원하다는 주장의 근거가 되는 세계-영혼이 있다고 믿었다. 또한 개별 영혼들이 이 몸에서 저 몸으로 "이주"할 수 있다고 믿었다. 반면에 아리스토텔레스는 영혼이 동물적인 측면과 이성적인 측면(*아퀴나스는 아리스토텔레스를 따랐다)의 두 부분으로 나뉘어져 있음에도 불구하고 몸과 불가분하게 묶여 있다고 생각했다. 아리스토텔레스의 관점은 *유물론의

몇몇 형태를 예견했다. 초기의 *모더니티에서는 "마음(그리스어 누스noús)"이 "영혼"이라는 말을 대체했다. 데카르트는 윤회reincarnation에 대한 플라톤의 이론은 받아들이지 않으면서도, 나중에 플라톤의 *이원론을 재표명했다. 플라톤과 데카르트 모두에게 있어, 마음은 인격체의 비물질적인 핵심이자 *본질로, 몸이 죽은 후에도 계속 살아있을 개인의 정체성의 근거다.

죽음 이후의 삶에 관한 확언으로 인해, 기독교의 신학적 전통 또한 마음 또는 영혼이 비물질적인 실재라고 확언했다. 그러나 히브리 서사는 몸과 영혼 사이의 관계에 대해 거의 논하지 않으며, 오히려 야웨와의 관계에서 각 사람이 취하는 태도를 강조(하기 위해 몸과 영혼이라는 단어를 각각 사용)한다. 신약성서에서는 몸과 영혼의 관계를 더 뚜렷하게 구분하는 것으로 보이지만, 몸의 *부활에 대한 신약성서의 확언은 몸과 영혼의 완전한 통합을 강조한다. 일부 소수의 그리스도인들은 플라톤과 마찬가지로 사람을 세 개의 구별되는 부분으로 나눌 수 있다고 생각했다. 즉 데살로니가전서 5장 23절의 애매한 표현 때문에 몸, 영혼, 정신(삼분법)으로 분리할 수 있다고 생각했다. 그들은 영혼이 몸이 속한 물질적 세계와 정신이 속한 비물질적 세계를 매개하는 존재라고 믿었다. 그러나 그리스도인의 대다수는 인간이 몸과 영혼의 두 부분으로 구분되지만 둘 다 인격체에게 결부된 부분이라고 확언하며, 전통적인 이분법 위에 서 있다. 부활에 관한 기독교 철학과 신학의 현대 논쟁에서는 성경의 입장이 유물론의 몇몇 형태와 조화될 수 있는지 여부를 고찰하고 있다.

*자연주의―모든 실재가 오직 물질이라는 믿음―의 출현과 성장으로 비물질적 마음이라는 개념은 도전을 받아 왔다. 많은 철학자들은 우리 모두가 발화 뉴런에 의해 생기를 띠는 물리적인 두뇌 가지고 있다고 주장한다. 따라서 마음의 위치는 고전적인 **이원론**(물질적인 몸, 비물질적인 마음), **환원적 유물론**(오직 물질뿐임), 또는 **비환원적 유물론들**(정신적 실재를 "창발"emergence로 묘사하지만, 궁극적으로는 물질적인 몸으로부터 나타나는 것으로 또는 물질적인 몸에 의해 구성되는 것으로 간주함)으로 축소되는 경향이 있다.

마음-몸 문제는 '물질적인 세계 및 창조의 선함'과 그리스도인의 관계에 대한 물음을 제기한다. 고전적인 영지주의적 형태에서는 몸을 포함하는 물질적 세계가 악하다고 생각한다. 영지주의는 종종 초기 기독교의 적이었으며, 창조에 계시된 것은 물론 성서의 계시를 멀리하면서 비밀스러운 사변을 지지하였다. 그 결과는 몸에 대한 폄하와 인간의 이성에 대한 고양이었다. 마음에 대한 기독교의 이론은 몸 본유의 선함과 마음에 대한 적절한 인식 모두를 지켜내야 한다.

함께 보기 #데카르트 #모더니티·모더니즘 #본질·본질주의 #부활·불멸성 #아리스토텔레스 #아퀴나스 #이원론·일원론 #인간 본성 #자아 #자연주의·유물론 #플라톤·플라톤주의 #형이상학·존재론 #흄

참고 문헌 Paul McDonald, *History and the Concept of Mind*; John Cooper, *Body, Soul, and Life Everlasting*; Kevin Corcoran, ed., *Soul, Body, and Survival*; Warren S. Brown, *Whatever Happened to the Soul?*; Peter Geach, *God and the Soul*; Richard Swinburne, *The Evolution of the Soul*; William Hasker, *The Emergent Self*; Stephen Stich and Ted Warfield, eds., *The Blackwell Guide to Philosophy of Mind*; Charles Taliaferro, *Consciousness and the Mind of God*; Richard Warner and Tadeusz Szubka, eds., *The Mind-Body Problem*.

모더니티·모더니즘 (근대성·근대주의)

Modernity/Modernism

지금은 "모더니티"로 묘사되는 시대의 출현은 일반적으로 *데카르트에게까지 거슬러 올라간다. 그리고 그 후 18세기의 *계몽주의 시대에 확고해졌다. 이는 중세와 단절을 이루었는데, 주로 지식과 사회에서 "권위"의 역할과 관련하여 그렇다.

데카르트는 모더니티의 아버지로 여겨지는데, 이는 데카르트 사상 안에 두 가지 중요한 전환이 있기 때문이다. 첫째는 (계시 대신에 오직 이성에 기초하여 이뤄낸) 확실성을 가지고 지식을 균등화한 것이다. 둘째는 세계를 수학적으로 표현한 것이다(세계를 살아 있는 유기체가 아닌 기하학적 연구 대상으로 보는 것). 확실성에 초점을 맞춘 첫 번째 주제는 나중에, 무엇이 합리적이고 참인가를 결정함에 있어 이성이 지배권을 갖도록 하였다. 이는 두 번째 주제에 반영되어서, 세계를 연구와 장악의 대상으로 이해하려는 경향을 지닌 과학—궁극적으로 **과학주의**—을 낳았다.

데카르트 이후 모더니티는 먼저 유럽대륙에서, 그 다음 잉글랜드와 스코틀랜드에서 계몽주의와 동일시되었다. 계몽주의는 특히 두 가지 면에서 자유에 중점을 두었다. 하나는, 교회와 전통의 제약으로부터의 지적인 자유로, **자율적인 이성** 개념(즉, 보편성을 지니는 이성의 개념, 어떠한 선제적 헌신에도 좌우되지 않는 중립적인 진리의 결정권자)이 전개되는 결과를 가져왔다. 둘째로, 정치적 자유 또는 **개인의 자율성**을 강조한 것이다. 모더니티의 이런 측면은 개인의 권리와 자유라는 원칙으로부터 시작하는 고전적인 자유주의 정치를 낳았다. 보편적이고 자율적인 이성에 대한 근대적 개념은 *포스트모더니즘의 주된 공격 목표였으며, 또한 인권에 대한 개인주의적인 강조는 공동체주의자들의 비판 대상이 되었다.

신학적으로는 모더니티의 *인식론적 측면이 논쟁점이 되어 왔다. 특히 *변증학의 영역에서 논쟁점이 되어 왔다. 고전적인 변증학에서는 근대의 보편적이고 자율적인 이성 개념과 같은 것을 상정하고 있다. 전제주의 변증가들은 이것을 지지할 수 없다고 주장한다. 따라서 모더니티를 비평하며 포스트모더니즘에 동조하려는 경향 또한 있다. 후기자유주의 신학자들은 모더니티의 개인주의적 정치 사상에, 특히 그것이 교회에 물들여진 측면에서 문제를 제기한다.

함께 보기 #계몽주의 #관점주의 #데카르트 #변증학 #상대주의 #스콜라 철학 #신앙과 이성 #이성과 믿음(하나님에 대한) #인식론 #존재신론 #칸트 #포스트모더니즘 #하나님(신앙의) #흄
참고 문헌 Philip Clayton, *The Problem of God in Modern Thought*; James L. Marsh, John D. Caputo, and Merold Westphal, *Modernity and Its Discontents*; William C. Placher, *The Domestication of Transcendence*; Alasdair MacIntyre, 『덕의 상실』(*After Virtue*); John Milbank, *Theology and Social Theory*; Genevieve Lloyd, *Man of Reason*.

목적론

Teleology

그리스어 텔로스*telos*에서 온 말로, "끝, 목표 또는 목적"을 의미한다. 따라서 무언가가 특정 목적이나 목표를 향하고 있다면, 그것은 목적론적teleological인 것이다. 이 용어는 대개 자연 세계에 적용되지만, *윤리학에도 현저하게 나타난

다. 자연 질서와 관련하여, *아리스토텔레스는 모든 자연 사물은 본유적인 목적을 가지고 있다고 믿었는데, 이 목적은 자연 사물이 향하는 목표의 측면에서 말해질 수 있다. 예를 들어 도토리의 목적은 상수리나무로 자라는 것이다. 자연 질서 안에서 일어나는 사건들은 "목적인"目的因—어떤 대상의 현재의 형태(도토리)로부터 미래의 형태(상수리나무)를 실현시키는 목적—과 관련하여 어느 정도 설명될 수 있다. 사물의 (내적 구조의 일부인) 목적인은 그 사물의 목표를 향해 가도록 사물을 "움직이게" 한다.

　　*아우구스티누스의 영향력 아래, 초기의 기독교 사상가들은 하나님께서 세상을 어떤 목적에 유익하게 창조하셨다고 주장했다. 창조 질서는 하나님의 목적을 반영한다. 하나님은 세상의 청사진을 주셨고, 이는 신적 계획과 목적에 따라 움직인다. 목적론은 하나님의 존재를 뒷받침하는 증거로 사용되었다. *아퀴나스의 논증 형식에 의존하여 윌리엄 페일리는, 세상이 위대한 설계자(하나님)를 불러내지 않고서는 설명될 수 없는 목적과 설계의 풍성한 증거(오리발의 물갈퀴, 낙타의 혹, 눈의 구조)를 드러낸다고 주장하였다. 반면에 *흄은 *악(명백한 목적의 부재)의 존재는 선을 베푸는 *전능한 존재가 있다는 사실에 반대되는 증거라고 주장했다.

　　찰스 다윈은 자연 현상으로서의 목적론에 대해 중대한 도전을 제시하였다. 다윈은 어린 시절 페일리에게 깊은 영향을 받았음에도 불구하고, 그러한 자연 세계에 대한 명백한 설계나 목적이 자연 선택을 통해 목적이 없이도 설명될 수 있다고 주장하였다. (초자연적인 선택이나 유도에 반대되는) 자연 선택은 목표나 목적을 염두에 두지 않고 맹목적으로 작동한다. 사실, 자연 선택은 죽음을 의미할 뿐이다. 즉 환경의 변화(새로운 포식자, 부족한 자원과 경쟁자, 자연 재해 등)가 새로운 환경에 부적합한 생명체의 죽음을 초래하는 반면, 새로운 조건하에서 살아남기에 적합한 생명체는 다음 세대에 유전자를 전달한다. 다윈의 틀은 20세기에 철학적 정설의 일부가 되었음에도, ("지적 설계" 이론가들을 포함하여) 어떤 이들은 이에 도전한다. 그들은, 어떤 자연 현상들은 현저하게 복잡해서, 우연한 변화들이 축적된다는 다윈식의 단계별 과정을 통하여 발달된 것일 수 없다고 주장한다.

윤리적 영역과 인간적 영역의 측면에서, 아리스토텔레스는 인간 존재가 지향하는 특정한 목적이 있다고 주장하였다. 이는 곧 *행복*eudaimonia*이다. 이 목적의 특수성은 정해진 목적을 달성하기 위해서, 인간다움how one ought to be human을 결정하는 기준으로 작용한다. 아퀴나스는 이와 유사한 목적론적 틀을 도입하였는데, 이는 인간 존재의 궁극적인 목적을 "하나님과의 친밀함"으로 수정한 것이다.

목적론은 또한 신학자들에게 구약성서 해석의 주요한 도구이다. 아우구스티누스 이래로, 구약성서는 그리스도를 예표하는 것으로 읽혀졌다. 그래서 기독교 교리와 문자 그대로 관련되어 있지 않은 성서구절에는 영적인 의미가 부여된다.

함께 보기 #신 존재 논증 #아리스토텔레스 #아우구스티누스 #윤리학 #해석학 #행복

참고 문헌 Kelly James Clark and Anne Poortenga, *The Story of Ethics*; Michael J. Behe, *Science and Evidence for Design in the Universe*; Alasdair MacIntyre, *First Principles, Final Ends, and Contemporary Philosophical Issues*; Del Ratzsch, *Nature, Design, and Science*.

무신론

Atheism

신(들)의 존재를 부정하는 것. 무신론은 세속적 인문주의, 유물론, *자연주의를 포함한 다양한 세계관에 가정되어 있다. 무신론을 지지하는 사람들은 자신들의 무신론적nontheistic 헌신을 완전한 철학 체계로 개발하려고 시도한다. 만약 누군가 하나님의 존재를 부인하기를 시작한다면, 어떤 종류의 *형이상학적, 자연적, *윤리적 체계가 가능할까?

무신론적 세계관은 물질 그리고/또는 에너지가(즉, 신적이지 않은 것이) 영원히 존재해 왔고, 모든 것이 자연법칙의 지배를 받아 다양하게 배열되어 있는 물질/에너지라고 주장한다(유물론). 만약 유물론이 사실이라면, *마음은 물질이거나 뇌다. 만약 모든 것이 자연법의 지배를 받는다면(자연주의), 무신론자들이 말한 대로 우주는 *기적이나 아마도 심지어 자유 의지에 대해서까지도 닫혀 있는 세계다.

무신론을 뒷받침하는 것으로 주장되는 두 가지 주된 증거적 근거가 있다. 그것은 신 존재에 대한 증거 부족과 *악의 문제이다. 하나님은 형체가 없으시기 때문에, 합리적으로 하나님께 접근할 수 있는 어떤 방법이 있어야 한다. 역사적으로 신 존재 논증은 이러한 간격에 다리를 제공하였다. 그러나 무신론자들과 많은 유신론자들은 이러한 논증이 성공적이지 못하다고 간주했다. 버트런드 러셀은 하나님 앞에 가게 된다면, 무엇이라고 말할 것인지 질문을 받았다. 러셀은 "증거가 충분하지 않습니다, 하나님. 증거가 충분치 않아요."라고 대답했다. 인간의 고통에 대한 문제는 무신론의 강력한 근거가 된다. 예를 들어, 〔나치 독일의〕죽음의 수용소에 살았던 많은 유대인들은 하나님을 믿는 것이 불가능하다는 것을 수용소를 경험한 후 알게 되었다. (지그문트 *프로이트나 칼 *마르크스에게서 볼 수 있는 것과 같은) 비증거주의적 nonevidentialist 무신론은 증거〔없음〕에 호소하지는 않지만, 오히려 "소원 성취"나 "환상"의 측면에서 유신론을 재해석한다.

유신론자들은 자주, 자신들의 종교적 믿음을 포기한다면, 도덕성의 의미를 잃어버릴 것이라고 믿는다. 이 점에 대해 도스토예프스키의 말이 종종 인용된다. "만약 하나님이 존재하지 않는다면, 모든 것이 허용된다." 그러나 도덕적으로 훌륭한 무신론자도 있고, 도덕성의 토대를 신 존재와 무관하게 개발한 무신론자들도 있다. 토마스 홉스에게 영감을 얻은 사회계약설들은 이러한 것에 대한 설명을 제공한다. 이 관점에 따르면, 옳고 그름이란 이기적이지만 합리적인 개인들이 서로 평화롭게 살기 위해 합리적으로 합의한 것이다. 사회계약설들에서 도덕성에 요구되는 것은 오직 인간의 합의와 이 합의된 것에 강제성을 부여할 인간의 처벌이다. 이것이 도덕성에 대한 충분한 설명이 될 수 있을지는 수많은 현대 논쟁의 한 주제다.

세속적인 형태의 **인문주의**는 인간을 중심에 놓는 반유신론적 철학이다. 인문주의는 인간 존재의 심원한 가치를 옹호하고, 인간이 자연적 산물이기에 자연 세계에 헌신하며, 인간이 지금 여기에서 번영할 수 있는 정의로운 사회 체계를 추구한다.

함께 보기 #계몽주의 #마르크스 #모더니티·모더니즘 #변증학 #신 존재 논증 #실존주의 #실증주의 #악의 문제 #이성과 믿음(하나님에 대한) #이원론·일원론 #자연주의·유물론 #칸트 #포스트모더니

즘 #포이어바흐 #프로이트 #허무주의 #흄

참고 문헌 Stan Wallace, ed., *Does God Exist?*; Michael Buckley, *At the Origins of Modern Atheism*; Bertrand Russell, 『나는 왜 기독교인이 아닌가』(*Why I Am Not a Christian*); Robin Le Poidevin, *Arguing for Atheism*; Merold Westphal, *Suspicion and Faith*.

미결정성

Underdetermination

어떤 자료의 집합에 대해, 자료를 적절하게 설명해 주는 많은 가설들이 있지만, 동시에 그 가설들 간에는 서로 양립 불가능한 것들이 있다는 믿음. 세계에 대한 우리의 (철학적, 상식적, 또는 심지어 과학적) 이론의 대부분은, 그 이론을 뒷받침하는 근거들이 결정적인 것은 아니다. 어떤 이론이 사실들에 부합하더라도, 그 사실들은 '경쟁 이론들이 사실들과 논리적으로 모순됨을 보일 수 있을 만큼' 강력한 것은 아니다. 그러므로 두 개의 이론이 서로 경쟁할 때, 증거에 호소하는 것으로는 승자를 결정할 수가 없다.

성서 해석과 신학적 진술은 성서 자료에 의해 결정되는 것이 아니다. 성서에는 역사, 신화, 시, 도덕적 교훈, 찬미, 과장법, 예언 등이 혼합되어 있다. 이러한 여러 장르의 모음을 분류하려면 어떤 *해석학적 분류 방법이 요구된다. 성서 무오성이나 무류성은 그 자체로 하나님의 *진리를 전달할 수 있는 것이 아니다. 해석학적 방법이 없으면, 무오하거나 무류한 성서의 자료는 진리 주장을 전달할 수 없다.

성서 본문이 하나님께서 말씀하시는 것이라 할지라도(성서가 무오하다 하더라도), 하나님께서 말씀하신 것이 *하나님의 본성을 묘사하기 위한 것인지 아닌지에 대해 여전히 해석학적 결정을 내려야만 한다. 하나님께서 자신의 본성에 대한 정보를 전달하려고 하셨다고 가정한다면, 이러한 정보는 문자적인 것인가, 아니면 은유적인 것인가? 실제로, 다음과 같은 질문들에 대한 판단이 내려져야 한다. 창조주께서 과연 어떻게 하나님 자신에 대한 정보를 피조물에게 전달할 수 있을까? 하나님께서는 어떤 식으로 자기 자신을 인간의 제한적인 인지 능력에 맞추셨을까? 하나님께서 인간의 인지 능력에 맞추셨는지 그렇지 않은지를 어떻게 말할 수 있을까?

미결정성은 신학적 논쟁에 있어서의 명백한 어려움을 설명할 수 있을 것이다. 로마 가톨릭과 개신교, 가톨릭과 정교회, 칼뱅주의자와 알미니우스주의자, 침례교와 재세례파, 고전적 유신론과 열린 유신론 사이의 교착 상태에 대해 생각해 보자. 이러한 논쟁의 양편에 있는 신학자들은 오직 자신들의 교리만이 성서의 자료를 충분하게 설명한다고 믿는다. 그러나 자신들의 경쟁자들 또한 모든 성서 자료에 대해 적절히 설명한다면, 증거에 호소하여서는 분쟁을 해결할 수 없다.

함께 보기 #단순성 #신인동형론적 언어 #실용주의 #종교 언어 #하나님의 본성 #해석학 #환원주의.
참고 문헌 Thomas Kuhn, 『과학혁명의 구조』(*The Structure of Scientific Revolutions*).

미학

Aesthetics

예술의 본질을 연구하는 철학의 분야. 이 용어는 감각을 통해 지각된 것을 가리키는 그리스어 아이스테시스*aisthēsis*로부터 만들어졌다. 그렇다면 예술은 주로 심미적인 현상으로, 보고, 듣고, 맡는 등의 감각을 사로잡는 것이다. 그러나 정확하게 이런 이유로 예술과 심미적인 것은 플라톤 이래로 비난의 대상이 되었다. 『국가』*Politeia*의 마지막 권에서 플라톤은 예술이 현혹하는 것이고, 위장하는 것이며, 감각적 기쁨을 이용하여 우리의 영혼을 '실재적이고, 지적이며, 비물질적인 형상들에 대한 사색'으로부터 멀어지게 한다고 공격하기 시작했다. *"진리"는 이성적이고 인지적인 지식(피타고라스의 정리나 *정의의 관념과 같은 추상적 지식)과 동일시되기 때문에, 따라서 플라톤의 추종자들은 감각을 통한 물질성을 이유로 예술을 폄하했다. 요컨대, 예술은 **진리**의 매개체가 아니다. 예술은 실제로 감각과 밀접하게 관련되어 있기 때문에 기만적인 것으로 간주된다. 이러한 예술에 대한 *인식론적 비판은, 물질성이 비물질적인 실재보다 덜 실재적이라는 물질에 대한 *존재론적 비판과 결합되어 있다.

예술에 대한 이러한 플라톤적 평가절하는 플라톤 철학의 틀을 취하는 경향이 있는 초대 교회에 번져 들어갔고, 미적인 것에 대한 의혹을 불러일으켰다. 이는 삼위 하나님에 대한 예배를 돕기 위해 사용되는 성상과 성화(예배의 대상으로 취급되는 **우상**과는 신중하게 **구별됨**)에 대한 8세기의 중요한 논쟁에서 확실해졌다. 성상파괴주의자들은 성상이 본질적으로 우상을 숭배하는 것이라고 거부했는데, 예술에 대한 플라톤의 비판을 제2계명에 대한 호소와 연결지어서 거부의 근거로 삼았다. 그러나 『하나님의 형상에 대하여』 *pròs toùs diabállontas tàs hagías eikónas*에서 다마스쿠스의 요하네스는 정교회의 예배에서 성화 images를 사용하는 것을 신중하고 분명하게 옹호하였다. 그리스도인의 중심적인 교리인 (물질성을 선한 것으로 확언하는) 창조와 (그리스도를 "하나님의 형상"*eikón*으로 묘사한, 골 1:15) 성육신에 호소하면서 미적인 것을 정당화한 것이다. 요하네스의 주요 관심사는 성스러운 예술 또는 예배용 예술이었지만, 그의 논증은 **보편적인** 예술의 정당화에도 반영되어 왔다.

기독교, 특히 개신교 신학은 플라톤의 합리주의적인 입장을 더욱 취한 반면, 역사 전체에서 많은 신학자들, 특히 보나벤트라와 같은 신플라톤주의 신학자들은 미적인 것들을 계시와 진리 모두에 있어 중심적인 매개체로 지지하였다. 미적인 것에 대한 이러한 강조는 한스 우르스 폰 발타자르와 장-뤽 마리옹, 제레미 벡비의 작업으로 인해 현대 신학에서 새로운 관심을 받았다. 이러한 신학적 미학(또는 미학적 신학)의 핵심은, 진리는 인지적인 명제들로만 전달된다고 가정하는 **합리주의자들의 공리**를 거부하는 것이다. 오히려, 미학적인 또는 "정서적인" 것에만 고유하게 있는 것으로서 인지적 명제로 환원될 수 없는 진리 전달 방식도 있다. 이에 대한 하나의 본보기로서 예전 liturgy 그 자체가 보통 호소력이 있는데, 은혜의 진리를 전달하기 위해 모든 감각들이 참여하는 예전, 특히 정교회와 가톨릭 전통의 풍요로운 성만찬이 그러하다. 신학적 미학은 이 중의 발전, 즉 '예술'과 '미적 실재에 대한 반응으로 신학을 재편하는 것' 둘 모두에 대한 새로운 관심을 가져왔다.

참고 문헌 Jeremy Begbie, *Voicing Creation's Praise*; idem, *Beholding the Glory*; Hilary Brand and Adrienne Chaplin, 『예술과 영혼』(*Art and Soul*); Hans Urs von Balthasar, *The Glory of the Lord*; Nicholas Wolterstorff, 『행동하는 예술』(*Art in Action*).

반실재론 ▸▸ 실재론·반실재론 90

배타주의 ▸▸ 다원주의·배타주의·포용주의 27

변증학(호교론)

Apologetics

그리스어 아폴로기아*apología*(베드로전서 3:15에서 "대답할 것"to provide a defense으로 번역된 단어)에서 나온 말로, 변증학이란 반대하는 이유에 맞서 자신의 주장을 옹호하는 기술이다. 기독교 신앙에 적용될 때, 변증학은 기독교의 중심 진리(예를 들어, 하나님의 존재 여부, 예수님의 신성, 성서의 신빙성, 부활)에 대한 옹호와 관련된다. 초기 교부 시대의 변증학은 기독교에 대한 특정한 반대에 응수하여 주로 방어하는 것이었다. 교회사 초기에는 기독교에 대해 두 가지의 흔한 반대가 있었는데, 하나는 교회 구성원들이 식인종이라는 것이었고(요한복음 6:35, 예수께서 이르시되 내가 진실로 진실로 너희에게 이르노니, 인자의 살을 먹지 아니하고 인자의 피를 마시지 아니하면 너희 속에 생명이 없느니라) 또 하나는 성적으로 문란하다는 것이었다(요한복음 13:34, 새 계명을 너희에게 주노니 서로 사랑하라 내가 너희를 사랑한 것 같이 너희도 서로 사랑하라). 이 시기의 변증학은 오해를 풀어 분명히 하는 것에 관심이 있었다.

중세 초기에 기독교 제국이 출현하면서, 변증학의 범위는 훨씬 더 넓어졌다. 신앙을 방어하는 프로젝트는 '오직 합리적인 확신으로 기독교 신앙을 수립하는 근거를 제공하는 것'의 일환이 되었다. 변증학은 방어하기를 그치고, 그보다 입증하기를 추구했다. 즉 일반적으로 수용되는 신념 또는 이성의 원리로부터, 기독교 신앙이 모든 필수적이고 합리적인 기준을 충족시켰음을 입증하기를 추구했다. 이러한 변증학은 모든 인간에게 공통되는 보편적인 합리성이 있음을 가정하고, 이러한 가정을 기초로 한다. 이러한 보편적인 합리성은 기독교 신앙의 진리를 입증하기 위한 객관적인 기준으로 사용된다. 이러한 프로젝트는 *아퀴나스의 『대이교도대전』*Summa de Veritate Catholicae Fidei Contra Gentiles*에서 그 형태가 나타난다. 아퀴나스는 자신의 책 『신학대전』*Summa Theologiae*에서도 우연성, *인과성, *필연성, 도덕성이라는 철학적 개념으로부터 신 존재에 대한 증거를 개발하였다. 아우구스티누스는 『신국론』*De Civitate Dei*에서 기독교 신앙의 토대에 대한 철저한 반대들에 답하면서, 모든 다른 경쟁 종교보다 기독교 신앙이 지적으로 우월함을 나타내려고 하였다.

계몽주의 시대의 변증가들은 일반적인 유신론에 대한 공격과 특히 기독교에 대한 공격이 증가하는 것을 막기 위해 새로운 종류의 논증을 제시했다. 과학의 부상으로 인해 세계가 하나님과 무관하게 스스로 움직이는 것처럼 보였고, 또한 자연 법칙은 기적을 배제하는 것으로 생각되었다. 존 로크는 계몽주의의 혹평 속에서도 기독교의 합리성을 옹호했다. *칸트는 하나님에 대한 신앙이 도덕 성립에 필수적임을 입증하려 하였고, 이성의 영역 안에서 가능한 많은 기독교 교리를 이해하려고 하였다(그렇게 해서 교리를 극적으로 재해석하였다). 하나님을 끌어들이지 않아도 점점 천문학적 현상을 적절하게 설명할 수 있는 것처럼 보였기 때문에, 변증가들은 하나님을 필요로 하는 독자적인 생물학 영역을 개척하기 시작하였다. 18세기 후반에 윌리엄 페일리는 명백한 설계, 예를 들어 낙타의 혹과 인간의 눈과 같은 명백한 설계에 기초하여 하나님의 존재를 옹호하고자 하였다. 19세기 초에는 영국의 주요 기독교 과학자들이 여러 권으로 된 『브릿지워터 논문집』*Bridgewater Treatises*을 만들었는데, 이 책은 "창조에 나타난 하나님의 권능과 지혜와 선하심"을 증명하는 많은 과학적 증거들을 제시하였다. 다윈의 『종의 기원』*The Origin of Species*은 페일리와 브리지워터 논문집이 예증한 설계에 대한 믿음에 지속적인 공격을 가하였다.

20세기에는, '모든 인류에게 공통적이며 당연한 합리성'이라는 중세와 계몽주의 시대의 개념에 대한 중대한 도전들이 있었다. 이러한 도전들의 결과로 기독교 변증학의 본질과 목적에 대해 상당한 재검토가 이루어지면서, 결과적으로 다양한 변증학 "학파들"이 생겨났다. 어떤 변증가들은 이성에 대한 중세의 관점을 계속 지지한다. 증거주의 학파(때때로 "고전 변증학"이라고도 함)는 모든 이들에게 공통적인 '중립적이고 자율적인 이성' 개념에 대한 자신들의 헌신을 옹호하면서, 기독교 유신론이 모든 사람에게 통용될 수 있는 증거에 기초하여 사실로 입증될 수 있다고 주장한다. 이러한 관점을 주장하는 동기 중 하나는, 하나님께서 모든 사람에게 하나님의 존재를 명백하게 보여 주셨기 때문에, 믿지 않음에 대한 불신자들의 책임을 확고하게 만들기 위한 것으로 보인다. 어떤 변증가들은 중립적이고 자율적인 이성에 대한 문제를 자각하여, 강제성이 없는 신 존재에 대한 "증거들"을 제시한다. 즉, 자신들이 참되고 합리적이라고 여기는 신의 존재를 뒷받침하는 전제들이 무엇인지 제시하는데, 누군가는 그 전제들을 합리적으로 수용할 수 있지만, 그렇게 해야 할 의무는 없음을 인정한다. ("전제주의 변증학" 또는 "개혁주의 *인식론"과 같은) 비증거주의 학파는 '우리 모두는 무엇이 "합리적인" 것으로 간주되는지를 조건 짓는 전제'를 가지고 있으며, 따라서 이러한 전제가 증거를 평가하는 데 영향을 미친다고 주장한다. 다시 말해, 중립적인 "이성"이란 것은 없으며, 대신에 "이성적인 것"이란 전※이성적 믿음과 전제들에 의해서 조건 지어진 것이다. 따라서 무엇을 판단할 때 중립적인 이성에 호소할 수 없다. 더욱이 개혁주의 인식론에서 강조한 것처럼, 그리스도인이 자신의 기독교 **신앙에서 출발**하는 것은 합리적인 것이다.

참고 문헌 Avery Dulles, *A History of Apologetics*; William Lane Craig, 『오늘의 기독교 변증학』 (*Reasonable Faith*); Steven Cowan, ed., *Five Views on Apologetics*; Michael Murray, ed., *Reason for the Hope Within*; Peter Kreeft and Ronald Tacelli, *Handbook of Christian Apologetics*.

보편자

Universals

다양한 개별 대상이 가질 수 있는 일반적인 속성 또는 용어. 개별적인 사과들이 많이 있는데, 이 모든 사과들은 사과이기 위한 속성을 공유한다. 어떤 사과들은 '빨갛다'라는 속성을 공유한다('빨갛다'는 사과들이 소방차 및 피와 공유하는 속성이다). 보편자와 관련된 고전적인 철학적 논란은 보편자들의 *형이상학적 위치와 관련이 있다. 보편자들이 실제로 존재하는가? 아니면 보편자는 단지 유사한 대상들에게 부여된 이름에 불과한가? 전자와 같은 입장은 *실재론(보편자들이 실재한다)으로 불리고, 후자는 유명론(보편자들은 단순이 이름들에 불과하다)으로 불린다.

전형적인 실재론자인 *플라톤은 보편자들(형상들)이 영적인 영역에 존재한다고 주장하였다. 그래서 빨강임redness의 형상과 사과임appleness의 형상은 영적인 영역에 존재하고, 개별적인 사과들은 이러한 형상들에 참여한다(형상들을 분유分有한다). 플라톤에게 진정한 지식은 이러한 영원하고 불변하는 형상들을 파악하는 것과 연관된다. *아우구스티누스는 보편자들이 세계에 대한 일종의 청사진으로서 하나님의 *마음속에 존재한다고 믿는 실재론자였다. 아리스토텔레스도 실재론자였는데, 보편자들이 대상으로부터 독립적으로 존재한다는 생각에는 반대하였다. 오히려 대상이 보편자들을 지니고 있다고 믿었다. 보편자들은 진짜로 존재하지만, 오직 대상 그 자체 안에 존재한다고 생각했다. *아퀴나스는 아리스토텔레스의 관점을 따랐다.

보편자에 대한 실재론자들의 이론은 세 가지 이유로 거부당했다. 첫째, '추상적이지만 실재하는 보편자들'과 '보편자들을 가지고 있는 구체적인 개별 대상들' 사이의 관계의 본질이 무엇인지 규명하기 어렵다. 둘째, 만약 보편자들이 *초월적인 영역에 존재한다면, 어떻게 (보편자를 지니고 있는 대상을 경험하는 것과는 별개로) 보편자들을 경험할 수 있는가? 셋째, 단지 인간의 마음이 만들어 낸 특성을 '적용'하고 있는 것이 아니라, 공유된 속성들을 '발견'하고 있는 것임을 어떻게 알 수 있는가?

이러한 비판은 유명론이 등장하기 위한 길을 예비하였다. 유명론을 가장 두드러지게 옹호한 사람은 *오컴이다. 유명론자들은 구체적인 특정 대상들 너머에 초월적으로 존재하는 추상적인 대상들(보편자로 불리는)의 실재가 없다고 주장한다. 보편자는 단지 일반적인 것을 나타내는 용어 또는 유사한 것들에 대해 인간이 적용하는 단어에 불과하다. 보편자는 서로 동일하지는 않지만 유사한 대상들에게 인간이 붙여 놓은 이름일 뿐이다. 유명론은 대상들 간의 특성이 진정으로 공유될 수 있는 여지를 주지 않기 때문에 비판을 받는다. *비트겐슈타인은 현대적 유명론자처럼 보일 수도 있을 것이다. 그는 어떤 분류에 속하기 위한 자격 조건을 정확히 규정하는 것이 불가능하다고 주장하였다(예, 사과들 또는 빨간 것들). 그러한 대상들은 기껏해야 서로에 대한 가족 유사성을 지닌다. 그럼에도 이러한 용어를 사용하는 것은 언어적 관습을 반영하는 것이지, 또 다른 실재가 있음을 반영하는 것이 아니다.

보편자에 관한 논쟁 뒤에는 세상과 하나님과의 관계에 대한 문제, 특히 '하나님의 마음속에 아마도 존재하는 보편자들'에 따라서 자연 세계가 "만들어지는"patterned 방식에 대한 문제가 놓여 있다.

함께 보기 #둔스 스코투스 #신플라톤주의 #실재론·반실재론 #아리스토텔레스 #아우구스티누스 #아퀴나스 #오컴 #플라톤·플라톤주의 #형이상학·존재론

참고 문헌 James P. Moreland, *Universals*; Michael J. Loux, 『형이상학 강의』(*Metaphysics*).

본질·본질주의

Essence/Essentialism

대상의 본질적인 속성과 비본질적인 속성(우발적인 것 또는 우연적인 것)의 구분에 대한 믿음. 본질주의는 대상이 본질들을 가지고 있으며 어떤 대상의 정체성은 그것의 본질이라고 상정한다. 본질주의를 둘러싼 물음은 보통 '형이상학' 및 '보편자 문제'와 관련되어 있다. 형이상학에 관심 있는 철학자들은 특별히 "실재(본질) 그대로" 실재를 이해하는 것에 관심이 있다.

*아리스토텔레스는 대상의 본질과 존재를 구분한다. 대상의 본질은 "대상이 **무엇인지**"에 대한 것이며, 대상의 존재는 "대상의 **있음**"에 대한 것이다. 어떤 대상의 본질은 그 대상이 지니는 보편자들의 집합이다. 만약 어떤 대상이 그러한 보편자들을 지니지 않는다면, 그것은 그것임을 그치게 될 것이다. 그러나 대상이 지니고는 있지만 대상을 무엇인가로 만들지는 않는 다른 종류의 속성도 있다. 스미스 씨의 소유라는 속성이 '예삐'라는 고양이의 속성일 수는 있으나, 그것은 예삐의 본질적인 속성은 아니다. 왜냐하면 예삐가 존스 씨의 소유

라고 해도(또는 누군가의 소유가 아니더라도), 예삐는 여전히 고양이이기 때문이다. 그러나 예삐가 만약 모피동물이 아니라면, 예삐는 고양이가 아닐 것이다. 이는 "모피동물"이라는 속성이 고양이이기 위한 본질적인 속성임을 암시한다. 예삐가 지닌 이러한 속성들의 총체가 예삐의 본질이다. 본질주의자들은 자연적인 것들은 본질을 지니고 있다고 주장한다.

현대 *철학에서는 본질주의의 양태 개념들modal notions이(즉, 가능성 및 필연성의 측면에서) 주목 받게 되었다. 대상이 지니는 본질의 정의를 기술하는 것과는 대조적으로, 양태적 본질주의는 필연적으로 지니고 있는 속성들을 지칭한다. 우발적인 속성은 대상이 지니는 속성이지만, 필연적으로 지니는 것은 아니다. 이러한 속성들이 없이도 존재할 수 있다. 중세 철학에서, 하나님의 본질은 형이상학의 중심적인 관심사였다. *안셀무스와 *아퀴나스 모두 하나님의 본질과 하나님의 존재가 동일하다는 신성의 단순성을 확언하였다. 안셀무스는 더 나아가서 '하나님의 본질에 대한 앎'은 '하나님이 반드시 존재하신다는 것'을 명백하게 만든다고 주장하였다.

본질주의에 반대하는 사람들은 "본질들"이 단순히 언어와 문화로부터 창조된 것이라고 주장한다. 대상의 "본성"은 대상 자체의 객관적인 속성 안에 있는 것이 아니라, 오히려 대상에 대한 인간의 표현 안에 있다. 우리는 개라는 속성을 '뽀삐'에게 부여하는데, 이는 오직 우리 공동체가 비슷한 다른 동물들과 뽀삐를 같은 종류로 분류하기 때문이다. 우리가 임의로 "개"라고 부르는 하나의 상위 개념 아래에 이렇게 비슷한 것들을 묶는다. 현대의 반본질주의자들은 〔본질주의자들이〕 권력의 오용을 감추면서 본질에 호소하는 모습을 종종 본다. 예를 들어 몇몇 *페미니스트 철학자들은 인간의 본질로 간주되는 것이 남성에겐 유리하고 여성에겐 불리하다는 이유로 본질주의를 거부한다. 이에 대한 예로, 아리스토텔레스는 이성이 우리를 인간이게끔 하는 본질적인 것인데, 이성이 부족한 여자들은 '결함이 있는 남성'이라고 믿었다. 남성은 본성적으로 이성적이고 지배적인 반면에, 여성들(그리고 노예들)은 본성적으로 감성적이고 종속적이라는 것이다. 이러한 이유들로 몇몇 페미니스트들은 본질주의를 완전히 거부하는 반면, 또 다른 페미니스트들, 예컨대 메리 울스턴크래프트 같은 페미니스트들은 본질주의를 받아들이지만, 여자들이 남자들보다 덜 합리적이지 않다고, 즉 남자들보다 부족한 인간이 아니라고 설득력 있게 주장한다.

함께 보기 #단순성 #보편자 #실체 #아리스토텔레스 #아퀴나스 #안셀무스 #오컴 #인간 본성 #페미니즘·페미니스트 철학 #형이상학·존재론

참고 문헌 Kelly James Clark and Anne Poortenga, *The Story of Ethics*; Brian D. Ellis, *The Philosophy of Nature*; Peter French et al., eds., *Studies in Essentialism*; Stephan Fuchs, *Against Essentialism*; Naomi Schor and Elizabeth Weed, *The Essential Difference*; Adrien Wing, ed., *Critical Race Feminism*.

부활·불멸성

Resurrection/Immortality

부활은 죽음 이후에도 육체가 있는 상태로 삶이 계속된다는 믿음이다. 불멸성은 인간의 영혼이 언제나 존재해 왔으며, 죽으면 몸이 멸절됨에도 불구하고 인간의 영혼은 언제나 계속 존재할 것이라는 믿음이다. *플라톤은 죽음이 몸으로부터 영혼을 자유롭게 하며, 그 다음 불멸의 상태에 들어가서 변화와 쇠약해짐으로부터 해방된다고 믿었다. 육체로부터 벗어난 영혼은 그가 왔던 영원한 영역으로 돌아간다. 플라톤이나 대부분의 고대 그리스 사상가들은 부활에 대한 개념을 가지고 있지 않았다. 오히려 인간 인격의 본질을 비물질적이며 불멸하는 영혼으로 여겼다.

그리스도인들은 전통적으로 부활을 지지하였으며, 영혼의 불멸성 개념은 받아들이지 않았다. 초기 그리스도인들은 죽음 후 (어떤 시점에) 하나님께서 주신 새로운 육신을 가진 존재가 되어서 새롭고 영광스러운 삶이 이어진다고 믿었다. 그리스도의 부활은 다른 사람들도 장래에 부활할 것이라는 믿음에 대한 전형의 역할을 하였다(그러므로 그리스도는 "부활의 첫 열매"로 묘사된다). 영원한 육체에 대한 이러한 확신은 창조의 *선함과 그에 따른 육신의 선함에 대한 믿음으로부터 뒤따른 것이다. 이것이 그리스인들의 사고와 그리스도인들의 사고 사이의 차이점이다. 기독교 전통의 측면에서 보면 그리고 대다수 그리스도인들의 생각을 보면, 죽음 이후의 삶에 대해 성서의 관점보다 더 그리스적인 관점

을 가지고 있기는 하지만 말이다(오스카 쿨만은 그리스도인들이 영혼의 불멸성을 믿어서는 안 된다고 주장했다). 정통 기독교 전통은 부활에 기초하여 몸의 선함을 지지하였다. 플라톤주의와는 달리, 이러한 기독교 전통에서 몸은 타락했음에도 악한 것이 아니다. 죽음 이후의 몸에 대한 하나님의 돌보심은, 우리가 죽음 이전의 사람들의 몸에 관심을 가져야함은 물론 그러한 몸이 참여하는 물리적인 세계에도 관심을 가져야함을 우리에게 일러 준다. 육체적 존재에 대해 그리스도교인이 가치를 두는 것은 기독교 *신앙의 중심에 있는 그리스도의 성육신을 반영한다. 결과적으로, 몸을 가진 존재라는 것이 본유적으로 결함이 있다거나 구속 못할 것일 수 없으며, 오히려 인간 정체성에 절대적으로 필요한 측면이다.

철학자들은 개인의 정체성이 죽음을 거쳐, 죽음 너머에서 어떻게 지속될 수 있을지 궁금해 한다. 이에 대해 그리스도인들 사이에서도 여러 다른 입장이 있다. *이원론자들은 개인의 본질적인 정체성이 자신의 영혼에 달려 있다고 주장한다. 이들은 육체가 없는 영혼이 자신의 죽음과 일반 부활의 때 사이에 중간 상태로 존재한다고 믿는다. 아퀴나스는 제3의 대안을 제시한다. 그는 인간의 정체성이 본질적으로 몸과 영혼의 결합체라고 주장하면서도 영혼의 불멸성을 인정한다. 그래서 아퀴나스에게 있어서, 중간 상태에 있는 동안 내 영혼은 살아남아 있지만, 이것은 내 정체성의 "일부"일뿐이기 때문에, 엄밀하게 말해 이것은 "나"가 아니다. 따라서 영원한 삶의 약속이 "나"에게 주어진 한, 부활할 때 내 영혼은 몸과 다시 필연적으로 결합된다.

예수님의 부활은, 기독교가 죽음을 향한 철저한 신학적 방향전환을 주장한 것을 기초로 하여, 중추적인 역사적 주장을 형성했다. 더 나아가, 사도신경에서는 고린도전서 15장을 반영하여, 모든 그리스도인들을 향한 소망이 장래에 몸이 다시 사는 것임을 고백한다. 초기 기독교 *변증가들은 종종 기독교 메시지의 *진리성에 대한 주된 증거로 예수님의 역사적 부활에 중점을 두었다.

함께 보기 #마음·영혼·정신 #아퀴나스 #이원론·일원론 #자연주의·유물론 #지옥 #플라톤·플라톤주의 #형이상학·존재론

참고 문헌 John Cooper, *Body, Soul, and Life Everlasting*; Oscar Cullmann, *Immortality and Resurrection*; Kevin Corcoran, ed., *Soul, Body, and Survival*.

분석철학·대륙철학

Analytic/Continental Philosophy

현대 *철학의 두 학풍 또는 두 진영. **분석철학**은 종종 "영미" 철학으로 불린다. 왜냐하면 영국제도와 미합중국에 그 기원을 두기 때문이다. 고틀로프 프레게의 작업과 에드문트 후설의 초기 저술에서 시작되었으며, 전형적인 대표자들로는 루트비히 *비트겐슈타인, 버트런드 러셀, 논리 실증주의자들, W. V. O. 콰인, 도널드 데이비슨, 솔 크립키, 그리고 앨빈 플랜팅가가 있다. **대륙철학**은 유럽 대륙 특히 독일과 프랑스에서 기원하였다. 그 계보를 추적하면 임마누엘 *칸트와 게오르크 빌헬름 프리드리히 *헤겔까지 올라간다. 대륙철학의 대표적인 인물로는 마르틴 *하이데거, 장-폴 사르트르, 에마뉘엘 레비나스, 자크 데리다, 미셸 푸코가 있다. 전통적으로 이 두 학풍 사이에 많은 적대감이 있었지만, 이는 대체로 다음과 같은 식의 희화를 바탕으로 한 것이다. 분석철학은 논리 실증주의와 거의 동의어 취급되며, 뛰어나지만 궁극적으로는 무의미한 구분에 집착하는 것처럼 희화된다. 대륙철학은 허무주의적이고 논리적 논증을 무시하는 것처럼 희화된다. 두 학풍은 분명 상호 배타적이지 않다. 이 둘 사이의 진정한 구분은 스스로 체득하면서 이해되어야 하지만, 그럼에도 몇 가지 큰 차이점을 정리할 수 있다.

분석철학에서는, 텍스트에서 본질적인 명제들과 논증들을 추출하여 타당성을 평가하는 데 우선순위를 둔다. 다른 말로, 철학의 목표는 논쟁에서 사용되는 용어를 명확하게 하여, 그로부터 결론이 참임을 확인함으로써(또는 결론이 거짓임을 드러냄으로써) 문제를 해결하는 것이다. 명제들은 영구적인 것 또는 무시간적인 것으로 다뤄지고, 그래서 사회역사적 맥락에 의해 크게 좌우되지 않는다. 따라서 언젠가 누군가 *아퀴나스의 『신학대전』*Summa Theologiae*에서 어떤 명제를 추출하여 이야기하더라도, '누가 그것을 말했는지', '언제 그것을 말했는지', 그리고 '그것을 말한 철학자가 어떤 영향을 받았는지'는 거의 중요하지 않다. 중요한 것은 진술 자체와 그 진술이 논쟁에서 하는 역할이다. 예상한대로 이러한 사상의 학풍에서는 철학의 역사가, 논쟁의 근원이라는 역할을 제외하면, 거의 또는 아무런 역할도 하지 않는다. 따라서 분석적 전통의 대학원 과정에서는 간혹 철학사에 대한 지식을 요구하지 않는 대신 논리적 엄격함을 요구한다.

대륙철학은 철학의 역사에 중점을 두고 있으며, 때때로 논리학이 평가 절하되는 결과를 낳는다(논리학이 요구되지 않는 대륙철학의 대학원 과정이 많이 있다). 이는 기초적인 확신에서 비롯되는 것인데, 대륙적 학풍에서는 '철학적 문제 제기의 (논리적이기 보다) **실존적** 측면'과 **'전통**〔의 영향〕에 대한 불가피성'을 더 크게 평가하기 때문이다. 대륙철학은 철학 자체의 역사적 성격에 깊은 의미를 두고 있다. 그리고 주장 또는 논증이 특정한 시간, 특정한 장소, 특정한 논쟁의 문맥, 특정한 철학자 등등의 특정한 요소에 의해서 만들어진다는 사실에 중요성을 둔다. 두 전통 모두 신학적 사고를 위한 자원을 제공해 왔다. 요즘 세대의 철학자들과 신학자들은 두 전통의 상보성을 점점 인지하고 있는 것 같다.

함께 보기 #논리학 #마음·영혼·정신 #미결정성 #본질·본질주의 #비트겐슈타인 #실재론·반실재론 #실증주의 #인식론 #존재신론 #진리 #철학 #포스트모더니즘 #필연성 #해체 #현상학 #형이상학·존재론
참고 문헌 Simon Critchley, *Continental Philosophy*; W. T. Jones and Robert Fogelin, *A History of Western Philosophy*; C. G. Prado, *A House Divided*.

불멸성 ▸▸ 부활·불멸성 58

불변성·무감수성

Immutability/Impassibility

불변성은 하나님은 변하시지 않는다는 교리이다. 이 교리에 대한 성경적 근거로는 "나 여호와는 변하지 아니하나니"(말라기 3:6), "나는 스스로 있는 자이니라〔나는 곧 나다—공동번역〕"(출애굽기 3:14)와 같은 것들이 있다. 하나님의 무감수성은 성부 하나님께서 고난을 겪으셨다는 **성부수난설**Patripassianism의 신념을 반대한다. 하나님의 고난불가능성은 불변성과 자존성(하나님의 철저한 자기의존self-dependence 또는 독립성)에 수반된다. 만약 하나님께서 변하실 수 없다면, 하나님의 감정은 지복至福의 상태에서 비애의 상태로 변하실 수 없다. 그리고 만약 하나님께서 세상의 모든 것으로부터 철저히 독립적이시라면, 하나님

의 감정은 세상의 그 어떤 것에도 영향을 받지 않으신다. 하나님께서 변하실 수 없다거나 혹은 세상에 있는 것들로부터 영향을 받지 않으신다면, 하나님께서는 고난을 받으실 수 없다. 감수성과 가변성을 내포하는 것으로 보이는 많은 구절들은 단순히 *신인동형론적 언어로 해석된다. 그리스도인들은 최근에 이러한 문제에 대해서 의견이 엇갈리게 되었다. 부분적으로는 단지 "고통받는다"는 것이 무엇을 의미하는지에 대한 의견 차이 때문이기도 하다. 만약 고통받는다는 것이 어떤 결함이나 결핍을 함의하는 것이라면, 완전한 존재는 고통을 받을 수가 없다. 그러나 만약 고통받는다는 것이 단순히 (공감과 같은) "느낄" 수 있는 능력을 말한다면, 이것은 결함을 함의하지 않을 것이며, 미덕일 수도 있다.

하나님의 무감수성은 하나님 자신의 감정이 없다는 뜻이 아니다. 무감수성의 교리는 하나님께서 어떤 불쾌한 감정들로부터도 고통받지 않으신다는 것만을 주장할 뿐이다. 즉 분노, 슬픔과 같은 것들이 하나님의 행복을 약화시키지 않는다는 말이다. 슬픔은 무언가의 결핍으로 여겨지기 때문에, 하나님은 슬픔이 없는 행복한 상태로 흔들림이 없으시다. 이러한 하나님에 대한 관점은 '고통으로부터 자유로우며 지속적인 지복' 같은 행복에 대한 스토아 사상에 영향을 받은 것이다. 하나님께는 에로스(사랑에 대한 굶주림 또는 욕망)가 전혀 없으시다. 하나님께서는 아무것도 욕망하지 않으시기에, 실망하실 수 없다. 그러므로 하나님께서 나타내시는 사랑은 에로스나 동정이 아니라 선의^{善意}이다. 하나님께서는 하나님의 사랑을 선으로 나타내신다. 이는 자신의 피조물들에게 선한 것을 주시려는 흔들리지 않는 성품이다. 하나님의 지복은 하나님의 선한 일에 대한 피조물들의 반응에 의해 더해지거나 덜해지지 않는다. 하나님은 아파테이아_{apátheia}(정념에 흔들리지 않는 상태)이시다. 하나님의 생활에는 세상에서 일어나는 어떤 일로 인해 감소될 수 없는 흔들림 없는 기쁨이 꾸준히 흐른다. 무감수성은 하나님의 비통이나 노하심을 진술하는 성서 구절을 순전히 신인동형론적 표현으로 다루는 것이다.

몇몇 현대 신학자들과 철학자들에게 '불변하고 무감각한 하나님'은 성서 이야기와 개인적인 체험 모두 부당하게 다룬 것으로 보인다. 우리는 우리와 함께 고통당하시며, 구속사 가운데 행하시며, 우리의 필요에 귀를 기울이시며, 우리의 기도를 마음에 쓰시는 하나님을 소중한 분으로 생각한다. 불변성과 무감수성이 수용된 것은 단지 유감스럽게도 초기 기독교 신학의 "헬라화"의 영향 때문이다. 성경적 유신론을 공정하게 다룰 수 없는 그리스 철학의 범주가 적용된 것이다.

만약 플라톤화된 안경을 벗어 버린다면, 성서를 더 있는 그대로 읽음으로써 변화하시며 고통당하시는 하나님을 명확히 보게 될 것이다. "주님께서는, 그들이 고난을 받을 때에 주님께서도 친히 고난을 받으셨다(이사야 63:9)." 불변성을 암시하는 구절은 단지 하나님이 약속과 사랑의 측면에서 절대 변하시지 않음을 시사하기 위해 쓰인 것이다. 하나님의 무감수성을 거부하는 것은 하나님의 사랑에 대한 이해에 영향을 미친다. 자기 피조물에 대한 하나님의 사랑은 하나님께서 피조물을 바라시고 또한 그들의 잘됨도 바라심을 함의한다. 만약 하나님의 바람이 충족되지 않는다면, 다시 말해 인간 존재가 죄를 짓거나 고난을 당한다면, 하나님의 에로스적 또는 아가페적 사랑이 연민으로 표현된다(하나님의 사랑은 고통받는 사랑).

함께 보기 #미결정성 #스토아철학 #신인동형론적 언어 #신정론 #아우구스티누스 #아퀴나스 #영원·불후 #위-디오니시오스 #존재신론 #종교 언어 #초월 #플라톤·플라톤주의 #하나님의 본성 #행복

참고 문헌 Richard Creel, *Divine Impassibility*; Jürgen Moltmann, 『십자가에 달리신 하나님』(*The Crucified God*); Isaak August Dorner, *Divine Immutability*.

불후 ▸▸ 영원·불후 110

비트겐슈타인, 루트비히

Wittgenstein, Ludwig Josef Johann, 1889-1951

20세기 *철학의 거장 중 한 사람. 비트겐슈타인은 비엔나에서 태어나, 맨체스터와 케임브리지에서 교육을 받았고, 한동안 케임브리지에서 가르쳤으며, 케임브리지에서 죽었다. 그는 불안을 느끼고 오해를 받는다고 느끼는 종잡을 수 없는 영혼이었다. 그는 일급 천재였다. 그러나 그의 작품은 계속 잘못 해석되었었다. 비트겐슈타인은 자신의 첫 번째 저서인 『논리철학논고』*Tractatus Logicus-Philosophicus*의 주장을 나중에 펴낸 『철학적 탐구』*The Philosophical Investigations*에서 거부하였

다. 그의 사상은 종종 (『논고』의) "전기" 비트겐슈타인과 (『탐구』의) "후기" 비트겐슈타인으로 논의된다. 그가 가장 좋아한 사상가는 깊은 종교성을 보인 *키에르케고어와 톨스토이였다.

　　『논고』의 주된 사상은 **"언어그림이론"**picture theory of language이다. (용어들이 논리적인 구조로 배열된) 문장들은 (공간적인 관계를 갖는 대상들로 구성된) 광경을 그리는 방식과 유사하다. 다시 말해, 문장은 말로 나타낸 그림이고, 언어는 그림이 세계를 재현하는 방식으로 세계를 파악한다. 용어는 사물을 명명하고, 문법은 문장 안에서 용어를 배열하는데, 용어로 명명된 사물들이 세계에서 배열된 방식으로 용어를 배열한다. 사건의 상태를 경험적으로 증명할 수 있게 그린 진술들만이 유의미하다. 모든 그 밖의 진술들, 예컨대 *윤리학과 신학과 *미학의 진술들은 무의미하다고 선언한다. 왜냐하면 그러한 진술들로 그려지는 세계 속에는 사건의 상태나 대상이 없기 때문이다. 논리 실증주의 운동이 『논고』에서 영감을 얻었음에도 불구하고, 비트겐슈타인은 논리 실증주의자들이 자신의 이론을 사용하여 세계를 제한하고 있다고 비난하였다. 비트겐슈타인에 따르면, 그 책은 말하지 않은 것과 말할 수 없는 것에 대해 중요성을 지닌다. 하나님, 윤리, 삶의 의미와 같이 표현하기 어려운 신비는 의미 있는 언어의 한계 너머에 있다. 비트겐슈타인은 이 책에서 철학의 모든 문제를 해결했다고 믿었기에, 다른 일을 찾고자 철학을 떠났다.

　　비트겐슈타인은 『논고』를 잘못된 것으로 보게 되면서 철학으로 돌아와서 언어그림이론을 거부하였다. 비트겐슈타인은 언어는 살아 있으며 체계적인 것이 아니고 광범위한 인간의 활동에 대해 인간의 관습이 다양한 형태로 배열된 것이라고 주장하였다. 단어의 의미는 단어가 그리는 대상이 아니다. 오히려 단어의 생명이 발견되는 문장의 맥락 속에서 단어의 사용에 있다. 달리 표현하자면, 단어들은 오직 인간이 무언가를 수행하는 맥락 속에서만 의미를 갖는다. 단어들은 지시하기 위해서, 감정을 공유하기 위해서, 약속하기 위해서, 기도하기 위해서, 게임을 하기 위해서 등등 끝도 없이 다양하게 사용된다. 문법은 세계의 논리적 구조를 그리는 것이 아니라, 게임의 규칙과 같은 것이다. 비트겐슈타인은 언어적 현상을 "언어게임"language games으로 부르는데, 이는 사람들이 의

사소통하는 개별 언어에 형태를 부여하는 규칙, 의도, 인간의 관습, 사회역사적 맥락의 집합이다.

비트겐슈타인의 학생 중 상당수는 종교적 믿음이 실증주의의 유산에서 벗어나게 하기 위해 언어에 대한 비트겐슈타인의 후기 관점을 사용한 그리스도인들이었다. 실증주의자들은 비경험적인 명제들이 인식적으로 무의미하다고 선언하였다. 비트겐슈타인 이후, 종교는 '자연 과학을 숭상하는 언어 이론을 충족시키지 못한다'는 생각에 더 이상 사로잡히지 않게 되었다. 최근 기독교 사상에서 비트겐슈타인의 사상은 두 가지로 다양하게 확장되었다. 개혁주의 *인식론자인 앨빈 플랜팅가와 니콜라스 월터스토프는 하나님을 믿는 신앙이 고전적인 토대에 의존할 필요가 없으며, 그 대신 종교적 주장들이 예배와 선교 같은 현실의 종교적 맥락에서 사용되기 때문에 의미 있는 것으로 여겨져야 한다는 주장을 옹호해 왔다. 윌리엄 얼스턴, 조지 린드백, 한스 프라이는 기독교 교리를 세계를 재현하는 그림이 아니라 기독교의 언어게임이 수행되는 규칙으로 이해해야 한다고 주장하였다. 비트겐슈타인으로 인해, 두 가지 운동은 그리스도교인이 단어를 사용하는 방식에 더 많이 주의를 기울이려고 노력해 왔다. 마지막으로, 비트겐슈타인의 추종자들은 "비트겐슈타인 신앙주의"Wittgenstein fideism로 불리게 된 것을 개발하였다. 이는 하나님에 대한 믿음을 어디에도 기초를 두지 않고 옹호하는 것을 말한다.

함께 보기 #실증주의 #이성과 믿음(하나님에 대한) #일상 언어 철학 #종교 언어

참고 문헌 A. C. Grayling, *Wittgenstein*; Fergus Kerr, *Theology After Wittgenstein*; D. Z. Phillips, *Wittgenstein and Religion*; George Lindbeck, 『교리의 본성』(*Nature of Doctrine*); Hans-Johann Glock, *Wittgenstein*.

상대주의

Relativism

절대적인 것은 없으며, *진리와 가치는 역사적 맥락과 문화에 의해서 결정된다는 주장. 인식적 (또는 존재론적) 상대주의는 실재에 대한 보편적인

진리가 없다고 주장한다. 실재는 고정된 것이 아니며, 그것이 무엇이든지 간에 지각되고 해석된 것이지 그 이상은 아니다. 윤리적 상대주의는 *선과 *악에 대한 보편적인 기준이 없다고 주장한다. 보편적인 도덕 원칙이란 없다. 어떤 개인이나 공동체가 결정한 것이 자신들의 안녕에 유리하면 그것이 선한 것이지, 그 이상은 아니다. 따라서 "관습적인" 것이다. 문화적 상대주의는 여러 문화들이 서로 다른 기준에 따라 서로 다르게 믿고 서로 다르게 행동하는 사실에 대한 기술記述적인 주장이다.

　　인식론적 상대주의와 윤리적 상대주의는 고대에 그 뿌리를 둔다. 프로타고라스는 "인간은 만물의 척도다"라는 유명한 주장을 말한 것으로 전해진다. 고대 쾌락주의는 즐거움이 도덕의 유일한 지표라고 추정했다. 그런데 누군가가 발견한 즐거움과 다른 사람이 발견한 즐거움이 서로 다르기 때문에, 도덕성은 사람마다 다를 것이다. 현대 상황에서, 리처드 로티는 실재가 단지 우리가 현재 믿고 있는 생각에 부여한 이름이라는 주장을 옹호한다. 현대의 몇몇 종교 *다원주의의 옹호자들(예컨대, 존 힉)은, 세계의 모든 위대한 종교들은 신적 실재에 대한 반응으로 동등한 타당성을 지닌다고 주장해 왔다. 만약 그렇게 논증이 진행된다면, 모든 종교적 진리 주장들은 동등하게 다뤄져야 하며, 모든 종교에 경의를 표해야 한다. 이것이 지배적이고 억압적인 종교에 맞서는 우리의 유일한 방어이다.

　　상대주의에 대한 비판은 상대주의 자체만큼이나 오래 되었으며, 상대주의가 진퇴양난의 딜레마에 빠지게 되었다고 논증한다. 상대주의가 참이든지 거짓이든지 간에 상관없이 그렇다. 만약 상대주의가 참이라면, 스스로 자멸하는 것이다. 왜냐하면 한 가지 믿음, 즉 상대주의가 참이라는 믿음은 상대적인 것이 아니기 때문이다. 만약 상대주의가 참이 아니라면, 진지하게 받아들일 필요가 없다. 어느 쪽에 기초를 두든지, 상대주의는 결함이 있다. 어느 경우든지 상대주의자가 된다는 것은 비합리적인 것으로 보인다. 하지만 상대주의가 거부되는 전형적인 이유는 상대주의가 아주 반직관적이기 때문이다. 예를 들어, 인간의 상대적인 믿음에 따르면 신은 존재하거나 존재하지 않거나 둘 중 하나다. 그러나 신의 존재에 대한 우리의 믿음은 실재의 본성에 영향을 미치지 않는다(인간의 상대적인 이해에 따라서 신의 존재 여부가 결정되지는 않는다).

　　상대주의에 대한 현대적 논의는 문화적 상대주의에 더 많이 주목하고 있다. 역사적, 문화적, 심리적 요인들이 우리에게 심오한 영향을 미치는 것으로 보인다. 종교 문제들과 도덕성에 대한 의견 일치는 소용없어 보인다. 이러한 인식은 우리에게 두 가지 상반되는 직관을 남겼다. 한편으로, 우리는 시민 사회를 유지하기 위해 요구되는 관용에 대해 더욱 잘 인식하고 (또한 고맙게 여기고) 있다. 다른 한편, 진리와 선함이 시민 사회에 필수적이라는 것 또한 자각하고 있다. 진리와 관용은 어울리지 않는 듯한 연관성 갖지만, 기독교 *신앙은 이 둘 모두를 요구한다. 관용은 이웃 사랑이라는 기독교의 덕목에 뿌리내리고 있으며, 진리는 하나님 사랑이라는 기독교의 덕목에 뿌리내리고 있다. 어느 쪽도 다른 쪽을 상쇄하지 않는다.

함께 보기 #관점주의 #다원주의·배타주의·포용주의 #미결정성 #실재론·반실재론 #윤리학 #윤리학(성경적) #인식론 #진리 #포스트모더니즘 #해체 #형이상학·존재론

참고 문헌 Francis Beckwith and Greg Koukl, *Relativism*; Stanley Fish, *The Trouble with Principle*; P. T. Geach, *Truth and Hope*; Kenneth Gergen, *Social Construction in Context*; Ian Markham, *Truth and the Reality of God*; Richard Rorty, *Objectivity, Relativism and Truth*.

상식 철학

Common Sense Philosophy

　　이 철학 전통은 18세기로 거슬러 올라가 스코틀랜드 철학자 토머스 리드의 작업에서 시작된다. 초기 단계에서 리드의 연구는 주로 *흄의 경험론적이고 회의적인 철학에 대한 반응이었다. 상식 철학은 20세기에 *실용주의와 *실증주의로 대체될 때까지 19세기 내내 미국 철학자들의 지배적인 전통이었다. 이 전통에 영향을 받은 20세기 철학자로는 G.E. 무어, W.P. 얼스턴, 앨빈 플랜팅가, 니콜라스 월터스토프가 있다. 상식 철학은 벤자민 B. 워필드와 찰스 핫지 같은 초기 프린스턴 신학자들에게도 중요했는데, 특히 *변증학의 본성에 관한 이들의 논의에서 중요한 역할을 했다.

리드는 흄의 회의주의가 '인간의 *마음에 대한 잘못된 개념'과, '인간 지식에 대한 비현실적인 표준'으로부터 나왔다고 확신하였고, 이러한 확신이 리드의 철학적 작업에 동기를 부여하였다. 흄은 사람들이 마음에 새겨진 감각 경험에만 직접 접근할 수 있다고 믿었다. 그 결과로 나온 일련의 인상이 세계에 대한 그림 또는 표상을 제공한다. 흄은 이러한 그림들이 외부 세계나 하나님 또는 *자아에 대한 주장과 관련하여 확실성을 제공하지 못한다고 주장하였다. 왜냐하면 이러한 믿음은 감각이 드러낸 세계를 넘어서는 것이며, 그래서 감각 지각으로는 정당화될 수 없기 때문이다. 이에 반해, 리드는 마음이 단지 세계에 대한 표상만을 가지고 있는 것이 아니라, 세계 그 자체를 실제로 알고 있다고 믿었다. 마음과 세계를 매개하는 "그림"이란 없다. 마음은 세계에 직접적으로 접근할 수 있다. 우리의 믿음 속에서 확실성을 거의 얻을 수 없음에도, 리드는 그렇더라도 외부 세계에 대한 지식이 가능하다고 논증하였다. 따라서 리드는 흄의 회의적인 결론을 거부하였다. 상식은 오류 불가능 한 것은 아니지만, 믿을 만한 것이다. 결과적으로 리드의 사상은 때때로 "상식적 *실재론"으로 불린다.

상식적 인식론은 인간이 세계를 알 수 있는 능력을 낙관적으로 보는 경우가 많다. 이를 옹호하는 사람들은 죄가 지적 능력에는 거의 또는 전혀 영향을 미치지 않으면서 의지에만 영향을 미치는 것으로 보는 경향이 있다. 따라서 개개인의 도덕적 신념들은 편견이나 선입견의 영향을 받을지라도, 자연의 사실에는 상당히 직접적으로 접근하여 인식할 수 있다. 이러한 인식론적 낙관주의는 지식 주장에 대한 죄와 역사와 문화의 영향력을 설명함에 있어 명백히 실패했다는 비판을 받는다.

함께 보기 #계몽주의 #변증학 #실재론·반실재론 #이성·합리성 #이성과 믿음(하나님에 대한) #인식론 #칸트 #흄

참고 문헌 Terence Cuneo and René van Woudenberg, *The Cambridge Companion to Thomas Reid*; Philip De Bary, *Thomas Reid and Scepticism*; Keith Lehrer, *Thomas Reid*; Peimin Ni, *Thomas Reid*; Mark Noll, *The Princeton Theology*; Nicholas Wolterstorff, *Thomas Reid and the Story of Epistemology*.

선·선함

Good/Goodness

도덕적 승인에 대한 용어. 철학자들은 전통적으로 선이 객관적인 것인지 아니면 주관적인 것인지에 대해 논쟁해 왔다. 선은 실재 자체의 본성에 내재하는가?(객관적) 아니면 인간이 바라거나 선호하는 대상을 지시하는 것인가?(주관적) 선이 인간의 느낌, 욕망, 선호와 별개라고 주장하는 사람들을 **도덕실재론자**moral realists라 부른다. 인간 존재를 넘어서는 선을 부인하며, 선을 인간의 정신psyche 안에 위치시키는 사람들을 **도덕적 반실재론자**moral anti-realists라 부른다.

*플라톤과 *아리스토텔레스는 서양 최초의 위대한 도덕 사상가들이다. 그들은 선이 객관적인 것이라고 주장했다. 플라톤은 불변하고 *영원한 선의 표준(형상)이 있으며, 정신적〔이데아〕 영역에 실제로 존재한다고 믿었다. 아리스토텔레스는 객관적인 도덕성의 근거가 되는 객관적인 *인간 본성이 있다고 믿었다. 역사적으로 그리스도교인들은 궁극의 선이시며 선함의 기준이신 하나님을 선과 동일시했다. 하나님과 관련시켜서 선을 정의하는 것은 '하나님의 선의 본성'은 무엇이며, 그것이 인간의 선과 무슨 관계가 있는지에 대한 물음을 낳는다. 선이라는 용어는 단일한 의미로 하나님과 인간에게 적용되는가? 인간의 선과 하나님의 선은 같은가? 도덕성을 하나님의 의지에 연결시키는 것은 *에우튀프론 문제를 낳았다. 공리주의자들은 '최대 다수의 최대 이익'에 호소함으로써 선이 정의될 수 있다고 생각했다. 즉, 무언가가 대다수의 사람들을 *행복하게 만들고 불행을 최소화한다면, 그것은 선한 것이다. 공리주의자들은 또한 옳은 것이란 대다수의 사람들의 선호를 충족시키는 것이라고 생각했다(고매한 선호와 저급한 선호를 구별할 수단이 전혀 없다).

현대의 많은 철학자들은 선이 객관적이라거나 실재한다는 생각을 부인한다. 그들은 물질과 운동에 대한 물리적인 기술記述에 호소함으로써 세계를 가장 잘 개념화할 수 있다고 생각한다. 그러나 가치의 경우 이러한 세계 개념에 속하지 않는다고 생각한다. 여러 다양한 이론들이 선을 주관적인 것으로 또는 단지 인간의 용어에 불과한 것으로 설명하기 위하여 제시되었다. 정서주의자들은 선이란 단순히 사람들이 바라는 것이며(그리고 나쁨badness은 인간의 혐오를 표현한 것), 인간이 자신의 호불호에 따라 사실 세계에 가치를 부여하거나 투영한다고 주장한다. 그러나 만약 사실에 내재하는 가치가 없다면, 무엇이 그런 호불호를 낳겠는가? 마찬가지로, 만약 어떤 행동에 부여할 수 있는 객관적인 가치가 없다면, 무엇으로 특정 행동에 대한 비난을 금지할 수 있는가?

실재론자들은 그러한 이론을 거부한다. 왜냐하면 어떤 행동이나 목적이 자신에게 매력적이냐 또는 그것들이 선호의 충족을 극대화 하느냐에 상관없이, 어떤 행동이나 목적이 그 자체로 선한(또는 악한) 것임에 대한 강한 직관이 있기 때문이다.

함께 보기 #신인동형론적 언어 #신플라톤주의 #실재론·반실재론 #아리스토텔레스 #아우구스티누스 #악의 문제 #에우튀프론 문제 #윤리학 #윤리학(성경적) #존재와 선함 #종교 언어 #플라톤·플라톤주의

참고 문헌 Robert Adams, *Finite and Infinite Goods*; Kelly James Clark and Anne Poortenga, *The Story of Ethics*.

슐라이어마허, 프리드리히

Schleiermacher, Friedrich Ernst Daniel, 1768-1834

독일의 철학자이자 신학자로, 현대의 신학적 자유주의와 현대 *해석학의 창시자로 여겨진다. *칸트에게 영향을 받았지만, *계몽주의의 비판자였던 슐라이어마허는 종교에 대한 경험적인 이해와 해석에 대한 낭만주의적 이론을 개발하였다. 그는 철학을 중심으로 다양한 학문들이 전개되는 베를린 대학의 설립에 중요한 역할을 하였다. 베를린 대학에서 슐라이어마허는 신학 과목을 성서신학, 교리학, 역사신학, 목회학의 4개 부분으로 표현하였는데, 지금은 이러한 분과가 보편화되었다. 그리고 종교적 학문은 모든 학문 분야에 내재된 보편적 원칙(역사 비평적 탐구의 원칙)에 의해 좌우되게 되었다. 결과적으로, 슐라이어마허의 영향력 아래에서 신학은 종교 연구가 되었다.

슐라이어마허에 따르면, 종교는 신적 존재에 대한 믿음과는 대조적으

로 절대적 의존의 감정 또는 의식과 관련되어 있다. 종교적 경험은, 하나님이 "저기 계신" 개인적personal 신이 아니라는 그의 주장의 토대이다. 실재에 의존하는 원초적 경험은 다양한 문화에 의해서 다양한 방법으로 개념화될 수 있는데, 이 다양한 방법들은 각기 자신들의 개념화가 절대적으로 참되다는 잘못된 가정을 하고 있다. 의존성에 대한 원시 경험의 개념화는 모두 표현 불가능한 *하나님의 본성을 가리키는 손가락이다. 그래서 종교는 앎knowing의 형태가 아니라 함doing의 형태이며, 그 성향상 주로 윤리적인 것이다. 기독교 *신앙은 특정 교리적 주장에 대한 것이라기보다 예수의 모범을 따르는 것이다.

슐라이어마허는 현대 해석학의 발전에도 영향을 미쳤다. 그는 일반 해석 이론을 개발한 최초의 사상가다. 일반 해석 이론은 단지 한 분야에만 적용되는 것이 아니라, 인간의 모든 해석 활동에 적용되는 것이다. 해석이란 독자가 저자의 의도를 이해하는 것을 목표로 하여, 저자와 독자가 대화에 참여하는 의사소통 활동이다. 감정에 좌우되지 않는 객관적인 해석 원리로 텍스트를 설명하려고 하는 계몽주의적 해석학과는 달리, 슐라이어마허는 저자와 독자 모두가 불가피하게 주관적인 요소들을 대화에 가져온다는 것을 자각하고 있었다. 낭만주의적 요소는 종이에 쓴 단어들을 통해 저자가 전달하고자 의도한 바를 꿰뚫어 보기penetrate 위하여, 저자의 삶과 세계 속으로 독자가 감정을 이입하여 들어가는 것을 필요로 한다. 해석학의 기술은 주관적, *미학적, 영적 요소들을 수반한다. 슐라이어마허의 연구 결과로, 이후의 연구가들은 독자의 역할과 해석 활동을 하는 독자들의 상황에 큰 관심을 기울였다. 슐라이어마허는 또한 해석학적 순환으로 알려지게 된 것을 옹호하였는데, 이는 부분(저작)은 전체(저자의 삶과 역사)를 통해 이해되어야만 하며, 전체 또한 부분을 통해 이해되어야만 한다는 것이다. 슐라이어마허는 그의 뒤를 이은 19세기의 주요 해석학 이론가인 막스 베버와 빌헬름 딜타이에게, 그리고 20세기의 한스-게오르크 가다머에게 큰 영향을 미쳤다.

함께 보기 #계몽주의 #종교 언어 #칸트 #해석학
참고 문헌 Keith W. Clements, *Friedrich Schleiermacher*; Brian A. Gerrish, *A Prince of the Church*; Catherine Kelsey, *Thinking about Christ with Schleiermacher*.

스콜라 철학(스콜라주의)

Scholasticism

12-13세기 옥스퍼드와 파리 대학을 포함한 중세 "대학"schools의 철학적, 신학적 전통. *아우구스티누스와 *아리스토텔레스에게 영향을 받은 스콜라 학자들은, (많은 구분점을 통한) '엄밀한 정의定義를 이용한 연구 방법'과 '기독교 신학을 발전시키기 위한 세심한 논증' 및 '이를 위한 철학적 기반'을 개발하였다. 보나벤투라, 마그누스, *둔스 스코투스, 특히 *아퀴나스와 같은 철학-신학자들은 결코 보편적이지는 않았던 이러한 방법들을 중세 대학에서 가르쳤다. 이들 사이의 차이점이 무엇이든지 간에, 모든 스콜라 학자들은 진리를 추구하기 위한 수단으로 이성의 힘을 굉장히 신뢰하였다. 그럼에도 늘, 이해를 추구하는 *믿음이라는 프로젝트로 이해되었다. 이들의 작업은 엄밀하고 포괄적이며 조직적이다. 프란시스 튜레틴과 같은 종교개혁 후기 신학자들에게도 이러한 특징이 해당된다는 점 때문에, 때때로 "개혁파 스콜라주의"Reformed scholastics로 묘사된다.

스콜라 철학자들이 중점적으로 사용하는 어휘는 질료/형상과 *실체/속성 같은 개념들이다. 예컨대, 스콜라 철학자들은 사람과 천사와 하나님의 존재론적 위치에 관심을 두었다. 그들은 천사가 (질료가 없는) 순수 형상인지, 아니면 (몸이 없는) 질료인지, 아니면 형상과 질료의 복합체인지를 고찰하였는데, 이로 인해 무의미하고 별별스러운 것에 관심을 둔다고 꼬집는 탁월한 스콜라 풍자, 즉 '바늘 위에서 몇 명의 천사들이 춤을 출 수 있을까?'라는 풍자가 나왔다.

스콜라 철학은 두 개의 사상 학파로 나뉘어졌다. 하나는 지성에 강조점을 둔 토미즘이고, 다른 하나는 의지에 강조점을 둔 스코투스학파다. 스콜라 철학의 가장 강력한 비판자인 *오컴은 스콜라 철학, 특히 스코투스의 끝도 없는 구분과 과도한 합리주의를 공격했다. 스콜라 철학은 15세기 *르네상스 인문주의에 의해 빛을 잃을 때까지 서서히 기울어졌다. 그러나 1880년 교황 레오13세는 스콜라 철학에 대한 연구를 장려하였으며, 아퀴나스를 로마 가톨릭 교회의 "공식 박사"official doctor로 선언하였다. 이는 1세기 이상 지속된 "신스콜라 철학"의 도래를 알렸다.

오늘날 '**스콜라적**'이라는 말은 대개 난해하고 불가해하며 사변적인 사상을 비하하려고 붙이는 딱지로 여겨진다. 그러나 이것은 본디 스콜라 철학자들에 대한 공정한 비판은 아니다.

함께 보기 #둔스 스코투스 #신앙과 이성 #아리스토텔레스 #아우구스티누스 #아퀴나스 #오컴 #형이상학·존재론

참고 문헌 Etienne Gilson, *The Spirit of Medieval Philosophy*; Richard Muller, 『종교개혁 후 개혁주의 교의학』(*Post-Reformation Reformed Dogmatics*); Herman Dooyeweerd, *Reformation and Scholasticism in Philosophy*.

스토아 철학

Stoicism

감정과 격정의 통제에 강조점을 두는 철학으로, 바울과 *아우구스티누스를 포함한 초기 기독교 사상에 큰 영향을 미쳤다. 스토아 철학은 기원전 300년경에 시작되어 6세기 내지 7세기 동안 영향을 미쳤다. 스토아 철학은 스토아 학파의 첫 구성원들이 토론하기 위해 모였던 아테네 아크로폴리스의 주랑현관(그리스어 *stoá*)에서 그 이름이 지어졌다. 스토아 철학은 사람들이 인생의 앞날을 염려했던 정치적 혼란기 동안 발전하였다. 스토아 철학은 고투하는 삶 가운데 평정심을 유지하는 방법을 제시하였다.

스토아 철학은 변덕스러운 인생에 대한 합리적인 접근이다. 스토아 철학자들은 세상을 지배하는 것이 비인격적인 운명 또는 섭리라고 믿었다. 모든 것은 그 일어날 운명대로 정해져 있고, 이에 대해 우리가 할 수 있는 일은 아무것도 없다. 우리가 원하든 원하지 않든 간에 일어날 일들은 일어난다. 그러므로 우리의 할 일은 단순하다. 무엇이든 그 일어나는 대로 원하면 되는 것이다. 그러면 결코 실망할 일이 없을 것이다. 스토아 철학자들은 바람이나 우려와 같이 불안함을 주는 격정들로부터 자신들이 자유로워지기를 추구했다. 만약 무언가

를 바라는데 그것이 이뤄지지 않는다면, 실망하게 될 것이다. 또 만약 무언가가 일어날까 봐 우려하고 있는데 그대로 일어난다면, 실망하게 될 것이다. 스토아 철학자들은 일어나는 모든 것을 전체 우주의 총체적인 *선의 일부로 기꺼이 받아들이고자 했다. 이들은 평정심을 이루기 위한 수단으로 자기 통제를 개발하려고 하였다. 만약 우리가 무엇이 들어오든 감정의 동요 없이 받아들이도록 우리의 사고방식을 변혁할 수 있다면, 우리는 평온할 수 있다.

스토아 철학의 현자는 **불안한** 열정으로부터 자신의 삶을 벗어나게 한다 (아파테이아). 스토아 철학자들은 기쁨, 갈망함, 신중함에 있는 열정이 불안감을 주지 않는 선까지의 생활을 허용하였다. 현자는 운명에, 즉 운명이 주는 것과 운명이 가져갈 수도 있는 것에 자기 성취를 거는 어리석은 자들을 보아 왔다. 현자는 그 대신 자신이 통제할 수 있는 것, 즉 자기 자신의 영혼에 자신의 관심을 돌렸다. 그는 외부의 안락함으로부터 성취를 구하지 않고, 그 대신 내부에서 성취를 찾는다. 그는 자족하여 평정심을 얻는다. 그는 이 세상에 대한 애착으로부터 자유로우며, 그는 세상을 있는 그대로를 받아들이는 방식으로 완전한 만족을 누린다. 즉 세상이 큰 슬픔도 지나친 기쁨도 가져다주지 못한다. 그의 마음은 잔잔하다.

스토아 철학은 *윤리학과 신론theology proper의 양 측면에서 기독교 신학의 모습으로 나타났다. 예를 들어, 아우구스티누스는 하나님과 인간의 삶 모두에 스토아적 이상을 적용하였다. (잃을 수 없는 성취의 근원이신) 하나님에 대해서만 집중하시는 하나님은 영속적이며 누구도 흔들 수 없는 지복의 상태에서 살고 계신다. 하나님은 혼란한 감정이 없으시다. 왜냐하면 하나님의 사랑eros은 상실할 수 있는 것(즉, 땅의 것)을 향해 있지 않기 때문이다. 하나님은 *무감수적이시다. 마찬가지로, 인간 존재는 자신의 사랑eros을 하나님께만 집중하여야 하며, 이 땅의 것(잃어버릴 수 있는 것)에 집중해서는 안 된다. 완전해진 인간 존재는 자신들의 만족을 완전히 하나님 안에서만 찾을 것이고, 이 땅의 삶에서 발생하는 어떤 것에도 실망할 수 없다. 우리는 하나님처럼 요동치 않는 지복 속에서 살아야 한다. 결국 섭리에 대한 스토아의 관점은 기독교의 관점에 영향을 미친 것이다.

함께 보기 #아우구스티누스 #아퀴나스 #윤리학 #윤리학(성경적) #행복

참고 문헌 F. H. Sandbach, *The Stoics*; John Rist, *The Stoics*; idem, *Augustine*.

신앙

Faith

믿음, 신뢰, 헌신, 삶의 방식, 한 인격체가 다른 인격체를 신뢰하거나 다른 인격체에게 충성하는 영혼의 성향. 그리스도인들은 그리스도를 통하여 하나님을 믿을 것이 요구된다. 하나님에 대한 신앙은 객관적인 요소(하나님의 존재, 예수님이 성육신하신 하나님이라는 사실 등등)와 이러한 객관적 *진리를 하나님의 은혜로 말미암아 주관적으로 전유하는 것을 포함한다. 어떤 이들은 이러한 것에 동의하지만, 또 다른 사람들은 지식과 신앙을, 심지어 신념과 신앙을 대조적인 것으로 파악한다.

신앙에 대한 논의의 역사는 적어도 두 가지 중요한 관련 논란을 낳았다. 하나는 하나님과 사람들 사이의 관계의 핵심으로서 신앙의 본성에 대한 것이고, 다른 하나는 하나님과 죄인들 사이의 화해의 수단으로서 신앙의 본성에 대한 것이다. 첫 번째 논란에 따르면, 신앙은 일종의 믿음으로 여겨진다. 그런데 무엇에 대한 믿음인가? 그리고 어떤 유의 믿음인가? 만약 그리스도인들이 신을 믿어야 한다면, 그리스도인들의 신앙과 다른 종교의 신앙의 차이점은 무엇이며, 유사점은 무엇인가? 사도 바울은 아브라함의 신앙과 그리스도인들에게 요구되는 신앙이 유사하다고 주장함으로써 이 문제를 제기하였다. 사도 바울의 주장은 종교에 대한 제의적인 일들을 수행하는 것이 아니라, 하나님을 신뢰하는 신앙에 중점을 두는 것이었다. 그런데 이때 물음이 발생한다. 하나님에 대한 믿음에 구체적인 내용이 있는가? 초대 교회는 예수님과 하나님의 특수한 관계, 그리고 예수님의 죽음이 우리의 죄를 위한 희생 제물이었다는 것과 같은 몇몇 믿음이 신앙에 본질적이라고 주장하였다. 중세 교회는 특정 관점을 추가하려고 하였다. 그리스도의 본성, 삼위일체 교리, 그리고 그 밖의 많은 교리들을 신앙의 내용으로 추가하려고 하였다. 몇몇 현대 사상가들은 신앙이 하나님을 신뢰하는 것이지만, 하나님에 대한 어떤 특정한 내용을 믿는다거나 혹은 하나님으로부터 온 어떤 특정 계시(약속이든 다른 것이든)를 믿는 것이 아니라고 주장하였다. 그래서 폴 틸리히와 존 힉은 신앙이 어떤 궁극적인 것을 신뢰하는 것이라고 주장하였다. 각 종교는 각자 상황에 맞게 궁극자에 대한 내용을 제공할 것이다. 신앙은 기독교나 심지어 하나님에 대한 믿음에 국한되지 않는다. 그러나 다른 사람들은 신앙에는 언제나 어떤 특정한 내용이 있어야 한다고 주장해 왔다.

두 번째 논란은 하나님과 죄인을 화해시키는 수단으로서 신앙의 본성에 주목한다. 죄의 본성이 무엇인지에 대한 논쟁을 제쳐 둔다면, 신앙이 '하나님께서 죄인들을 대신하신 일을 숙고하는 인간의 지식적인 덕목'인지 아니면 신앙이 '화해의 수단으로서 하나님께서 주시는 선물'인지가 문제가 된다. 이 문제를 읽는 한 가지 방식은, "신앙"은 '하나님께서 인간을 대신하여 그리스도 안에서 이미 성취하신 것을 신뢰하는 것'과 동의어이며, 인간의 행동과는 무관하다는 것이다. 따라서 화해는 전적으로 하나님께서 행하신 일이기 때문에(에베소서 2:8-10), 신앙은 어떤 공로가 있는 "행위"일 수 없다.

이 문제를 읽는 또 다른 방식은, "신앙"이란 그리스도 안에서 하나님께서 시작하신 일에 대한 반응으로서 하나님에 대한 신실함을 말하기 위한 방법이라는 것이다. 이 점에서 신앙은 하나님과의 일종의 협력이다. 앞선 방식에 따르면 신앙은 그처럼 칭찬할 만한 것이 아니다. 후자에 따르면, 신앙은 신의 호의를 받을 만한 것이며, 참으로 칭찬받을 만하다. 이 논쟁은 '은혜의 본성'과 '교회 안에서 그리고 교회를 통하여 은혜가 전달되는 방편'에 대한 더 큰 신학적 차이와 관련되어 있다. 이 논쟁은 특히 *아우구스티누스와 펠라기우스주의자들 사이의 논쟁에서 그리고 나중에 종교개혁에서 특히 치열하게 전개되었다. 이 긴장을 풀어 나가는 방식은 궁극적으로 죄의 영향력을 이해하는 방식에 의해 결정된다. 아우구스티누스주의 계열에 따르면, 죄의 철저한 영향력으로 인해 인간 존재가 스스로 믿음에 이르는 것은 불가능하다. 펠라기우스주의(또는 로마 가톨릭의 반펠라기우스주의적 semi-Pelagian 입장)에 따르면, 죄의 영향력이 그렇게 극단적이지는 않다. 그러므로 인간의 노력과 하나님의 은혜 사이의 "협동"이나 협력 synergy 이 가능하다.

많은 그리스도인들은 신앙을 확신(의심의 부재)과 동일시한다. 확실성이 그리스도인의 삶의 목표가 될 수 있지만, 우리는 사도 바울이 썼듯이 거울로 보는 것 같이 희미하게 보고, 그때에야 얼굴과 얼굴을 대하여 볼 것이다. 확실성은 도덕적 완전함과 마찬가지로 오직 다음 생에서만 얻을 수 있는 것으로 보인다.

함께 보기 #신앙과 이성 #이성·합리성 #이성과 믿음(하나님에 대한) #키에르케고어 #하나님(신앙의)

참고 문헌 Eric Springsted, *The Act of Faith*; Jonathan Edwards, 『참된 신자가 되라』(*The True Believer*); William Lad Sessions, *The Concept of Faith*; Kelly James Clark, *When Faith Is Not Enough*.

신앙과 이성

Faith and Reason

그리스도인들은 전통적으로 믿음의 원천이 두 가지, 곧 *신앙과 *이성 이라고 생각해 왔다. 우리의 이성적 능력에는 추리력reasoning(추론을 만드는 능력), 직관력, 그리고 기억력이 포함된다. 여기에는 외부 세계, 과거, 귀납 추론에 대한 믿음을 생산하는 능력도 포함된다. 이러한 하나님이 주신 능력들은 참된 믿음을 생산하게끔 만들어진 것이다. 신앙의 진술들에는 이성으로 입증할 수 없는 믿음들이 종종 포함된다. 이러한 믿음을 받아들이려면 믿는 자가 의지적으로 행해야 하며, 그리고 신뢰의 요소가 필요하다. 신앙과 이성의 관계는 무엇인가, 즉 '신앙 진술들에 제시되는 믿음'과 '이성의 능력이 만들어 내는 믿음' 사이에는 어떤 관계가 있는가? 우리는 여기에서 유신론적 믿음 일반에 대해서 고려하지는 않을 것이며, 다만 그리스도인들의 믿음, 예컨대 *하나님의 본성과 존재, 삼위일체, 성육신, *부활을 포함하는 믿음에 관련되는 '신앙과 이성의 관계'에 대해서 고려할 것이다. 신앙과 이성의 관계에 대한 주요 개념으로는 신앙주의, 이해를 추구하는 신앙, 신앙을 추구하는 이해, 이렇게 세 가지가 있다.

신앙주의fideism, 즉 기독교 신앙이 이성과 상반된다는 주장은 가장 유명한 신앙주의의 옹호자인 테르툴리아누스에게서 발견된다. 테르툴리아누스는 신앙이 이성에 상반된다고 주장함으로써, 기독교가 헬라인(합리적인 사람들)에게는 미련한 것이라는 바울의 생각에 동감했다(고린도전서 1:18-25). "아테네가 예루살렘과 무슨 상관이 있는가?"라는 수사학적 질문을 던지고, "나는 불합리하기 때문에 믿는다"라는 유명한 말로 응수하였다. **전제주의**presuppositionalism로 불리는 좀 더 "세련된" 신앙주의(코넬리우스 반 틸과 헤르만 도여베르트)는 여전히 신앙과 "이성" 사이의 어떤 반정립을 주장한다. 다만, 그 이유는 "이성" 자체가 언제나 신앙적 전제들을 가지고 있기 때문이다. 달리 말하자면, 이성으로 불리는 것 중에 "중립적인" 것은 없으며, 다만 "그리스적" 이성이든 "힌두교적" 이성이든 간에 그 근저에는 "이성"이라는 이름 아래 종교적인 헌신에 의존하는 것이 있을 따름이다. 이러한 의미에서, 기독교 신앙과 그리스 또는 *근대적 이성 사이의 대립을 계속 주장할 수도 있다. 그 다음 이러한 입장은 아우구스티누스 쪽으로 미끄러져 간다.

아우구스티누스는 모든 인간의 탐구는 얼마간의 신앙으로부터 시작된다고 주장하였다. 그럼에도 불구하고 그는 지적인 탐구가 기독교적 믿음들을 이해하고, 발전시키며, 방어하는 데 긍정적이고 필수적인 역할을 한다고 믿었다. 신앙에 대한 이성의 역할은 **이해를 추구하는 믿음**fides quaerens intellectum으로 표현된다. *안셀무스의 존재론적 논증은 이러한 맥락 안에서 발전된 것이다. 그의 논증은 기도로 시작된다. "오 주님, 우리를 도와주소서. 우리가 믿는 것과 같이 당신을 이해할 수 있도록." *아퀴나스는 종종 이러한 아우구스티누스적 견해에 반대한 것으로 여겨진다. 아퀴나스는 이성으로 하나님에 대한 몇몇 *진리에 이를 수 있다고 믿으면서, 그 밖의 신적 진리는 단순히 이성의 범위를 넘어선 것이라고 믿었다. 후자의 진리는 하나님의 권위로 받아들여진 것이지만, 그럼에도 이성은 사람들이 신앙을 갖도록 준비시키고 이러한 계시된 교리들을 이해할 수 있도록 돕는 데 사용되어야 한다. 그런 까닭에 "신조들"articles of faith(삼위일체, 부활 등)과 관련한다면, 아퀴나스는 신앙과 이성의 문제에 있어 아우구스티누스 주의자이다. 그러나 "신앙의 서설"preambles of faith과 관련한다면, 아퀴나스는 하나님의 조명하심에 대한 아우구스티누스의 설명을 명백히 거부하고, *계몽주의의 모형으로 미끄러져 간다.

이해가 신앙에 앞선다는 마지막 견해의 옹호자들은 계몽주의에서 볼 수 있다. 왜냐하면 전통적인 권위들을 거부하거나 의문시하기 때문에, 믿음을 의미 있고 합당하게 주장하기 위해서는 이성이 필수적인 것으로 여겨진다. 게다가 이성은 모든 인류에게 공통된 보편적 기준으로 이해되었다. 예를 들어, 존 로크는 신앙의 조목들은 이성을 초월하지만 그런 믿음들이 이성에 배치될 수는 없다고 주장하였다. 신앙의 조목들이 이성으로부터 연역되어 나올 수는 없겠지만, 전해진 계시는 (증거의 신빙성, 즉 참된 하나님의 메시지임을 규명하여) 이성으로 정당화되어야 한다. 따라서 로크와 그의 계몽주의적 계승자들은 신앙의 문제를 정당하게 승인하기 전에, 이성(이해)을 먼저 요구한다.

함께 보기 #계몽주의 #변증학 #신앙 #신 존재 논증 #아우구스티누스 #아퀴나스 #우주론 #이성·합리성 #이성과 믿음(하나님에 대한) #자연 신학 #칸트 #키에르케고어 #포이어바흐 #흄
참고 문헌 C. Stephen Evans, *Faith Beyond Reason*; Paul Helm, *Faith and Understanding*; Alvin Plantinga, *Warranted Christian Belief*; William Wainwright, *Reason and the Heart*; Edward Grant, *God and Reason in the Middle Ages*.

신인동형론적 언어

Anthropomorphic Language

성서에서 하나님은 아버지, 주권자, 사랑하시는 분, 인내하시는 분, 선하신 분 그리고 친구로 불리신다. 또한 하나님은 눈과 귀, 손, 발, 그리고 몸을 가지신 것처럼 묘사된다. 이러한 용어들은 어떤 의미로 하나님께 적용이 되는가? 예를 들면, 우리는 **아버지**라는 말을 생물학적 남성 직계존속과 관련하여 이해한다. 주권에 대한 우리의 개념은 세속 군주에 대한 우리의 이해와 결부되어 있다. 우리는 이러한 용어들이 인간들에게 적용된 것과 같이 이해한다. 인간에게 사용되는 용어는 어떤 의미에서 하나님께 적용되는가? 하나님을 묘사함에 있어 의인화된 언어(인간이 아닌 것을 인간의 속성에 빗대는 것)의 문제는 그 언어와 *초월성과의 상관관계이다. 만약 하나님께서 초월적이시라면, 하나님은 인간의 인지와 언어를 훨씬 넘어서는 분이시다. 만약 하나님께서 인간 존재들과 소통하기를 원하신다면, 하나님께서는 분명 인간의 이해에 맞추셔야 할 것이다. 인간의 언어가 하나님에 대한 인간의 믿음을 가능하게 하는가? 제한하는가? 왜곡하거나 기만하는가?

신체 부위를 하나님께 귀속시키는 것은 단순히 신인동형법이기 때문에, 거의 보편적으로 문자 그대로 받아들여지지는 않는다. 하지만 이러한 용어

들을 넘어서서, 어떤 것들이 하나님께 적용되는지를 어떻게 결정하는가? 유대교-기독교-이슬람교 전통에서는 '인간이 하나님의 형상으로 창조되었다는 것은 인간이 하나님과 특성을 공유함을 함축'한다고 주장한다. 우리는 아마도 하나님과 같이 인식 주체이며, 도덕 행위자이고, 다스릴 수 있으며, 타인과 중요한 관계를 맺을 수 있다. 그런데 우리에게는 감정이 있다. 하나님도 감정을 가지고 계신가? 또한, 우리는 사물에 대해 알고 있지만, 이런 앎은 타인 의존적이며, 또한 많은 것을 잊기도 한다. 하나님의 지식은 타인 의존적인가? 그리고 무언가를 잊으시는가? 인간들은 변할 뿐만 아니라 죄를 짓는다. 하나님도 마찬가지로 도덕적으로 불완전하시고 변덕스러우신가(변화하시는가)?

어떤 신인동형론적 용어가 단순한 신인동형법이며, 어떤 것이 대략적으로(유비적으로) *하나님의 본성을 묘사하는지를 단순히 규칙에 따라 결정할 수 있는 그런 방법은 없다. 기독교 사상에서 지배적인 전통은 대부분의 신인동형론적 언어(인간의 특징을 하나님께 돌리는 방대한 성서 본문들)가 문자 그대로 이해되어서는 안 된다고 주장한다.

신인동형론의 문제는 신학적 맥락에서뿐만 아니라, 사람들이 하나님의 존재를 논박하려고 시도하는 맥락에서도 나타난다. 그리스도인들이 하나님의 선하심을 아버지께서 돌보신다는 측면에서 어떻게 이해하는지 생각해 보자. 만약 지상의 아버지가 자신의 생물학적 자녀들을 돌보시는 것 같이, 우리 하늘 아버지께서 자신의 영적 자녀들을 돌보신다면, 지상의 아버지가 자기 자녀들에게 선한 것처럼 하늘 아버지도 그 자녀들에게 분명 선하실 것이다. 그러므로 지상의 부모에게 상해를 막을 의무가 있는 것처럼 하나님께도 동일하게 상해를 막으실 의무가 있으시다. 그러나 현실에서는 그러한 상해로부터 보호되지 않았다. 만약 지상의 부모가 계시고 막을 능력이 있다면 막았어야 했을 상해가 수없이 일어났다. 따라서 하나님 아버지는 존재하지 않는다.

이에 대해 그리스도인들은 하나님의 아버지 되심은 어떤 이 땅의 부모와도 같지 않다거나, 하나님은 선하시지만 인간이 파악할 수 있는 의미는 아니라고 응답할 것이다. 그러나 이러한 응답은 우리가 "하나님은 아버지이시다"라고 한다거나, "하나님은 선하시다"라고 말할 때, 과연 이러한 말들이 무엇을 의미하는지 우리가 알지 못한다는 것을 함축한다. 우리가 너무 신인동형적이라면, 하나님은 단지 거대한 인간 존재일 것이다. 반대로 우리가 충분히 신인동형론적이지 않다면, 하나님은 전적으로 불가해한 존재가 될 것이다. 신인동형론적 언어의 지나침과 모자람 사이에서 중용이 필요함은 분명하다. **유비**analogy에 대한 교리는 하나님에 대한 우리의 언어가 무언가 진실을 말하고 있지만, 또한 현저한 차이가 있다는 것(예컨대 하나님의 선하심에 대해 무언가 진실을 말하지만, 하나님의 선하심과 우리의 선함 사이에는 현저한 차이가 있다는 것)을 암시함으로써 이러한 중용을 주장한다.

함께 보기 #신정론 #아우구스티누스 #아퀴나스 #영원·불후 #존재신론 #종교 언어 #해석학
참고 문헌 Walter Brueggemann, William C. Placher, and Brian K. Blount, *Struggling with Scripture*.

신정론(변신론)

Theodicy

*악이 있다는 사실을 고려하면서 하나님이 정의로우심을 보이려는 시도. "악의 문제"라고 불리는 것은 다음과 같이 진술될 수 있다. 만약 하나님께서 완벽하게 *선하시며 *전능하신 분이라면, 어떻게 악이 존재할 수 있는가? 만약 하나님께서 선하시다면, 하나님은 악을 예방하길 원하셔야 한다. 만약 하나님께서 전능하시다면, 악을 예방하실 수 있으시다. 만약 하나님께서 이 둘 모두에 해당하신다면, 왜 악이 있는 것인가? 신정론은 이러한 유형의 질문에 답을 하려는 시도다. 그러나 몇몇 신정론들은 정통 기독교 신학에서는 사용할 수 없다. 예를 들어 *과정 신학은 하나님의 전능하심을 부인함으로써 악의 문제를 "해결"하려고 한다. 크리스천 사이언스 신봉자들은 악의 실재를 부인한다. 그러나 일반적으로 이들은 정통 신앙에 부합하지 않은 것으로 이해된다. 비정통에 속한 신정론들은 하나님의 속성 중 일부를 부인하지만, 그러나 정통에 속한 신정론들은 간혹 악의 실재를 부인하는 위험을 무릅쓰고 있다.

가장 영향력 있는 신정론은 *아우구스티누스의 *자유 의지 신정론이다.

아우구스티누스는 하나님께서 선한 세상을 창조하셨고, 선한 사람들을 그 세상 속에 두셨다고 주장한다. 이 완벽한 사람들은 자신들의 자유 의지를 사용하여 금지된 열매를 먹음으로써 하나님을 거역하였다. 그렇게 함으로써 그들은 우주에 도덕적인 악과 자연적인 악을 풀어 놓았다. 그래서 악에 대한 책임이 있는 자는 하나님이 아니라, 자신들의 자유 의지를 오용한 자유로운 피조물이다. 인간들에게 책임이 있지만, 하나님은 타락이 끔찍한 결과로 나타날 것을 미리 아셨음에도 타락을 막지 않으셨다. 그렇다면, 하나님은 어떤 의미에서 선하신가? 『신국론』 _De Civitate Dei_ 에서 아우구스티누스는 하나님은 *미학적 의미에서 선하시다고 주장하였다. 즉 하나님은 암점 dark spots 이 없이는 완전하지 않은 최고로 아름다운 그림을 그리시고 계시다.

존 힉의 영혼-형성 soul-making 신정론은 '도덕적인 악에 대해서 자유 의지로 설명하는 것'과 *'인간 본성과 창조가 결코 완벽하지 않다는 관점'을 통합시킨다. 힉에 따르면, 인간 본성에 대한 전통적인 아우구스티누스적 관점은 인간이 완벽하게 창조되었으며 (그러나 자유 의지를 지닌 존재로) 낙원에 있었다고 한다. 이런 완벽한 정황을 가정할 때, 어떻게 인간이 실패할 수 있었는지는 신비(또는 모순)이다. 그런데 만약 인간 존재가 완벽에 미치지 못했다면, 그리고 낙원에 있지 않았다면, 인간의 실패는 거의 불가피해 보인다. 하나님께서 우리 같은 사람들을 위험한 상황 가운데 두신 것을 무엇으로 정당화할 수 있겠는가? 힉에 따르면, 인간들이 실제 위험과 도전에 직면하지 않는다면, 하나님께서는 '당신께서 인간에 대해 설정하신 목표'(자유롭게 하나님의 자녀가 되는 것)를 이루실 수 없다. 힉의 "영혼-형성 신정론"은 '용기, 인내, 관대함과 같은 덕의 개발'에 자연적인 악이 어떻게 도움이 되는가를 설명한다. 미숙하고 불완전한 사람들이 자라서 *영원한 생명의 상속자가 되는 일에 악이 필수적이기 때문에, 악은 정당화된다.

최근의 논의에서는 과도하거나, 끔찍하거나, 무의미한 pointless 고통의 문제가 고찰된다. 매릴린 애덤스는 '자신의 삶이 전체적으로 자신에게 대단히 선한 것일 수 있는지 의심하게 하는 하나의 이유를 제공해 주는 것'으로 끔찍한 악을 정의하였다(홀로코스트에서 겪은 개인적 고통과 같은). 아담스는 고전적인 신정론을 피하면서, 하나님께서 어떻게 그런 사람들에게 선하신 분일 수 있는지를 묻는다. 하나님께서는 '끔찍한 악에 참여하는 것'을 '한 사람의 하나님께 대한 관계'로 통합시키신다고, 예를 들어, 고난당하시는 그리스도와 동일시함으로써 또는 고난당하시는 우리 하나님의 내면을 바라봄으로써 하나 되게 하신다고, 아담스는 제안한다.

폴 리쾨르와 성서 신학자 월터 브루그만에게서 보이는 또 다른 대안은 논리적인 "문제 해결"로서의 신정론 프로젝트를 거부하고, 오히려 애가의 측면에서 악의 문제와 씨름하는 것이다. 애가는 성경적 반응으로, 창조계 내에 악의 자리를 부여하기에 "이치"에 맞지 않는 저항이지만, 오히려 이러한 것들이 "있어서는 안 된다"라고 신실하게 저항하는 것이며, 이러한 악의 파멸을 종말론적으로 소망하는 것이다.

신정론은 하나님의 선하심을 바라보는 관점에 영향을 미친다. 아우구스티누스가 호소한 선은 고통받는 개개인에게 유익한 것이 아니다(참으로 하나님의 아름다운 창조에 대해 우리가 하나님께 영광을 돌리는 것처럼, 주로 하나님께 유익하다). 하나님의 선하심에 대한 이러한 관점은 하나님을 (우주 전체의 선을 극대화하고, 나쁜 것을 최소화하는 행동을 수행하시는) 결과주의자로 만들 것이다. 또 다른 사람들은 하나님의 선하심이 개별 인간들에게 미친다고 주장한다. 예수님은 눈먼 사람을 보게 하셨고, 나사로를 죽은 자 가운데서 돌아오게 하셨으며, 물을 포도주로 바꾸셨고, 우리를 구원하시기 위해 죽으셨다. 이는 보편구원론으로 흐르는 경향이 있다. 어떤 완전히 적절한 신정론이 선에 대한 이 두 유형을 결합시켜야 할 것 같다.

함께 보기 #목적론 #신인동형론적 언어 #아우구스티누스 #악의 문제 #자유 의지 #전능 #지옥 #하나님의 본성

참고 문헌 John Hick, 『신과 인간 그리고 악의 종교 철학적 이해』(*Evil and the God of Love*); Steven Davis, *Encountering Evil*; Kelly James Clark, *When Faith Is Not Enough*; Marilyn McCord Adams, *Horrendous Evils and the Goodness of God*; Susan Neiman, *Evil in Modern Thought*; Paul Ricoeur, *Figuring the Sacred*.

신 존재 논증(신 존재 증명)

Theistic Arguments

하나님의 존재 증명을 목표로 하는 논증. 신 존재 논증은 두 가지 형식으로 나타난다. 하나는 **아포스테리오리** *a posteriori* 논증으로 경험으로 알고 있는 또는 알 수 있는 전제에 의존한다. 다른 하나는 **아프리오리** *a priori* 논증으로 경험과 독립적으로 알고 있는 또는 알 수 있는 전제에 기초한다. 하나님의 존재에 대한 가장 중요한 아프리오리 논증은 **존재론적 논증**ontological argument이다. 정의定義상 하나님은 모든 완전성을 지니고 계시며, 존재는 [비존재보다] 완벽한 것이기 때문에, 하나님은 반드시 존재하신다. 이 묘한 매력이 있지만 설득력은 없는 증명은 *안셀무스가 처음으로 제시하였는데, 엄청난 비판을 받았다. 이제 다음으로 아포스테리오리 논증을 살펴보자.

우주론적 논증cosmological argument. *아퀴나스의 "다섯 가지 길" 중엔 우주론적 논증이 있다. 우주론적 논증은 움직임과 변화에 관한 사실 그리고 무한퇴행이 불가능하다는 주장에 의존한다. 그래서 반드시 제1원동자이자 부동의 원동자 또는 변화시키는 자가 존재해야 한다. 대부분의 사람들은 이 논증이 아리스토텔레스식의 진부한 과학에 의존한다고 믿는다. 아래와 같은 우주론적 논증의 *라이프니츠 버전은 오늘날까지도 지지하는 사람들이 있다.

1. 우주가 존재한다.
2. 모든 것은 그 존재에 대한 충분한 설명이 있다.
3. 하나님은 우주의 존재에 대한 충분한 설명이시다.

라이프니츠의 논증은 **충족이유율**, 즉 모든 사실에 대해 그것이 존재하는 충분한 이유가 있다는 주장에 기대어 있다. 하나님의 존재는 자명한self-explanatory (필연적인) 반면, 우주는 우연적이며 우주 외부로부터의 설명이 필요하다. 이에 대해 반대하는 사람들은 충족이유율을 거부한다.

만약 우주론적 논증이 건전하다면, 세계의 존재가 의존하는 '불변하며 필연적으로 존재하는 무언가'가 존재함이 규명되는 것이다. 그러나 이것은 *파스칼이 쓴 것처럼 "철학자들의 하나님"이지, 아브라함과 이삭과 야곱의 하나님은 아니다.

설계로부터의 논증the argument from design(또는 목적론적 논증). 아름다운 세계에 매력을 느끼는 많은 사람들은 세계가 우연히 생겨난 것일 수 없다고 아래와 같이 주장한다.

1. 세계는 설계된 것이다.
2. 설계는 설계자가 있음을 함축한다.
3. 따라서, 세계에는 설계자가 있다.

이 논증의 윌리엄 페일리 판은 우주를 시계와 비교한다. 시계와 마찬가지로 시계와 같은 우주의 특성(즉, 목적이 있는 설계)은 우주에 설계자가 있음을 함축한다. 신 존재 논증에 대한 *흄의 유명한 비판은 모든 신 존재 논증에 대한 결정적인 비판으로 여겨진다. 다윈은 생물학적 영역에서 설계에 대한 대안으로 자연 선택을 제시했다.

설계로부터의 논증의 최신판이 나왔다. 다윈주의를 거부하는 것으로, 세포나 콩팥 같은 많은 생물학적 현상이 있는 요소들은 우연적 가능성의 범위를 넘어선다고 주장한다. 소위 **미세조정 논증**fine-tuning argument으로 불리는 이것은, 중력의 법칙과 같이 현저한 물리 상수의 융합이나 빅뱅 초기의 폭발하는 힘은 생명을 지닌 존재를 위해 정확하고 미세하게 조정되었으며, 이는 세상과 사람을 창조할 의도를 지닌 존재자가 있음을 암시하는 것이라고 생각한다.

도덕적 논증들 Moral arguments. 아래와 같은 논증을 고찰해 보자.

1. 옳고 그름은 객관적인 속성이다.
2. 객관적인 도덕 속성의 존재에 대한 최고의 설명은 하나님의 뜻에 일치하느냐 불일치하느냐 하는 것이다.
3. 따라서, 하나님이 존재하신다.

도덕성에 대해 신 명령의 관점을 지지하는 최근의 옹호자들은 도덕적 논증을 괴롭히는 *에우튀프론 문제를 피해 가는 기발한 시도를 하였다.

확률적 우위the balance of probabilities. 몇몇 신 존재 논증의 옹호자들은 모든 증거들(우주의 존재, 우주의 설계에 대한 주장, 도덕성, 종교적 경험)을 단독으로 사용하지 않고, 결합하여 사용하는 방식을 취한다. 이 논증은 확률론을 사용하여 함께 취한 모든 관련 자료에 대한 최상의 설명을 찾는다. 소위 누적사례 논증으로 불리는 이 논증의 옹호자들은 최고의 설명이 하나님이라고 주장한다.

흄과 그의 추종자들이 신 존재 논증의 죽음을 선포하고 오랜 시간이 흐른 뒤, 신 존재 논증은 새로운 생명을 찾았다. 옛 논증들은 새롭고 더 강력한 형태로 되살려지고 있다. 새로운 논증들은 예를 들면 빅뱅 우주론, 아름다움, 인간의 앎의 능력, 색깔과 풍미의 존재와 같은 것들을 기초로 하여 개발되고 있다.

함께 보기 #계몽주의 #데카르트 #라이프니츠 #모더니티·모더니즘 #목적론 #변증학 #신앙과 이성 #아리스토텔레스 #아우구스티누스 #아퀴나스 #안셀무스 #우주론 #이성과 믿음(하나님에 대한) #자연신학 #칸트 #키에르케고어 #파스칼 #형이상학·존재론 #흄

참고 문헌 Steven Davis, *God and Theistic Proofs*; Kelly James Clark, 『이성에로의 복귀』(*Return to Reason*); Basil Mitchell, *The Justification of Religious Belief*; Richard Swinburne, *The Existence of God*.

신플라톤주의

Neoplatonism

*플라톤 전통에 서 있는 철학 학파로 신적 비전으로의 신비적 고양을 강조한다. 신플라톤주의는 초기 기독교 사상의 상당 부분을 형성했다. 고대와 중세 신학에 큰 영향을 미친 신플라톤주의자는 이집트의 철학자 플로티노스다. 그는 신플라톤주의의 창시자로 여겨진다. 플로티노스의 거대한 *형이상학적 도식(『엔네아데스』*Ennéades*에서 발견된)은 플라톤의 작품에서 영감을 받았다. 이 도식에서 모든 것은 비물질적이며, 가장 중심적인 통일체(일자 또는 *선 자체the Good)로부터 점점 덜 중요한 것들이 유출된다. 연못에 돌을 던졌을 때 안에서 밖으로 물결이 치는 것처럼 말이다. 선 자체로부터 더 멀리 떨어진 것일수

록, 선함을 덜 지닌 것이다. 그러나 모든 것은 일자에 참여한다. 한 개인의 삶의 목표는 선 자체(모든 것 속에는 선에서 유출된 것이 발견된다)를 바라보고, 이 질서 있는 우주 속에 자신의 신적 영혼의 적절한 위치를 찾는 것이다. 철학은 덜 선한 것에 대한 집착으로부터 선 자체를 바라보도록 영혼을 해방시켜서, 영혼이 일자와 합일하게 만드는 구속救贖적인 것이다. 포르피리오스와 이암블리코스같은 "마법을 쓰는"theurgical 신플라톤주의자들에게 예배 의식은 영혼의 고양을 이루기 위한 수단이었다. *아우구스티누스나 후에 *아퀴나스를 포함하여, 많은 그리스도인들은 '영혼의 일에 대한 기독교적 설명'을 명확하게 하기 위한 유용한 틀을 플로티노스에게서 찾았다. 아우구스티누스의 신플라톤주의(아우구스티누스의 저작에서는 "플라톤주의"로 불린다)는 중세 초기부터 17세기까지 기독교 정통의 발전에 막대한 영향을 주었으며, 오늘날 *포스트모던 사상과 급진 정통주의에 새로운 영향력을 미치고 있다.

신플라톤주의의 독특한 교리는 *초월적인 일자 또는 선에 대한 것이다. 일자는 단일한(복합성이 없는) 존재이며, 모든 다른 실재들은 이 일자의 지성(신적 *마음)에 의존한다. 일자는 자신의 선함과 힘을 모든 낮고 약한 존재들에게 투사한다. 이 최고의 존재의 초월성은 하나님의 표현 불가능성(하나님의 궁극적인 본성은 인간이 알 수 없다는 것)에 대한 강조 때문에 주목된다. 인간의 지성은 이 존재가 무엇인지에 대한 지식에 다다를 수 있는 능력이 없다. 하나님은 인간이 이해할 수 있는 어떤 개념보다 위에 계신다. 그러므로 우리에게는 부정 신학만 허용된다. 즉 하나님이 무엇이 아니신지만을 말할 수 있다. 하나님은 이렇다고도 저렇다고도 할 수 없다(다만 '유한하지 않으시며, 능치 못하신 것이 없으시며, 알지 못하신 것이 없으시며, 죄가 없으시다'라고 할 수 있을 뿐이다).

플로티노스에 따르면, 모든 실재는 일자에 의해서 발생하는데, 각각의 사물들이 완전함에 참여하는 정도에 따라 위계가 생긴다. 최상위는 일자이며, 그 바로 아래는 마음이다(일자, 마음, 영혼은 실재의 3가지 신적 요소이다). 모든 자연적인 존재는 영혼이다. 이 많은 것들은 모두 일자에게 돌아가기를 추구한다. 인간 존재는 위계상 마음 바로 아래에 있으며, 신적인 존재이면서 물질적인 존재이다. 인간 존재는 신을 닮은 영혼, 즉 지성이 거주하는 "진정한 자아"

를 지니고 있으나, 일시적으로 이 땅의 몸에 얽매져 있다. 인간의 목표는 감각과 욕망으로 혼란스러운 세계로부터 벗어나 자유로운 자신이 되어서, 정신 안의 신적 지성의 세계, 곧 우리가 진정으로 속한 세계이며 물리적 세계보다 무한히 우월한 세계로 돌아가는 것이다. 여기에는 우리의 지성과 마음을 훈련하기 위한 우리 몫의 중대한 노력이 요구된다. 이것이 성취될 때, 플라톤과 마찬가지로 의로운 사람의 삶은 궁극적인 실재의 질서를 비추어 줄 것이다.

신플라톤주의에서는 초기 기독교 사상가들이 환영할 만한 것들을 많이 볼 수 있다. 예를 들어 아우구스티누스는 (궁극자들, 선, *악을 포함하는) 모든 실재는 물질이라는 마니교의 교리로부터 자신을 벗어나게 한 신플라톤주의의 역할을 언급했다. 게다가, 인간의 사고는 신적 실재를 파악할 수 없다는 플로티노스의 주장은 신의 초월성에 관한 교리에 영향을 주었다. 마지막으로, 일자와 마음과 영혼 사이의 상호작용에 대한 신플라톤주의의 관점은 아버지와 아들(*로고스*Lógos)과 성령으로서의 삼위일체를 이해하는 데 사용되었다. 그러나 신플라톤주의는 또한 기독교 사상에 그릇된 영향을 미쳤다. 예수님을 마음(누스*Noûs*)과 같은 존재로 여긴 점은 '그리스도인의 삶을 주로 지적인 것으로 여기는 개념'과 '관조적인 삶이 우월한 삶이라는 믿음'을 갖게 하였다. 이는 실재에 대한 위계적 관점이 물리적 세계와 몸을 격하하도록 한 것과 무관하지 않다.

함께 보기 #마음·영혼·정신 #아우구스티누스 #아퀴나스 #위-디오니시오스 #윤리학(성경적) #존재신론 #존재와 선함 #종교 언어 #초월 #플라톤·플라톤주의 #하나님의 본성
참고 문헌 John Gregory, *The Neoplatonists*; Kevin Corrigan, *Reading Plotinus*; Dominic J. O'Meara, *Neoplatonism and Christian Thought*; Gregory Shaw, *Theurgy and the Soul*.

실용주의

Pragmatism

실천적 결과에 따라 신념들의 가치를 평가하는 명백히 미국적인 *철학 전통으로, 철학을 주로 인지적인 일로 여기지 않고, 삶에 대처하도록 돕는 신념들을 습득하는 일에 더 관련된 것으로 여긴다. 실용주의의 창시자인 하버드 철

학자 윌리엄 제임스는 인간의 탐구가 단지 세계만을 반영하는 것이 아니라, 우리의 기질, 필요, 염려, 두려움, 희망, 열정 또한 반영한다고 주장하였다. 우리의 성향이 우리의 세계관에 있어 본질적인 것인데, 왜냐하면 자료들로는 이론을 결정하기에 충분하지 않기 때문이다(*미결정성). 모든 자료 모음(가설)에는, 자료들을 적절히 설명할 수 있지만 서로 양립할 수는 없는 서로 다른 경쟁 가설이 있다. 다양한 가설들은 증거들에 대한 설명을 동등하게 제공하기 때문에, 증거에 호소하는 것으로는 어떤 가설이 옳은지를 결정할 수 없다. 가설을 받아들이기 위한 결정을 어떻게 합리적으로 할 것인가? 제임스에 따르면, 우리는 반드시 열정적인 본성(즉, 열정, 지성, *이성, 심지어 "말 못할 확신"dumb conviction)을 고려해야 한다. 진리의 시금석은 우리 삶에서 실천을 통해 입증된 믿음의 유용성이다. 실용주의자의 역할mantle은 가장 최근에는 리처드 로티에게로 이어졌다. 리처드 로티는 사회적 협의를 판단할 때 제임스가 강조한 "유용성"을 이어 갔다.

　　제임스 이후 많은 실용주의자들이 *무신론자가 되었지만, 제임스는 불멸성, 인간의 자유, 하나님에 대한 *믿음을 옹호하기 위해 실용주의적 접근법을 사용하였다. 그의 해박함이 담긴 『종교적 경험의 다양성』Varieties of Religious Experience, 1902은 이 주제를 다루는 최상의 방법 중 하나다. 『신앙론』The Will to Believe, 믿고자 하는 의지에서 제임스는 증거를 요구하는 *계몽주의에 맞서서 종교적 믿음을 옹호한다. 어떤 경우에는 적절한 증거가 없어도 결정을 내려야만 한다. 하나님을 믿는 것이나 믿지 않는 것도 그렇게 선택해야만 하는 경우 중 하나인데, 굉장히 큰 판돈이 걸린 도박과도 같다. 그래서 증거가 없다 하더라도, 믿을 때(또는 믿지 않을 때) 얻을 이익과 손해를 평가하여, 이를 기초로 하여 각 사람에게 하나님을 믿을 권리가 있다. 하나님의 존재에 대한 질문에 자신의 열정적 본성을 가져가면 하나님과의 인격적 관계가 수반되어서 자신이 추구하고 바라는 종류의 실재를 불러일으키는 데 도움이 된다. 따라서 하나님에 대한 믿음이 유용함을, 즉 진리임을 증명한다.

　　몇몇 신학적 전통들(특히 웨슬리로부터 나온 전통들)은 진리와 실천의 관계를 강조하기 때문에 실용주의와 같은 편이 되었다. 웨슬리에게 기독교 교리의 "진리"란, 교리가 사랑을 가져오느냐에 따라 결정된다. 다른 말로 표현하면, '정통적 실천'orthopraxis을 낳는 것만이 오직 '정통적 교리'orthodoxy이다.

함께 보기 #계몽주의 #모더니티·모더니즘 #미결정성 #분석철학·대륙철학 #실재론·반실재론 #실증주의 #진리 #철학 #포스트모더니즘

참고 문헌 Louis Menand, 『메타피지컬 클럽』(*The Metaphysical Club*); Charles Taylor, *Varieties of Religious Belief Today*; William Wainwright, *Reason and the Heart*; Hunter Brown, *William James on Radical Empiricism and Religion*; Cornel West, *The Cornel West Reader*; Richard Rorty, 『실용주의의 결과』(*Consequences of Pragmatism*).

실재론·반실재론

Realism/Anti-Realism

실재론은 *마음 바깥에 다양하게 있는 *'보편자들, *선함, 아름다움, (원자와 같이) 과학에서 관측 불가능한 것들, 수₥, 혹은 세계 그 자체'의 존재에 대한 형이상학적 이론이다. **반실재론**은 정신을 넘어서는extramental 어떤 사물의 존재나 심지어 세계 그 자체의 존재를 부인하는 형이상학적 이론이다. 예를 들어, 도덕적 실재론자는 선함이라는 것이 인간의 태도나 바람, 정서 또는 신념과 독립적으로 존재한다고 주장한다. 도덕적 반실재론자는 선함이 독립적으로 존재한다는 것을 부인하고, 선함이란 단순히 인간의 선호나 감정을 표현한 것이라고 주장할 것이다. 실재론/반실재론은 대개 주제에 따라 달라진다. 예를 들어, 과학에서 관측 불가능한 것에 대해서는 실재론자이지만, 선함에 대해서는 반실재론자일 수 있다. 몇몇 소수의 저명한 포괄적 반실재론자들, 즉 인간의 신념과 독립적인 세계의 존재를 부인하는 사람들이 있다. *칸트의 추종자들은 인간의 개념이나 언어적 구조와 독립적인 세계를 생각할 수 없다고 주장한다. 그러나 칸트의 주장들은 *인식론적인 것이었으며, 따라서 "반실재론자"라는 말은 칸트에게 적절하지 않다.

　　*철학 외부에서는, 실재론과 반실재론이란 용어가 종종 부정확하게 사용된다. 즉, '정신 바깥에 무언가가 존재하느냐에 대한 형이상학적 주장'이 아니라 오히려 '정신 바깥에 존재하는 다양한 실재에 접근하는 것에 대한 인식론적 주장'을 묘사하는 데 사용된다. 그러한 경우 "실재론"은 지나친 낙관주의, 즉 '종종 **소박실재론**naïve realism으로 묘사되는 고전적인 토대론자들의 인식 이론'과

혼동된다. 이러한 견해에 따르면, 실재론은 실재를 있는 그대로 (인간의 믿음과 독립적인) 물 자체로 볼 수 있는 신의 시점(인간의 개별성과 유한성을 초월하는 관점)에 도달하길 갈망한다. 그러나 반드시 알아야 하는 것은, 정신 외부의 존재에 대한 실재론의 주장은 어떤 특정한 인식 이론을 포함하지 않으며, 따라서 모든 실재론자들이 소박실재론자는 아니라는 점이다. 실제로 아주 소수의 현대 철학자들만이 '비철학적 반실재론〔인식론적 반실재론〕자들이 거부하는 인식 이론'을 옹호한다는 점을 알아야 한다. 오히려 대부분은, 정신 외부의 실재들이 존재함에도 불구하고, 그러한 실재들에 우리가 접근하는 것은 어려우며, 문화적 특수성과 지각의 지평 등에 의해 조건 지어져 있음을 인정할 것이다.

신학은 실재론/반실재론 논쟁과 이해관계가 있다. 정통 기독교 신학이 피조물에 대한 vis-à-vis 하나님의 *초월을 주장한다고 가정할 때, 초월은 종종 형이상학적 측면에서 실재론과 관련된다. 그러나 다시 한 번 말하자면, '정신 바깥에 있는 신적 실재의 구조에 접근하는 것'과 관련하여 소박실재론적 설명이 반드시 수반되는 것은 아니다. 예를 들면, 후기자유주의 신학은 초월적인 하나님의 존재에 대해 존재론적 주장을 계속 유지하겠지만, 하나님에 대한 인식론적 접근은 모두 공동체의 해석 구조 communal constructions에 의해 매개된다고 주장한다. 또한 신학을 종교적인 실천으로 축소하여, 신학에서 하나님의 존재를 제거하는 (대개 *비트겐슈타인에게서 영향을 받은) 더 급진적인 (즉, 형이상학적) 반실재론 신학도 있다.

함께 보기 #관점주의 #니체 #다원주의·배타주의·포용주의 #모더니티·모더니즘 #본질·본질주의 #분석철학·대륙철학 #비트겐슈타인 #아리스토텔레스 #윤리학 #이성·합리성 #인식론 #종교 언어 #진리 #초월 #칸트 #포스트모더니즘 #형이상학·존재론

참고 문헌 George Lindbeck, 『교리의 본성』(*The Nature of Doctrine*); Michael Loux, 『형이상학 강의』(*Metaphysics*); D. Z. Phillips and Timothy Tessin, eds., *Religion without Transcendence?*; D. Z. Phillips, ed., *The Concept of Prayer*; Andrew Moore, *Realism and Christian Faith*; George Lindbeck et al., *The Nature of Confession*; William Alston, ed., *Realism and Antirealism*

실존주의

Existentialism

마르틴 하이데거, 장-폴 사르트르, 알베르 카뮈와 관련된 20세기 중반의 영향력 있는 철학적 운동. 이 운동은 자신의 *본질을 결정하는 것으로서 개인의 **선택**을 강조한다. 사르트르는, 실존주의는 그저 정합성 있는 무신론적 입장에서 도출되는 귀결이라고 주장하였다. 사르트르는 실존주의를 "실존이 본질에 선행한다"라는 말로 요약한다. 이는 "본질이 실존에 선행한다"는 고전적인 교리와 반대되는 것이다. 사르트르는 커터칼과 같은 제조 물품에 대해 생각해 보라고 하는 방식으로 설명한다. 커터칼은 특정한 방식으로 생산되며, 정해진 목적을 위해서 만들어진다. 어떻게 이것을 만들지, 무엇을 위해 이것을 만들지를 알지 못한 채 커터칼을 만드는 사람은 없다. 커터칼의 본질(즉 커터칼이 무엇인지 또는 커터칼의 정의)는 커터칼의 존재보다 앞선다. 커터칼이 무엇인지는 커터칼에게 달려 있지 않다. 사르트르는 전통적으로 인간 존재가 커터칼과 같은 방식으로 여겨져 왔다고 지적한다. 그리스도인들에게 하나님은, 인간 존재를 하나님의 *마음 안에 선재하는 개념에 따라서 창조하시되 특정한 목적을 위해 창조하신 장인과 같이 생각되었다. *아우구스티누스가 고전적으로 공식화한 것처럼, "주님께서 주님을 향하도록 우리를 지으셨기에, 우리의 마음은 주님 안에서 쉼을 얻기까지 안식할 수 없습니다." 전통에 따르면, 인간 존재는 커터칼과 같이 스스로 목적을 결정할 수 없다. 인간의 과업은 이 예정된 인간의 본질을 발견하고, 이 본질에 따라 삶을 정돈하는 것이다.

"실존이 본질에 선행한다"는 주장은 *'인간 본성이 목적이나 목표를 지니고 있다는 생각'이나, 또는 '어떤 "인간 본성" 같은 것이 있다는 생각'을 거부하는 것이다. 우리는 우리 자신의 운명을 선택하고, 우리 자신을 창조할 자유가 있다. 성취를 추구하기 위해서, 우리는 미리 정해진 어떤 목표나 삶의 방식에 우리의 삶을 향하게 할 필요가 없다. 우리는 우리 스스로가 적절하다고 생각하는 대로 우리의 삶을 지휘하여 성취를 발견할 자유가 있다. 사르트르가 쓴 것처럼 "인간은 다른 것이 아니라 스스로가 만드는 것이다. 그러한 것이 실존주의의 첫 번째 원칙이다."

무신론적 실존주의자들은 종종 하나님의 위로가 없는 인간 실존에 대한 아주 냉혹한 관점과 관련되어 있다. 카뮈가 사르트르보다는 더 희망적이었긴 하지만, 그럼에도 카뮈는 인간의 삶을 궁극적으로 부조리한 것으로 보았다. 이러한 인간의 삶의 부조리에 대한 이해는 잉마르 베리만(실존주의파 영화의 선도자)의 영화에서 구체화되었다.

그리스도인들은 사르트르나 카뮈의 무신론적 실존주의를 거부해 왔지만, 인간의 책임이나 선택을 강조한 실존주의의 핵심적인 내용은 기독교 전통에 반향을 불러일으켰다. 실존주의는 그리스도인인 선조들을 두고 있는데, '철저히 자유로우며 열정적인 선택의 중요성'을 강조한 *아우구스티누스와 *파스칼, *키에르케고어가 바로 그 선배들이다(이러한 강조점은 루돌프 불트만과 같은 20세기 초 성서학자와 신학자에게도 영향을 미쳤다). 진정한 정체성은 우리를 부르시는 부르심에 **응답**할 것을 요구한다. 키에르케고어에게 있어서, 우리가 "군중들"에게 순응하는 것을 거부하고 단 하나 하나님의 부르심에 응답해야만 우리는 진정한 인간(그리고 그리스도인)이다. 따라서 키에르케고어에게, (창세기 22장의) 아브라함은 진정한 개인, 즉 "믿음의 용사"의 전형적인 예일 것이다.

함께 보기 #니체 #무신론 #본질·본질주의 #인간 본성 #자아 #키에르케고어 #파스칼 #하이데거
참고 문헌 William Barrett, 『비합리와 비합리적 인간』(*Irrational Man*); Walter Kaufmann, ed., *Existentialism*; Robert Solomon, *From Rationalism to Existentialism*; Rudolf Bultmann and Hans Bartsch, *Kerygma and Myth*.

실증주의

Positivism

감각 경험을 집대성한 자연 과학이 모든 인간 지식의 총합이라는 믿음. 실증주의라는 말은 19세기 프랑스 철학자 오귀스트 콩트에 의해 처음 사용되었는데, 그는 과학이 '신학적, 형이상학적, 실증적이라는 연속적인 3단계'를 통

해 역사적으로 진행되어 왔다고 주장하였다(그의 책 『실증철학 강의』*Cours de philoso-phie positive*를 보라). 과학은 자연 현상의 발생을 '하나님의 뜻 또는 형이상학적 원리에 귀속시키는 어두움'에서부터 '감각 경험에 확고한 근거를 둔 실증적인 지식에 귀속시키는 빛'으로 진전되어 왔다.

　　1920년대 초, 모리츠 슐리크(논리 실증주의의 창시자)와 루돌프 카르납(가장 뛰어난 논리 실증주의자)과 같은 논리 실증주의자들은 자신들의 생각을 개발하기 위해 비엔나에 모였다. 그래서 비엔나 서클로 불리게 되었다. 논리 실증주의(논리 경험주의라고도 함)는 콩트의 실증주의를 받아들였고, 또한 최근에 발전된 것들과 형식 *논리를 통합하였다. 데이비드 *흄과 버트런드 러셀, 그리고 초기 *비트겐슈타인을 따라서, 논리 실증주의는 지식의 내용이 감각 경험으로부터 얻어지며 형식 논리로부터 구조화된다는 생각을 지닌다. 논리 실증주의자들은 형이상학(전통 철학)이 거짓이라기보다 무의미하다고 믿으며 경멸하였다.

　　논리 실증주의자들은 **의미 검증 이론**verification theory of meaning을 사용하였다. 이는 모든 의미 있는 주장(문장 또는 진술)이 경험적으로 입증될 수 있어야 한다는 것이다(즉, *진리 또는 거짓은 감각으로 "확인"할 수 있어야 한다). 형이상학, 신학, *윤리학에 속한 모든 비경험적 주장은 인지적으로 무의미하다. 이러한 진술들은 정서적인 힘을 가질지는 몰라도, 인지적으로는 공허한 것이다(이러한 것들은 도저히 적절한 지식의 항목이 될 수 없다). 일부 실증주의자들은 검증 가능한 기준에 부합하는 윤리적 진술에 대한 설명을 내놓았다. 도덕 정서설에 따르면, 윤리적 진술은 정서를 표현한 것이다. 그래서 "그 행동은 나쁘다"는 "우우!"Boo!를 의미하고, "이 행동은 선하다"는 "만세!"Hooray!를 의미한다. 몇몇 소수의 권외의 사람들이 "우우-만세"Boo-Hooray 이론의 매력을 발견했다고 상상할 수 있다.

　　논리 실증주의자들은 그들 자신에 대한 최고의 비평가였다. 예를 들어 그들은 의미 검증 이론을 의미 있게 진술할 수 없음을 인지했다(왜냐하면 의미 검증 이론을 경험적으로 검증할 수 없기 때문이다). 그들은 또한 원자나 태양의 중심처럼 과학 분야의 많은 존재들이 관찰 불가능하고, 그런 이유로 검증 가능성의 기준에 따르면 무의미한 것임을 인지했다.

　　자신들의 모든 결함으로 인해, 실증주의자들은 보편적으로 받아들여지는 단 하나의 학문이 자연과학이라고 인정했다. 종교와 신학을 포함하는 인간 신념의 다른 거의 모든 영역은 내용과 방법 모두에서 광범위한 의견 차이가 있다. 그럼에도 (내용과 방법 모두에서) 학문의 토대를 마련하고자 했던 논리 실증주의의의 실패는, 특히 『과학혁명의 구조』_The Structure of Scientific Revolutions_에서 토머스 쿤이 논증한 것처럼, *포스트모더니즘의 부상에 중요한 역할을 했다.

신학자들에게 한 번도 신뢰받지 못한 채 아무런 영향도 미치지 못했던 철학은 없으며, 논리 실증주의도 예외가 아니다. 대부분의 분별 있는 그리스도인들은 실증주의가 신앙의 적이라고 생각했지만, 소위 "사신"死神 신학자라 불리는 사람들 중 일부는 실증주의를 자신들의 믿음의 토대로 만들었고, 신학적 진술을 '감정을 자극하고 동기를 부여하는 내용'으로 환원하였다.

함께 보기 #논리학 #무신론 #미결정성 #분석철학·대륙철학 #비트겐슈타인 #윤리학 #인식론 #자연주의·유물론 #포스트모더니즘 #형이상학·존재론 #흄

참고 문헌 Allan Janik, 『빈, 비트겐슈타인, 그 세기말의 풍경』(_Wittgenstein's Vienna_); A. J. Ayer, 『언어, 논리, 진리』(_Language, Truth, and Logic_); Frederick Ferré, _Language, Logic and God_.

실체

Substance

사물의 기초substrate 또는 토대로, 개별 사물의 특성이나 속성이 내재되어 있는 것(그리스어 우시아ousîa. 우시아는 "아래에 서 있음"을 의미하는 라틴어 숩스탄티아substantia로 번역된다). 실체는 각각의 사물을 개별화한다. 지현이와 안나는 동일한 속성을 많이 공유하지만(예를 들어, 사람임, 여성임), 서로 다른 실체를 지님으로써 서로로부터 개별화되어 구별된다. 개별 사물들은 색이나, 모양, 크기의 변화를 겪을 수 있지만, 이러한 변화를 거치면서도 지속되는 것이 실체다. *일상 언어에서 실체를 지시하기 위해서는 대개 명사를 사용하며, 특성이나 특징을 지칭하기 위해서는 대개 형용사를 사용한다. 대부분의 철학 학과들은 몇몇 형태의 "실체" *존재론의 전제하고 있다.

실체 개념은 새로운 과학이 부상한 결과로 *근대 초기 *철학에서 도전을

받았다. 사물의 실체와 사물의 속성을 구별하기가 점점 어려워 보였다. 대상의 속성 외에는 대상에 대해 아무것도 인식될 수 없었다. 속성의 저변에 놓인 실체의 "핵심"은 감각지각으로 접근할 수 없다. 사과에 대해 생각해 보자. '빨갛다, 둥글다, 맛있다 등등'의 지각되는 속성 이외에 무엇이 존재하는지 어떻게 알 수 있는가? 실체 개념은 그저 '추상적인 철학적 관념' 또는 '어떤 실제적인 의미나 정당한 근거가 없는 선입견'으로 보였다. 존 로크는 사물의 모습 뒤에 있는 실체를 "우리가 무엇인지 알지 못하는 어떤 것"이라고 불렀다. 데이비드 *흄은 실체 개념을 완전히 거부하며, 세계 안의 대상들은 단순히 속성의 다발이라고 생각했다. 그러나 실체 개념의 옹호자들은, "실체"는 '무언가가 속성의 변화를 거치면서도 계속된다는 전₩철학적 직관'을 제대로 보여 주는 유일한 수단이라고 주장했다.

실체에 대한 그리스적 개념, 특히 *아리스토텔레스의 개념은 *하나님의 본성에 대해 생각하기 위한 철학적 범주를 제공한다(특히 삼위일체에 대한 초기 논쟁). 초기 기독교 교회의 신경들은 하나님이 하나 안에 셋, 즉 세 인격(위격)이시며 한 실체(우시아)시라고 고백하였다. 어떻게 한 존재가 (인격에 있어) 셋이지만 (실체에 있어) 하나일 수 있는지를 이해하는 것은 악명 높게 어려운 것으로 판명되었다. 유일신론과 삼위일체론 모두에 대한 그리스도인의 한 쌍의 헌신은 어떻게 조화되는가? 삼위일체에 대한 대부분의 철학적 설명은 연합에 기대든지 복수성에 기대는 것이 전형적이다. 고전적 유신론은 인격의 복수성보다 존재론적으로 앞서는 하나님의 존재/실체의 일치를 강조해 왔다. 이는 종종 **존재론적 삼위일체**ontological trinity라고 한다. 이와 대조적으로 최근의 많은 신학은 **사회적 삼위일체론**social trinitarianism을 옹호해 왔다. 이는 하나님 안의 진정한 복수성을 강조하며, 실체의 일치보다는 목적의 일치의 측면에서 하나님이 하나이심oneness을 설명한다. 대부분의 그리스도인들이 삼위일체를 하나의 개념적인 미스테리로 생각했음을 보고 놀라서는 안 된다.

함께 보기 #과정 사상 #관념론 #단순성 #라이프니츠 #마음·영혼·정신 #본질·본질주의 #아리스토텔레스 #인식론 #자연주의·유물론 #칸트 #하나님의 본성 #형이상학·존재론 #흄

참고 문헌 Michael Loux, 『형이상학 강의』(Metaphysics); idem, Substance and Attribute; Roger Olson and Christopher Hall, The Trinity; Colin Gunton, The Triune Creator.

아리스토텔레스

Aristoteles (Aristotle), 384-322 B.C.

서양 철학의 두 명의 원천 중 한 명(다른 한 명은 *플라톤). 아리스토텔레스는 그리스의 스타게이로스에서 왕실 주치의인 니코마코스의 아들로 태어났다. 그는 십대에 플라톤의 아카데메이아에서 공부하기 위해 아테네로 건너 가서, 거의 20년간 아테네에서 살았다. 플라톤이 사망한 후, 아리스토텔레스는 일련의 여행을 시작하였으며, 그 결과 풍부한 생물학 및 동물학적 발견을 하였다. 기원전 342년에 마케도니아 왕 필립의 아들 알렉산더의 개인 교사가 되었다. 알렉산더는 후에 알렉산더 대왕이 된 바로 그 사람이다. 아리스토텔레스는 335년에 아테네로 돌아가서 리케이온_Lykeion_이라는 학교를 설립하였다. 이 기간 동안 아리스토텔레스 저작의 대부분이 형태를 갖추게 되었는데, 대부분은 강의 노트로 본인이 쓴 것이거나 학생들이 쓴 것이다. 아리스토텔레스는 323년에 알렉산더가 사망한 다음 더 이상 왕의 호의를 얻지 못하여, "아테네인들이 철학에 대해 두 번이나 죄를 짓게 될까 봐" 자발적으로 망명 생활을 시작하였다(아테네인들이 처음 죄를 지은 것은 소크라테스가 사형 선고를 받았을 때였다).

아리스토텔레스와 그의 스승mentor인 플라톤의 관계는 여전히 거대한 논쟁과 논란의 원천이다. 아리스토텔레스는 통상적으로 경험론자의 원형으로 간주되고, 플라톤은 합리론자의 원형으로 여겨진다. 그러나 우리는 '피안적이며 추상적인 플라톤의 성향'과, 이와 반대로 '본성과 인간의 사상 모두에 대해 구체적인 관찰에 주목하는 아리스토텔레스의 관심' 사이의 전통적인 (그리고 때때로 지나치게 단순화한) 대조를 조심스럽게 다뤄야 한다.

아리스토텔레스는 모든 지식이 감각 경험으로부터 시작된다고 믿었다. 그는 감각이 먼저 있지 않으면, 마음속에는 아무것도 없다고 말하였다. 자연에서 발견되는 진정한 질서가 있으며, 주의 깊은 관찰을 통해 불완전하게라도 그 질서를 알 수 있다. 아리스토텔레스는 또한 '고정된 자연의 양식을 반영하는 고정된 합리성의 원리'에 따라 인간의 마음이 작동하도록 구성되어 있다고 확신하였다. 이러한 생각의 양식은 전통적인(즉, 아리스토텔레스의) *논리학의 개넘에 따라 체계화된 것이다.

자연의 모든 것은 형상과 질료의 결합이다. 대상의 형상은 대상의 궁극 또는 목적이다. 대상의 질료는 사물이 만들어지는 물리적 재료다. 이러한 식의 사물은 사물에 대해 그 역할을 하는 4원인(물질, 작용, 형상, 목적)의 측면에서 설명될 수 있다. **질료인**material cause은 대상이 만들어지는 재료를 포괄한다. **작용인** efficient cause은 대상을 생성하는 수단이다(재료가 형상을 갖도록 하는 수단). **형상인** formal cause은 대상이 무엇인지에 대한 그 본질이다. 그리고 **궁극인**final cause〔목적인〕은 그 대상의 목표 또는 목적이다. 미켈란젤로의 다비드 조각상을 생각해 보자(조각상은 자연물이 아니라 인공물이기 때문에 부적절하지만, 이해에는 도움이 되는 예다). 다비드상의 질료인은 다비드상으로 만들어질 대리석이다. 다비드상의 작용인은 대리석의 형체를 만드는 조각가이다. 형상인은 미켈란젤로가 품고 있는 완성된 동상에 대한 관념이다. 그리고 궁극인은 미켈란젤로에게 다비드를 조각하도록 동기를 부여하는 무엇이다. 예를 들면, 아름다움을 위해서라든지 금전적인 수익을 위해서가 궁극인이다. 형상인과 궁극인은 대상에 대한 최고의 설명을 제공하기 때문에 가장 중요하다. 사물의 궁극인(목적 또는 목표)은 대상 자체의 완전함이 완전히 실현된 대상이다(궁극인은 대상의 객관적인 속성이지, 다비드상의 예에서와 같이 인간이 대상에게 부여한 것이 아니다).

그의 책 『형이상학』tà Metà tà Physiká; Metaphysica에서 아리스토텔레스는 신 존재에 대한 우주론적 논증의 한 형태를 제시한다. 이것은 사물의 움직임에 기초한 것으로, 제1의 부동의 원동자가 반드시 있어야 한다고 결론을 내린다. 선한 삶을 '최고의 사물들(즉 하나님)을 관조하는 것'으로 생각하는 그의 견해에 비추어 볼 때, 제1원동자는 자신의 하늘의 영역에 앉아서, 오직 자신에 대해서만 생각한다. 아리스토텔레스의 신은 "군림reign하지만 통치하지 않는다." 신은 영원한 생명과 완전한 지복을 소유한 존재로, 최고의 선, 즉 신의 자아에 대한 관조에 몰두한다.

아리스토텔레스의 도덕적 비전은, 특별히 그의 책 『니코마코스 윤리학』 Éthikà Nikomácheia에서 '인간의 행동은 목표 지향적이며, 모든 인간 행동의 궁극적 목적은 행복(에우다이모니아)'이라는 관찰로 시작한다. 행복은 최고의 *선summum bonum으로, 우리의 삶을 질서 지우는 것이다. 행복은 덕의 삶, 특히 신에 대한 관조에서 발견된다. 덕은 '우리의 욕망을 조절하고, 중용을 통해 발견될 수 있는' 인격적 특성을 지닌다. 중용은 우리의 욕망에 대한 지나친 표현과 부족한 표현 사이의 중간에서 덕을 찾는 것이다. 예를 들어, 용기는 덕인데, 무모하게 지나친 만용과 겁 많아서 두려워하는 것 사이의 중간에 있는 것이다. 아리스토텔레스의 덕은 용기와 관대함, 정중함과 재치, 겸손과 고상함(종종 "자만심"pride으로 번역되지만, 건강한 자존감self-respect에 가까운 의미다)을 포괄한다. 덧붙이면, 아리스토텔레스는 행복한 삶에는 행복에 대한 외부적인 조건들, 예를 들면 친구, 잘생긴 용모, 관조에 필요한 여가를 제공할 수 있는 충분한 돈이 요구된다고 생각했다. "규칙에 기초하는" 윤리 이론들과는 달리, 윤리학에 관한 그의 설명은 '내적 변화에 대한 요구'와 '성령의 열매와 역사에 대한 바울의 비전(갈라디아서 5장)에 부합하는 방식의 "인격 발달"을 강조한다.

신을 포함한 아리스토텔레스의 형이상학과 그리고 선한 삶에 대한 개념은, 토마스 *아퀴나스가 이를 도용한 이래로 기독교에, 특히 로마 가톨릭에 영향을 미쳤다. 마르틴 루터가 아리스토텔레스를 격렬하게 비난했음에도 불구하고, 아리스토텔레스의 논리적 범주와 이뿐 아니라 다양한 종류의 인과 관계(작용인, 형상인, 질료인, 궁극인)에 대한 분석도, 하나님의 작정, 인간의 자유, 창조에 대한 교리와 같은 다양한 주제에 대해 생각하기 위해, 종교개혁 후기의 신학자들에게 이용되었다.

함께 보기 #목적론 #보편자 #불변성·무감수성 #실재론·반실재론 #아퀴나스 #우주론 #원인·인과성 #윤리학 #인식론 #자연 신학 #진리 #플라톤·플라톤주의 #하나님의 본성 #행복

참고 문헌 Jonathan Barnes, 『아리스토텔레스의 철학』(Aristotle: A Very Short Introduction); Jonathan Barnes, ed., The Cambridge Companion to Aristotle; David Furley, From Aristotle to Augustine; Mark Jordan, On Aquinas' Alleged Aristotelianism.

아우구스티누스, 아우렐리우스

Augustinus (Augustine), Aurelius, 354-430

아우구스티누스는 아마도 기독교 신학에 가장 큰 영향을 미친 인물로,

북아프리카에서 태어났으며, 후에 히포Hippo의 주교로 임명받았다. (100권도 넘는 그의 저서 가운데) 『고백록』Confessiones과 『신국론』De civitate Dei과 『삼위일체론』De Trinitate 에서 발견되는 그의 신학은 성서와 *신플라톤주의와 *스토아 철학이 뚜렷하게 결합되어 있으며, 이는 그의 사상에서 특별한 긴장을 만들어 낸다. 가장 유명한 그의 고백, "주님께서 주님을 향하도록 우리를 지으셨기에, 우리의 마음은 주님 안에서 쉼을 얻기까지 안식할 수 없습니다"에서 그 자신의 개인적인 여정, 곧 하나님에 대한 반역에서부터 하나님과의 화평으로 *이성 및 은혜와 함께 가는 여정을 포착할 수 있다. 하나님으로부터 멀어지게 하는 거짓된 유혹의 길은 그를 만족시킬 수 없었다. 왜냐하면 우리는 필경 하나님을 향하도록 지음받았기 때문이다.

은혜(아우구스티누스는 은혜의 박사doctor gratia로 불린다)에 대한 그의 성경적 신학은 아담의 타락에 관한 자신의 이해에 뿌리내린 원죄 교리로 시작한다. 아담의 타락은 스스로 *자유 의지를 행사한 것에 기인하기 때문에, 하나님은 이 세상의 *악에 대해 책임져야 할 것이 없으시다. 이는 악을 "결여" 또는 결핍으로 설명하는 아우구스티누스의 사상을 뒷받침한다. 존재하는 모든 것은 오직 하나님의 창조 사역 때문에 존재하는데, 하나님께서 완벽히 *선하시기 때문에, "존재"하는 어떤 것도 당연히 악일 수는 없다. 대신 우리는 악을 존재의 **결핍**으로 이해해야 한다. 선하게 존재하는 사물에 기생하여 부패시키는 것이다. 이것이 아우구스티누스가 사탄조차도(사탄이 존재하는 한) 전적으로 악일 수는 없다고 단언하려 하는 이유이다. 선한 피조물이 이렇게 부패한 것은 아담(또는 궁극적으로 사탄)이 (자유롭게) 죄를 지은 결과다. 타락의 영향 중 하나가 그러한 자유의 상실이기 때문에, 또한 아담의 모든 자손들은 악(원죄)으로 향하는 경향을 가지고 태어났으며 아담의 죄책(원시 죄책original guilt)을 가지고 태어났기 때문에, 모든 아담의 자손은 스스로를 구원할 능력이 없으며, 따라서 은혜가 필요하다.

죄와 도덕에 대한 아우구스티누스의 설명은 두 가지 중요한 개념에 뿌리를 두고 있다. 오르도 아모리스ordo amoris("올바른 사랑의 질서") 개념과 연결된, "사용uti"과 "향유frui" 사이의 구분이다. 아우구스티누스에 따르면(특히 『그리스도교 교양』De Doctrina Christiana에서) 우리는 하나님에 의해, 하나님을 향하도록 창조되었기 때문에, 우리의 궁극적인 **향유** 또는 *행복은 '우리의 사랑의 적절한 대상' 즉 삼위 하나님 안에서 발견되어야 한다. 이와 같이 궁극적으로 우리가 하나님을 향유해야 하는 한, 모든 피조물은 여기에 **사용**되기 위한 선물로 받아들여질 수 있다. 그래서 우리의 사랑에 관한 "올바른 질서"가 있다. 우리는 궁극적으로 하나님을 사랑해야 하며, 이 궁극적인 목적과 관련하여 모든 다른 것에 대한 우리의 "사랑"에 질서를 세워야 한다. 따라서 부도덕에 대한 아우구스티누스의 견해는 '잘못된 대상을 향한 사랑의 문제'로 가장 잘 이해된다. 불의한 사람의 무질서한 영혼은 권력, 명성, 명예, 부, 섹스와 같은 것들에 지나치게 끌린다. 이 사람은 창조 질서에 빠지게 되어서, '오직 **사용**하도록 되어 있는 것'을 **향유**한다. 바꾸어 말하면, 불의한 사람은 창조주를 피조물로 대체한다(cf. 로마서 1:18-31). 그러나 이러한 욕망들을 충족시키는 것은 우리에게 공허함을 남기고, 자멸에 이른다. 일시적인 것들은 왜 우리를 반드시 실망시킬까? 여기서 아우구스티누스가 신플라톤주의에 의존하는 것이 가장 명백해 보인다. 변치 않는 선한 것들은 변화하는 선한 것들보다 더 선한 것이다. 영혼은 영혼이 사랑하는 대상 안에서 쉼을 구하지만, 영속성을 결여한 것 안에서는 쉼을 찾을 수가 없다. 일시적인 것들은 '우리의 영혼이 쉼을 얻을 수 있는 하나님'께로 우리를 옮기려고 의도된 것이다. 불변하시고, 상존하시며, 영원하신 하나님께 우리의 사랑이 올바로 붙어 있는 경우에만, 우리의 갈망이 변함없이 깊이 만족되기를 소망할 수 있다. 여기에 고전적 유신론 교리의 씨앗이 놓여 있다.

하나님에 대한 아우구스티누스의 전반적인 회의와 의심은 (주로 악의 문제에 대한 것이기 때문에) 신플라톤주의자들의 책을 읽음으로 해결되었다. 신플라톤주의는 아우구스티누스가 '비물질적인 것으로서의 *하나님의 본성에 대한 철학적인 어려움을 해결하는 것'과 '악의 문제와 씨름하는 것'에 도움이 되었다(『고백록』 제7권). 신플라톤주의자들은 지성이 있고, 불변하며, 형체가 없는 신을 주장했다. 불변하는 *진리를 보기 위해서, 우리는 내적으로 보아야 한다. 따라서 『교사론』*De magistro*에서 아우구스티누스는 플라톤의 "상기설"을 강조하였으나, 그러나 이것을 "조명"(그리스도는 우리의 영혼이 앎에 이르도록 비추시는 "내면의 교사")이라는 지식 이론으로 변형한 것이었다.

내면 교사이신 그리스도의 조명에 기초하여야만 지식이 가능하다고 주장함으로써, 아우구스티누스는 "이해하기 위해서 믿는다"라는 원리를 펼쳐서 자기 자신을 이해했다. 아우구스티누스에게는 지식조차도 은혜의 선물과 같다. 은혜에 대한 이러한 강조와 연관된 것이 우리의 도덕성 형성에 대한 설명에서도 발견된다. *아리스토텔레스와 같이 아우구스티누스는, 성인의 인격은 시멘트가 돌이 되듯 굳어진다고 믿었다. 이는 새로운 습관으로 다시 훈련될 수 있는 것이 아니다(『고백록』 제5권). 그러나 아리스토텔레스와는 다르게, 아우구스티누스는 하나님의 은혜를 믿었고 경험했다. 마음을 부드럽게 하고 의지를 돌이키기에 충분한 은혜, 죄의 속박으로부터 자유롭게 하기에 충분한 은혜를 말이다. 아우구스티누스가 기독교 신학에 기여한 것 중 가장 지속적인 것은 은혜의 중심성이다. 후에 마르틴 루터(아우구스티노 수도회의 사제)와 장 칼뱅의 신학에서 주요한 영향력을 미친 것이 이 은혜의 중심성이다.

함께 보기 #데카르트 #불변성·무감수성 #스토아 철학 #신앙과 이성 #신인동형론적 언어 #신정론 #신플라톤주의 #아퀴나스 #안셀무스 #영원·불후 #윤리학 #윤리학(성경적) #이원론·일원론 #인식론 #전지·예지 #존재와 선함 #플라톤·플라톤주의 #하나님의 본성 #행복

참고 문헌 John Hick, *Evil and the God of Love*; Peter Brown, *Augustine of Hippo*; Eleonore Stump and Norman Kretzmann, eds., *The Cambridge Companion to Augustine*; Jaroslav Pelikan, *The Christian Tradition*; Brian Stock, *Augustine the Reader*.

아퀴나스, 토마스

Aquinas, Thomas, 1225-1274

중세 시대의 가장 영향력 있는 철학자-신학자. 아퀴나스는 이탈리아에서 태어나서 자랐고 교육받았다. 그는 청년의 때에 부모의 기대에 어긋나게 도미니크 수도회에 들어가서, 남은 생애 동안 파리와 나폴리에서 교사로 지냈다. 그는 자신의 작품에서 신학적 주제와 철학적 주제 전체를 다룬 굉장한 저술가였다. 그의 가장 영향력 있는 작품은 『신학대전』*Summa Theologiae*과, 『대이교도대전』*Summa de Veritate Catholicae Fidei Contra Gentiles*이다. 이 작품들은 기독교 *신앙을 옹호하기 위해, 고대 세계의 두 위대한 철학 전통인 *아리스토텔레스와 신플라톤주의를 놀랍게 종합한다. 그는 48세에 하나님에 대한 신비적 환상을 본 직후 삶을 끝내게 되었다.

아퀴나스는 엄밀한 철학적 작업을 많이 했지만(특히 아리스토텔레스에 대한 주석), 그럼에도 아퀴나스 전집의 더 많은 부분은 직접적인 신학 작업이다. 그는 두 개의 다른 방법에 따라 두 분야(신학과 *철학)를 구분하였다. 신학은 하나님에 대한 믿음에서 출발하여, 창조 질서를 함축하는 하나님의 계시에 근거하여 추론한다. 철학은 창조 질서에서 출발하여, '존재하는 모든 것을 창조한 원인으로서와 모든 것들이 지향하는 궁극으로서의 하나님에 대한 지식'을 (순수 자연적인 이성에 기초하여) 보여 주려고 시도한다. 이 두 방법 중 한 방법으로 발견된 *진리와 또 다른 방법으로 발견된 진리 사이의 궁극적인 불일치는 있을 수 없다. 왜냐하면 하나님이 그 모든 것들의 창시자author이시기 때문이다. 철학은 신학의 확실한 진리들을 증명할 수 있고(예컨대 신의 존재), 증명할 수 없는 다른 진리들을 조명할 수 있으며(예컨대 삼위일체), 기독교 신앙을 반대하는 비방자들이 제기하는 반론에 답할 수 있다(예컨대 *악의 문제). 이와 같이, 아퀴나스는 (한 분 하나님의 존재와 같이) 이성만으로도 알려지고 입증될 수 있는 "신앙에 대한 서론들"과, (삼위일체와 같이) 하나님의 계시에 의해서만 알려질 수 있는 "신조"articles of faith 사이의 구분을 만들었다. 그러므로 구원에 대한 지식은 계시를 필요로 한다. 즉 은혜는 자연을 완성한다.

철학자의 지식의 원천은 이성에 한정되어 있기에, 철학자는 유한한 존재의 원인으로서만 하나님을 연구할 수 있다. 이 유한한 존재들에 대한 우리의 지식은 우리의 감각 경험으로 알게 된 것이다. 이러한 지식은 자명한 제1원리에 의해 인도되는 것이다(예컨대, *논리 법칙, 수학, *형이상학적 원리). 지혜로운 사람은 이러한 제1원리에 부합하는 방식으로 추론하며, 결과적으로 우주에서 질서를 찾는다. 아퀴나스는 사물들이 어떤 이유로 인해 발생하며, 궁극적으로 그러한 사물들이 이치에 부합한다고 믿었다. 이를 밝히는 것이 지혜로운 사람의 과업이다.

아퀴나스의 "다섯 가지 길"은 '하나님의 존재에 근거해서만 설명될 수 있는' 다섯 가지 다른 종류의 증거들을 제시한다. 증거들은 다섯 가지 논증으로 정리된다. 변화, 운동, 우연성, 원인, 도덕/선. 이러한 자연적인 현상은 '모든 존재하는 것에는 창조하신 분이 반드시 계시며, 모든 것은 스스로 창조될 수 없다'고 결론 내리게끔 한다. 아리스토텔레스의 부동의 원동자가 강하게 반영된 것이다. 다섯 가지 길은 각각 창조 질서에 대한 사실로부터 창조주를 논증한다. 아퀴나스는 모든 이성적인 피조물이 정말 합리적으로 행동한다면, 그들은 모두 이 논증들을 수용할 것이라고 생각했다. 그는 또한 창조 질서와 창조주 사이의 관련성이 큰 의문점은 아니라고 생각했다. *근대 과학의 부상은 이 관련성에 대해 의문을 제기하였다. 그리고 '모든 사람이 수긍해야 하는 합리성에 대한 보편적인 표준'이 있느냐는 현대적인 의심도 예상하지 못하였다. 아퀴나스는 믿음의 시대에 살았고, 그의 논증은 그러한 맥락에 속한 것이다.

　아퀴나스에게 하나님은 피조물과의 유비에 의해 알려지시는 분이다. 아퀴나스에 따르면, 하나님에 대해 일의적인 지식(동일하게 적용되는 용어)을 내포하는 주장들은 언제나 틀린 것이다. 왜냐하면 하나님에 대한 우리의 지식은 늘 제한적이고, 유한하며, 자연 질서를 통해 매개되기 때문이다. 우리는 창조의 반영 안에서만 하나님을 볼 수 있다. 인간들은 자신들에 관한 언어(예컨대 선함)를 사용할 수 있고, 그러한 언어를 하나님께 적용할 수 있지만, 그것들과 하나님 사이에는 근본적인 차이가 있음을 잊어서는 안 된다. 인간의 선과 하나님의 선 사이의 차이는 유한함과 무한함의 차이다. 이것은 하나님에 대한 우리의 지식을 무효로 만드는 것이 아니다. 그것은 단지 피조물과 창조주가 어떤 면에서 비슷할지라도 엄청나게 다르다는 것을 상기시켜 준다.

　아퀴나스의 *윤리학도 신학에 중대한 영향을 미쳤다. 자연법과 (아리스토텔레스를 따르는) 덕 윤리 모두의 전통에서 끌어왔기에, 아퀴나스가 말한 확실히 기독교적인 덕의 명령은 모든 사람에게 자선charity(사랑)을 하도록 하는 명령이었다. 달리 말하면, 사랑은 진정한 덕을 가능하게 하는 조건이었다. 그는 또한 "자연적인" 덕과 "신학적인" 덕을 구분하였다. (용기와 절제와 같은) 자연적 또는 도덕적 덕은 인간 존재에게 가능한 것이며, 인간의 *행복(에우다이모니아 eudaimonia)을 목표로 하는 것이다. (믿음, 소망, 사랑과 같은) "신학적인" 덕은 하나님이 부어 주신 것이며, 하나님을 그 대상으로 하는 것이다. 이와 같이, 신학적인 덕은 그리스도의 몸의 지체들에게만 가능한 것이다. 덕에 초점을 맞춤으로써, 아퀴나스는 "선함"being good이란 외부 규율의 문제가 아니라, 내부 인격 형성의 문제라고 강조하였다. 그의 윤리 사상은 현대 덕 윤리의 부흥에 중요한 것이었다.

함께 보기 #안셀무스 #신인동형론적 언어 #아리스토텔레스 #아우구스티누스 #존재와 선함 #영원·불후 #자유 의지 #하나님의 본성 #행복 #지옥 #형이상학·존재론 #자연 신학 #존재신론 #위-디오니시오스 #이성과 믿음(하나님에 대한) #종교 언어 #스콜라 철학 #신 존재 논증 #초월

참고 문헌 Ralph McInerny, *St. Thomas Aquinas*; Brian Davies, *The Thought of Thomas Aquinas*; Nicholas Healy, *Thomas Aquinas*; Etienne Gilson, *The Christian Philosophy of St. Thomas Aquinas*; Jaroslav Pelikan, 『고대교회 교리사』(*The Christian Tradition*); Eleonore Stump, *Aquinas*.

악의 문제

Problem of Evil

악이 존재한다면, 하나님이 *존재할 수 없다고 주장하는 논증. 악의 문제는 자연적 악과 도덕적 악을 배경으로 하여 제기된다. **자연적 악**은 지진, 전염병, 기근, 가뭄, 산사태, 홍수, 태풍 등으로 오직 자연에서 발생하는 것이다. **도덕적 악**은 인간의 자유로운 선택에 기인한 것으로 예를 들어, 전쟁, 빈곤, 인종차별을 포괄하는 것이다. 기초적인 악으로부터의 논증은 아래와 같이 하나님의 속성으로부터 귀결들을 이끌어 내고, 이것들과 악에 대한 단순한 사실을 결부시키는 구조다.

1. 하나님은 전능하시고, 전적으로 선하신 분이다.
2. 만약 하나님이 전능하시다면, 하나님은 악을 제거하실 수 있다.
3. 만약 하나님이 전적으로 선하시다면, 하나님은 악을 제거하기를 원하실 것이다.
4. 악이 존재한다.
5. 그러므로 하나님은 존재하지 않는다.

이 연역 논증은 악이 존재한다는 사실이 주어질 때, 하나님의 존재가 불가능하다는 것을 입증한다. 이 논증은 *흄의 『자연 종교에 관한 대화』*Dialogues Concerning Natural Religion*에서 고전적으로 공식화되었다.

하나님과 *자유 의지와 악이 *논리적으로 모순이 없음을 입증함으로써, 앨빈 플랜팅가의 자유 의지 변론은 악으로부터 논증이 틀렸음을 보여 준다. 대부분의 무신론자들은 플랜팅가가 악으로부터의 연역 논증을 성공적으로 논파했다고 인정하였고, 자신들의 주장을 변경하였다. 악의 문제에 대한 새로운 한 가지 유형은 하나님이 존재한다고 하기에는 너무 많은 악이 존재한다는 주장이다. 다른 한 가지 유형은, 특정한 종류의 악(분명히 무의미한 고통을 수반하는 악)은 하나님이 존재하지 않는다고 믿을 만큼 설득력 있는 근거가 된다는 것이다. 마지막 유형은 악에 대한 사실을 감안할 때, 하나님은 존재하실 것 같지 않다거나 또는 하나님의 존재가 개연성이 없다고 주장한다.

악의 문제에 가장 만족스럽게 응답한다면, 하나님이 악을 허용하시는 이유를 규명하는 성공적인 **신정론**이 될 것이다.

함께 보기 #신인동형론적 언어 #신정론 #아우구스티누스 #원인·인과성 #이성과 믿음(하나님에 대한) #자유 의지 #전능 #전지·예지 #지옥 #하나님의 본성 #흄

참고 문헌 Michael Peterson, *God and Evil*; Kelly James Clark, 『이성에로의 복귀』(*Return to Reason*); idem, *When Faith Is Not Enough*; Nicholas Wolterstorff, 『나는 사랑하는 사람을 잃었습니다』(*Lament for a Son*); Marilyn and Robert Adams, *The Problem of Evil*; Alvin Plantinga, 『신·자유·악』(*God, Freedom, and Evil*); Daniel Howard-Snyder, *The Evidential Argument from Evil*.

안셀무스

Anselmus (Anselm), 1033-1109

성 안셀무스는 이탈리아에서 태어나서 노르망디에 있는 수도원에 들어갔다. 그 수도원에서 안셀무스는 수도원장으로 섬겼으며, 나중에는 캔터베리의 대주교가 되었다. "제2의 *아우구스티누스"로 불리기도 하는 안셀무스는 아우구스티누스의 *'이성에 대한 *신앙의 우선성'과 '기독교와 *신플라톤주의 *형이상학의 종합'을 지지하였다. 안셀무스의 작업에 대한 현대인들의 관심은 그의 철학적 방법, 즉 피데스 쿠아에렌스 인텔렉툼*fides quaerens intellectum*: 이해를 추구하는 신앙에 대한 설명과, 하나님의 존재에 대한 존재론적 논증의 정교화에 있다. 또한 안셀무스는 속죄에 대한 대속 이론*substitutionary theory*을 변증하여 신학적인 명성을 얻었다.

안셀무스의 지적인 조상인 아우구스티누스와 마찬가지로, 하나님의 위대하심은 그의 사상에서 아주 중요한 역할을 한다. 그는 흥미롭게도 "더 위대한 존재를 생각해 낼 수 없는 가장 큰 존재"로 하나님을 정의한다. 이 정의에 따르면, 하나님은 위대하게 만드는 모든 속성을 지니시되 무한히 지니신다. 그래서 예를 들면, 능력, 지성, 선함은 위대하게 만드는 속성이기 때문에, 하나님은 이러한 속성들이 있으시며, 무한히 있으시다. 즉 하나님은 *전능하시며, *전지하시며, 완전히 선하시다. 만약 하나님께 위대하게 만드는 어떤 속성들이 부족하다면, 우리는 하나님보다 더 위대한 존재, 즉 '하나님의 모든 속성'을 지니고 있으면서 그에 더하여 '하나님께 부족한 위대하게 만드는 속성들'이 더해진 존재를 상상할 수 있다. 그리고 만약 하나님께서 위대하게 만드는 능력을 무한히 가지고 계시지 않다면, 우리는 하나님보다 더 위대한 존재, 즉 '하나님보다 더 능력 있는 존재' 또는 '더 지적으로 뛰어난 존재' 또는 '하나님께 부족한 어떤 속성을 지닌 존재'를 마음에 품을 수 있다. 존재론적 논증을 간략히 옮기면 다음과 같다.

1. 하나님은 모든 위대하게 만드는 속성을 지닌다.
2. '존재함'은 위대하게 만드는 속성 중 하나이다(마음속에만 존재하는 것보다 실재 존재하는 것이 더 위대한 것이다).
3. 따라서 하나님은 존재한다.

이 단순하면서 기만하는 듯한 논증은 다양한 방식으로 매력 있게 또는 잔인하게 묘사되어 왔다. 이것은 모든 *철학에서 가장 보편적으로 공격받는 논증 중 하나가 되는 특권을 얻었다.

가장 날카롭게 안셀무스를 비판한 사람은 가우닐로라는 이름의 동료 수도승인데, 가우닐로는 안셀무스가 가장 완벽한 섬의 존재를 "증명"했다며 반론을 제시한다. 단지 지성의 반영만으로 존재가 "증명"될 수 있는 그러한 섬이 없다면, 하나님의 존재도 더 이상 그렇게 증명될 수 없는 것이다. 안셀무스는 '가우닐로의 추론이 섬 같은 것에는 적용될 수 있지만, 가장 위대하다는 개념은 하나님께만 적용될 수 있다는 이유로, 가우닐로의 추론은 하나님께는 적용될 수 없다'고 대답하였다. 중세 용어에서 '신의 존재'와 '신의 *본질'은 하나이며 같은 말이었다. 칸트와 같은 후대의 비판자들은 '존재는 술어가 아니며, 그래서 존재는 위대하게 만드는 속성이 아니다'라고 비판했다. 맹렬한 비판에도 불구하고, 이 묘한 존재론적 논증은 20세기 말 찰스 하트숀과 앨빈 플랜팅가에 의해 전통적 비판을 허용하지 않는 방식으로 되살아났다.

안셀무스는 또한 자신의 작품 『모놀로기온』Monologion에서 우주론적 논증을 수정하여 옹호한다. 단순하게 말하면, 그는 선함에는 그 근원이 요구된다는 사실로 논증한다. 만약 선한 것이 있다면, 반드시 궁극적인 선이 있어야 한다는 것이다. 여기에서 안셀무스는 "이해를 추구하는 신앙"의 방법을 따른다. 안셀무스는 하나님이 궁극적으로 선한 분이라고 믿기에, 하나님은 반드시 '어떤 것이 선하다고 할 때, 그 의미가 성립되도록 하는' 일자the One이셔야 한다고 생각한다. 그러므로 반대로 선한 것이 있다면, 궁극적인 선이 있어야 한다.

안셀무스는 그의 논문 『인간이 되신 하나님』Cur Deus Homo: 왜 하나님은 인간이 되셨나에서, 성서의 증거에 호소하지 않고 속죄가 본래 지니는 합리성을 주장한다(그렇지만 그는 성서가 권위 있다고 생각했다). 봉건제도라는 사회적 맥락 안에서 썼기 때문에, 안셀무스는 "명예"라는 은유를 빌려서 구속적인 복음의 이야기에 적용하였다. 구속은 '인간의 죄성으로 말미암아 하나님께 끼친 불명예'에 대하여 하나님께 드리는 만족에 뿌리를 두고 있다. 안셀무스는, 하나님께서 마귀를 포함하여 어느 누구에게도 빚질 수 없다고 추론함으로써, 그리스도께서 마귀에게 속전을 지불하였다는 옛 관념을 제거한다. 오히려 그리스도께서는 '인간이 하나님께 지불해야 하는 명예에 대한 빚'을 지불하셨다. 이런 의미에서 속죄는 대속적이다.

안셀무스는 하나님의 위대하심이 철학과 신학의 체계 전체를 세우는 중심이라고 믿었다. 안셀무스는 '존재할 수 있는 것 중 가장 위대한 존재'로 하나님을 정의하려는 아우구스티누스적인 경향을 보인다. 안셀무스의 직관은 지금은 고전적 유신론이라고 부르는 것(하나님이 '필연적으로, 무한하며 최고로 완벽하다고 여겨지는 속성'을 지니셨다는 개념)의 발전에 영향을 주었다.

함께 보기 #신앙과 이성 #신 존재 논증 #아우구스티누스 #아퀴나스 #이성과 믿음(하나님에 대한)
#존재신론 #존재와 선함 #필연성 #하나님의 본성 #형이상학·존재론

참고 문헌 G. R. Evans, *Anselm*; idem, *Anselm and Talking About God*; Thomas Morris, *Anselmian Explorations*; idem, *Our Idea of God*; R. W. Southern, *Saint Anselm*.

언어 ▸▸ 신인동형론적 언어 79, 종교 언어 150

에우튀프론 문제

Euthyphro Problem

플라톤이 자신의 대화편 『에우튀프론』*Euthuphrōn*에서 처음 제기했던 다루기 힘든 문제로, *윤리학에서의 신 명령 이론에 대한 것이다. 이는 도덕이 하나님의 뜻에 근거할 수 없음을 보여 준다고 주장한다. 그리스도인들은 하나님이 도덕의 원천이라고 생각한다. 즉 선이란 하나님께서 뜻하신 바이며, 악_{bad}이란 하나님이 금지하신 것이다. 선함이 하나님의 뜻이라는 믿음은 다음 두 방식 중 한 가지 방식으로 받아들여질 것이다. (a) 무언가가 선한 이유는 하나님께서 그것을 의도하셨기 때문이다. (b) 하나님께서 무언가를 의도하신 이유는 그것이 선한 것이기 때문이다.

(a)의 문제, 즉 단순히 하나님께서 의도하셨기 때문에 무언가가 선하다는 주장은 도덕을 제멋대로 만드는 것처럼 보인다. 하나님께서 우리의 삶을 위한 특정한 도덕 계명들을 정하셨지만, 하나님께서는 아주 이상한 계명들을 정하셨을 수도 있다. 하나님께서 우리에게 진실을 말하라고 명령하셨지만, 만약 그런 게 아니라 하나님께서 우리가 거짓을 말하라고 명하셨다면 어떻게 되는 것인가? 이 명령이 거짓말을 선하게 만들었겠는가? 더 나쁜 상황, 예를 들어 하나님께서 아무 잘못이 없는 아기들을 장난삼아 고문하라고 명령하셨다고 가정해 보자. 만약 하나님이 모든 선함의 근원이시라면, 그로 인해 아무 잘못이 없는 아기들을 장남삼아 고문하는 것이 마치 선한 것으로 보인다. 그러나 아기들을 장난삼아 고문하는 것은 선한 것이 아니며, 결코 선한 것이 될 수도 없다. 확실히, 하나님께서 그런 것을 뜻하셨다면, 하나님께서 잘못하신 것으로 보인다.

그러나 이러한 생각은 도덕의 표준이 존재하는데 심지어 하나님께서도 이 표준에 지배를 받음을 암시한다. (a)의 어려움은 신 명령 이론을 지지하는 사람들이 '어떤 것이 선한 것이기 때문에 하나님께서 그것을 의도하신다'는 (b)방식을 받아들이게 되는 것처럼 보인다는 점이다. 그러나 만약 (b)가 참이라면, 하나님이 불필요해 보인다. 만약 하나님께서 승인하시고 의도하신 선함과 독립적인 표준이 있다면, 그 표준이 도덕의 원천이지 하나님은 도덕의 원천이 아니다.

에우튀프론 문제는 하나님과 도덕 사이의 관계에 대한 중요한 쟁점을 제기한다. 어떻게 선함이 '하나님께 의존하는 것'인 동시에 '제멋대로가 아닌 것'일 수 있을까? 최근 신 명령 이론가들은, 하나님의 명령을 단순히 하나님의 뜻에 두는 것이 아니라, '하나님이 의도하실 수 있는 명령의 유형을 제한하는' 하나님의 사랑이 포함된 하나님의 성품에 두는 것으로 대응한다.

함께 보기 #둔스 스코투스 #아우구스티누스 #아퀴나스 #윤리학(성경적)
참고 문헌 John Hare, *God's Call*; Richard Mouw, *The God Who Commands*; Robert Merrihew Adams, *The Virtue of Faith*; idem, *Finite and Infinite Goods*; Philip Quinn, *Divine Commands and Moral Requirements*.

영원·불후

Eternal/Everlasting

시작이나 끝이 없는 것. 고전적 유신론에서는 하나님은 영원하시다고, 즉 항상 계셔 왔으며 항상 계실 것이라고 주장하였다. 고전적 유신론은 또한 주장하기를, 하나님은 시간에 매여 있지 않으시며, 시간 밖에 계신다. 시간은 변화의 척도다. 완벽한 존재는 변할 수 없다. 따라서, 하나님은 시간 밖에 계신다. 이러한 입장을 더 잘 표현하는 용어는 **무시간적 영원성**timeless eternity이다. 무시간적 영원성에 대한 교리를 가장 유명하게 표현한 사람은 보에티우스다. 그는 영원성을 "끝없는 삶 전체를 동시적이며 완벽하게 소유하는 것"으로 정의하였다. 보에티우스에 따르면, 하나님께는 모든 것이 영원한 현재로 존재한다. 엄밀히 말하면, 하나님께는 과거나 미래가 없다. 하나님께는 지금 모든 일이 동시에 일어나기 때문이다. 이러한 관점에 대한 성경적인 토대는 모세에게 "나는 스스로 있는 자이다"I am who I am라고 하나님의 이름(*본질)을 선언하신 것에 있다. 이는 영원한 현재 가운데 불변하시는 하나님의 존재를 가리키는 것으로 주장된다.

이 견해를 비판하는 사람들은, '완벽함에 대한 *플라톤적 이데아'에서 영원성의 교리를 차용해 와서 이를 통해 성서를 읽은 것이라고 주장한다. 무시간적 영원성에 대한 가장 큰 걸림돌은 성서 이야기 안에 있는 변화에 대한 언급이다.

성서 이야기 안에서, 하나님은 시간 안에서 피조물들과 가변적으로 상호작용하시며 반응하시는 성품을 지니신 것으로 나타난다. 우리가 하나님과 시간을 공유한다고 쓴 니콜라스 월터스토프는 주장하기를, 하나님에 대한 성서의 그림은 영원eternal이라기보다 불후everlasting다.* 하나님은 시작도 끝도 없이 존재하시지만, 자신의 피조물들과의 시간 속 관계로 들어오시기를 자유롭게 선택하신다. 월터스토프는 하나님에 대한 *형이상학적 또는 존재론적 불변성(어떤 방식으로든 무슨 일이 있든 변할 수 없음) 개념을 거부하지만, 성서가 피조물을 향한 사랑의 목적에 있어서는 하나님께서 절대 변하시지 않으심을 가르친다고 주장한다. 이러한 이해는 성경적 계시의 측면을 공정하게 다루는 반면, 예언에서 보는 것과 같은(예를 들면 그리스도의 탄생에 대한 것) 미래에 대한 하나님의 미리 아심을 이해하기 어렵게 만들 수 있다.

함께 보기 #불변성·무감수성 #신인동형론적 언어 #신 존재 논증 #전지·예지 #종교 언어 #플라톤·플라톤주의 #하나님의 본성.

참고 문헌 Gregory E. Ganssle and David M. Woodruff, eds., *God and Time*; Nicholas Wolterstorff, "God Everlasting"; Alan G. Padgett, *God, Eternity and the Nature of Time*; Paul Helm, *Eternal God*.

영혼 ▸▸ 마음·영혼·정신 42

예지 ▸▸ 전지·예지 142

• 'eternal'은 시공간을 초월하는 (시작도 끝도 없으며) 정적이고 형이상학적인 어감이 있는 반면, 'everlasting'은 시공간 안에서 (끝이 없는) 좀 더 역동적인 어감이 있다.

오컴

Ockham, William of

　　영국의 철학자로, 오컴(런던 근처)에서 태어났으며, 오컴의 "면도날"과 유명론으로 잘 알려져 있다. 옥스퍼드에서 교육받았지만, 자신의 신학이 반대파들을 자극하기 전까지 주로 파리에서 강의하였다. 기독교적 이상으로 청빈한 삶을 옹호하여 유폐되고 파문되었으며, 교황을 이단으로 비난한 것은 자신의 입장에 도움이 되지 못하였다. *둔스 스코투스와 마찬가지로 그의 사상은 *데카르트와 같은 *근대 초기의 철학자들뿐만 아니라, 마르틴 루터와 같은 종교개혁자들의 사상에도 중대한 영향을 주었다.

　　오컴은 **유명론**唯名論; nominalism으로 가장 유명有名하다. 유명론은 다음과 같은 주장이다. 보편어는 (*플라톤의 형상처럼) 실제 존재하는 *보편자를 가리키는 것이 아닌, 단순히 인간의 정신 안에 있는 이름 또는 표시이며, 보편자들은 인간의 *마음 바깥에 있는 *실체가 아니다. 또한 그는 **오컴의 면도날**Ockham's razor로 알려지게 된 것, 즉 다음과 같은 금언으로 표현된 일종의 *형이상학적 미니멀리즘을 주장하였다: "필요 이상으로 실체를 늘리지 말라." 그는 보편자 및 '추상적 개념으로 불필요한 형이상학적 세계의 개체'를 늘리는 것을 반대했다. 그러나 그는 또한 실체들의 존재를 언제 상정해야 할지에 대한 기준도 제시하였다. (자명한 *진리, 경험, 성서로부터 정보를 얻는) *이성은 실체의 존재를 확언할 수 있다.

　　오컴은 신학적으로 하나님의 절대적 자유를 고수했던 주의주의자voluntarist였다. 하나님은 세계를 창조하시거나 인류를 구속하실 어떤 필연성에도 또는 외부적 의무에도 예속되지 않으셨다. 세계의 창조와 구원 계획은 오직 하나님의 기쁨을 위해서 성취된 것이다. 하나님께서는 구원에 있어 충분한 만족 없이도 자유롭게 용서를 결정하실 수 있으시기에, 십자가에 못 박히신 것과 *부활조차도 필연적인 것이 아니다. 하나님의 자유에 대한 이러한 관점은 칼뱅과 개혁 신학에 영향을 미쳤다.

　　오컴은 교회의 권위가 성서의 권위로부터 나온다고 믿었다. 그리고 성서는 무류하지만, 성서 해석자(교황과 공의회)는 그렇지 않다. 그리고 성서도 오직 *신앙 및 실천의 문제에 대해서만 무류한 권위가 있다. 이러한 관점은 로마 가톨릭 교회에 맞서는 루터의 반란의 씨앗들을 담고 있다.

함께 보기 #보편자 #실재론·반실재론 #아리스토텔레스 #아우구스티누스 #아퀴나스 #자유 의지 #플라톤·플라톤주의 #하나님의 본성 #형이상학·존재론

참고 문헌 Marilyn McCord Adams, *William Ockham*; Heiko Oberman, *The Harvest of Medieval Theology.*

우주론

Cosmology

───────────────────────────

가장 광범위한 의미에서, 우주론은 세계관을 말한다. 좀 더 좁은 용례로 우주론은 우주의 기원과 본질에 대한 이론을 의미한다. 이점에서 간혹 우주론은 *형이상학으로 알려진 철학의 분과에 속하는 것으로 생각된다. 전형적으로, 우주론은 세계가 어떻게 존재하게 되었으며, 또 어떻게 계속 존재하고 있는지에 대한 물음과 관련 있다. 20세기 초 상대성 이론의 등장은 우주의 기원과 시공간의 본질 사이의 관계의 문제를 다시 새롭게 불러일으켰다.

고대 그리스 사상에서, 우주의 기원은 일련의 보이는 원인과 보이지 않는 원인을 언급함으로써 설명되었다. 예를 들면, 탈레스는 세계가 물로부터 비롯되었다고 생각했고, *플라톤은 데미우르고스^{dēmiourgos}(일종의 신)를 이야기했으며, *아리스토텔레스는 부동의 원동자에 대해 이야기했다. 또한 아리스토텔레스는 행성 운동에 대한 경험적 관찰 전통의 결정체를 만들었는데, 이는 '모든 행성 운동의 궁극인이신 신'과 더불어 지구를 우주의 중심에 위치시키는 것이었다. 천년 동안 지지된 우주에 대한 프톨레마이오스의 모형은 아리스토텔레스의 자연학^{physics}과 수학적 엄격함을 통합하였다. 초기 기독교는 우주론적 고찰에 있어 아리스토텔레스의 우주론과 프톨레마이오스의 모형에 공감하였다. 왜냐하면 우주를 지속적으로 유지시키기 위해서는 하나님이 과학적으로 필요하다고 생각했기 때문이다.

16세기와 17세기에 우주론적 고찰은 창조주께서 '자신의 창조 행위에 대한 "실마리들"을 자연과 세계 자체의 구조 안에 남겨 놓으셨다'는 그리스도인들의 믿음에서 도움을 받았다. "자연 계시"는 창조자에 대한 정보가 피조 세계로부터 경험적으로 도출될 수 있다고 주장했다. 그러나 이는 아리스토텔레스의 세계관과 프톨레마이오스의 모형을 거부하는 길을 열어 주었고, 그리고 교회 안에서 권위의 본질에 대한 엄청난 논쟁을 야기했다(성서와 자연이 충돌한다면 어떻게 되는가?). 자연 법칙(예컨대, 관성의 원리, 운동의 법칙)이 전면에 등장하면서, 자연을 설명하기 위한 하나님의 역할이 축소되었다. 케플러, 갈릴레오, 뉴턴과 같은 우주학자들은 우주가 지속적으로 관리됨에 있어 하나님이 본질적인 역할을 하신다고 믿었음에도, 원동자 또는 추진자pusher로서 하나님의 일상적인 활동은 대부분의 과학자들의 마음속에서 점점 희미해졌다. 19세기가 끝날 무렵, 당시 선두적인 수리천문학자였던 라플라스는 행성의 운동을 설명함에 있어 하나님의 존재가 수학적으로 더 이상 필요 없다고 선언하였다.

아인슈타인 이래로, 시초 특이점initial singularity, 즉 우주의 모든 물질을 포함하고 있는 엄청나게 밀도가 높고 불안정한 "점"의 대폭발big bang로부터 우주가 팽창하고 있다는 증거가 모아지고 있다. 빅뱅 우주론은 두 가지 오래된 쟁점을 부활시켰다. 첫째, 특이점에 앞서는 창조자가 우주에 필요한지 여부. 둘째, 특히 빅뱅 우주론이 천문학적으로 개연성이 없는 생명체의 존재를 허용함에 따라 우주의 고유한 본질이 설계와 목적을 증명하는지 여부. 이 두 분야 모두에서, 이론 물리학과 철학적 우주론은 사실상 우리 시대의 학문으로 융합되어서 신학적인 함의를 주게 되었다.

함께 보기 #라이프니츠 #신 존재 논증 #아리스토텔레스 #아퀴나스 #원인·인과성 #자연 신학 #칸트 #형이상학·존재론 #흄

참고 문헌 Peter Coles, 『우주론이란 무엇인가』(Cosmology); Paul T. Brockelman, Cosmology and Creation; Jeffrey Sobosan, Romancing the Universe; Arthur Peacocke, Creation and the World of Science; William Lane Craig and Quentin Smith, Theism, Atheism, and Big Bang Cosmology.

원근법주의 ▸▸ 관점주의 17

원인·인과성

Cause/Causality

영향을 야기하는 힘이나 행동으로, 앞선 사건(또는 개체)이 그 다음 사건(또는 개체)을 일으키는 능력(원인). 이 용어는 왜 사건이 발생하는지에 대한 설명까지 포함하는 것으로 그 의미가 넓어질 수 있다(인과성). *아리스토텔레스와 *플라톤과 같은 고대의 사상가들은 사건의 주된 원인이 목적 또는 목표라는 틀을 제시했다. 많은 기독교 사상가들은 모든 역사를 목표 지향적으로 바라보았기 때문에, 이 인과성 개념이 적절하다고 생각했다.

창조에 대한 기독교 교리는 신적 인과 작용의 대표적인 예다. 하나님은 다음과 같은 두 가지 의미에서 세계의 원인이시다. 하나님은 세계가 존재하도록 하신 최초의 원인이셨고, 세상이 계속 존재하도록 지속시키시는 원인이시다. *아우구스티누스는 하나님께서 어떤 선재하는 물질로부터 세계를 형성하신 것이 아니라(아리스토텔레스와 대조된다), 무로부터*ex nihilo* 세계를 창조하셨다고 생각했다. 그리스도인들은 또한 하나님께서 하나님의 섭리로 구속사의 사건이 발생하게 정하셨다고(즉, 야기하셨다고) 믿는다. 여기에서 나오는 어려운 질문은 신적 인과 관계와 인간의 자유에 대한 것이다. 인간과 신의 인과 관계가 어떻게 서로 어울리는가? 어떻게 하나님께서 인간의 자유를 침해하지 않으시면서, 이러한 사건들을 섭리로 정하실(즉, 야기하실) 수 있는가? 하나님은 단지 인간의 선택에 반응하시는 것인가? 인간의 자유는 하나님의 주권을 제한하는가?

하나님과 인간의 인과성을 둘러싼 논쟁은 *악의 기원을 고려할 때 더욱 복잡해진다. 무엇이 또는 누가 악의 원인인가? 만약 하나님이 모든 존재하는 것들의 원인이시라면, 하나님께로부터가 아니면 어디로부터 악이 온 것일까? 역사적으로 그리스도인들은 아담과 하와의 자유로운 선택에 의해 악이 들어왔다고 믿었다. 인간의 자유에 대한 개념은 악의 출현을 위한 "개념적 공간"을 제공하였고, 그렇게 함으로써 하나님께서 악의 창시자가 되는 책임을 덜어 내었다.

*자유 의지에 대한 토론은 행위 주체 원인론*theories of agent causation*, 즉 인간 행

위 주체가 자기 행동의 최종적이고 궁극적인 원인이라는 개념을 낳았다. 달리 말하면, (환경적인 영향, 유전자 구성 등 행위자들이 통제하지 못하는 것들과 같이) 인간들 자체의 저편에 존재하는, 자신의 행동의 이유를 설명하기 위한 인과적 사슬이란 없다.

데이비드 *흄은 우리가 대상들 사이의 인과 관계 그 자체를 지각할 수는 없기 때문에, 인과 관계에 대한 설명에 회의적이었다. 우리는 특정한 사건(예컨대, 움직이는 당구공이 멈춰 있는 당구공에 부딪히는 것)과 다른 사건(움직이던 공은 멈추게 되고, 멈춰 있던 공은 움직이는 것)의 부단한 연접(반복), 공간적 인접(가까움), 시간적 잇따름을 지각할 수는 있지만, 우리는 두 사건 사이의 어떠한 인과적 *필연성도 보지 못한다.

인과 관계에 대한 새로운 논쟁은 양자물리학과 상대성 이론의 출현으로 생겨났다. 미시적인 수준(원자보다 작은 입자와 같이 우리가 볼 수 없는 것)에서와 거시적인 수준(우리가 볼 수 있는 것)에서의 인과성의 관계는 무엇인가? 추가로, 인간의 행동이 뇌파로부터 발생하는데 어떻게 인간의 행동이 자유롭고 의식적인 선택일 수 있는가?

함께 보기 #라이프니츠 #마음·영혼·정신 #목적론 #아리스토텔레스 #악의 문제 #우주론 #이원론·일원론 #자유 의지 #칸트 #하나님의 본성 #흄

참고 문헌 Mario Bunge, *Causality and Modern Science*; D. H. Mellor, *The Facts of Causation*; Robert Koons, *Realism Regained*; Timothy O'Connor, *Persons and Causes*; Alvin Plantinga, 『신·자유·악』(*God, Freedom, and Evil*).

위-디오니시오스

Pseudo-Dionysius

신플라톤주의와 신비주의의 관점으로부터 기독교 교리를 전개한 몇몇 논문(예컨대 「하나님의 이름들」과 「신비 신학」)의 저자. 자신이 아레오바고 관리 디오니시오스(사도행전 17:34)라는 저자의 주장은 액면 그대로 받아들여졌고, 그래서 그의 작품은 19세기까지 사도적 권위를 가진 것으로 여겨졌다. 그러

나 신플라톤주의의 영향이 있기 때문에, 그의 작품은 AD 500년경의 것으로 생각된다. 이 미상의 저자는 현재 위-디오니시오스로 불린다.

위-디오니시오스는 "부정 신학"과 관련되는데, 이는 인간의 개념과 경험으로부터 철저히 초월한 하나님의 *초월성을 주장하고(하나님의 타자성과 하나님에 대한 표현 불가능성), 인간 인식의 능력이 *하나님의 본성을 파악할 수 없다고 부정하는 것이다. 인간들은 하나님이 무엇이신지 알 수 없으며, 오직 하나님이 무엇이 아니신지만을 알 수 있다. 곧 하나님은 *영원하시며(즉, 시간에 속하지 않으시며). 하나님은 *전능하시며(불가능이 없으시며). 하나님은 한결같으시며(변하지 않으시며). 하나님은 *전지하시며(지식에 제한이 없으시며), 등등. 인간들은 시간성, 무능함, 변화, 제한된 지식에 대한 관념을 가지고 있으며 이를 파악할 수 있지만, 영원성, *불변성, 전능 등의 관념은 가지고 있지 않다. 하나님, 즉 전적 타자에 대해 기술할 때, 우리가 말할 수 있는 것은 모두 (이러한 또는 저러한 측면에서) 하나님은 우리와 같지 않다는 것이다.

위-디오니시오스는 긍정 신학이 가능하다는 것을 부인하지 않는다. 그는 인간이 사용할 수 있는 이미지, 상징, 유비를 통해 하나님을 확인(즉, 비교)하는 것이 적절하다고 믿는다. 그러나 우리가 하나님께로 고양할 때, 우리는 하나님이 인간의 개념을 넘어섬을 발견한다. 그 때에 우리는 모든 말과 생각을 심지어 부정否定조차도 포기해야 한다.

위-디오니시오스의 영향은 놀랍다. 그의 부정 신학은 예컨대 *아퀴나스와 보나벤투라에게 수용되었으며, 그의 신비주의적 글들은 마이스터 에크하르트, 아빌라의 테레사, 십자가의 요한에 의해 지지되었다. 20세기 후반에 그의 사상은 장-뤽 마리옹이 주도하는 *포스트모던적 부흥으로 발견되었다.

함께 보기 #신인동형론적 언어 #신플라톤주의 #종교 언어 #초월 #플라톤·플라톤주의
참고 문헌 Paul Rorem, *Pseudo-Dionysius*; Jean-Luc Marion, *Idol and Distance*; idem, *God Without Being*.

윤리학

Ethics

적절한 인간 행실에 대한 이론. 두 가지 폭넓은 접근법이 있다. 첫 번째 접근법은 **규칙 기반 윤리** rule-based ethics로, 하나하나의 경우에 무엇을 해야 하는지를 우리에게 말해 주는 보편적인 규칙에 관련된 것이며, 윤리적 가치는 행위에 있다. 이러한 접근은 "내가 무엇을 해야 하는가?"를 묻는다. 도덕적인 권고는 "살인하지 말라, 속이지 말라, 도둑질 하지 말라"와 같은 소극적인 금지와 "가난한 사람에게 베풀라, 약속을 지키라"와 같은 적극적인 명령을 포함한다. 두 번째 접근법은 **덕 윤리** virtue ethics로, 개인의 성품에 가치를 둔다. 이러한 방식의 접근은 주로 미덕 및 악덕과 관련된 것으로, "나는 어떠한 사람이어야 하는가(또는 어떠한 사람이 되어야 하는가)?"라고 묻는다. 성품적인 미덕은 용기, *정의, 중용, 지혜이며, 성품적인 악덕은 비겁함, 불의, 과도함, 어리석음을 포함한다. 덕 있는 사람은 규칙을 필요로 하지 않으나, 각 상황에서 옳은 일을 자연스럽게 할 것이다.

규칙(또는 의무) 이론들은 무엇이 행동에 가치를 부여하는지를 결정하는 방법이 서로 다르다. **결과주의** consequentialism는 좋은 결과(예컨대 고통 이상으로 쾌락을 극대화하는 것)가 행동의 규칙들을 정당화한다는 견해다. 이것은 때때로 **목적론적 윤리** teleological ethics로 불린다("목적" 또는 "목표"를 의미하는 그리스어 텔로스*télos*에서 파생). 가장 두드러진 결과주의자는 공리주의자로, 이들은 최대 다수의 행복을 극대화하는 규칙을 지지한다. 다른 한편, **의무론** deontology("의무"를 의미하는 그리스어에서 파생)은 행동이 결과에 상관없이 그 자체로(본유적으로) 옳거나 그르다는 견해다. 가장 유명한 의무론자는 *칸트로, 그는 우리는 결과에 대한 고려 없이 의무를 수행해야 한다고 주장하였다. 만약 누군가 하나님께서 규칙들을 의도하셨다고 생각한다 하더라도, 왜 그런지를 알기 원할 것이다. 그런데 x가 무조건 옳기 때문이거나, 혹은 x가 인간의 행복을 극대화할 것이기 때문에, 하나님께서 x를 의도하신 것인가?

*플라톤과 *아리스토텔레스와 같은 초기 덕 윤리학자들은 *인간 본성

의 덕(인격의 강점)을 근거로 삼는다. 악덕은 우리의 본성을 약화시키는 반면 미덕은 확장(실현)시킨다. 번영하는 인간 존재는 자신의 영혼의 모든 부분에 적절한 표현을 하는 사람이다. 악덕, 즉 탐욕이나 폭식은 영혼을 "장악"하여, 영혼의 다른 부분들(예컨대 *이성, 감정, 또는 다른 식욕)이 적절하게 만족하는 것을 허용하지 않는다. 덕 윤리학자들은 종종 도덕 *철학 교육이 도덕성 개발 과정에 필수적인 것이라고 옹호한다. 그러나 플라톤과 아리스토텔레스는 어떻게 미덕을 발견하는지에 대해 의견이 갈린다. 플라톤은 경험 세계에서 물러나서, *마음의 눈으로 물질세계 밖의 선을 응시해야 한다고 주장한다. 한편 아리스토텔레스는 인격적인 인간 활동에 대한 이성적인 숙고를 통해 덕이 발견된다고 생각하였다. 이러한 과정은 비겁함과 무모함 사이의 중용(그러니까 용기)을 추구한다. 기독교 전통 안에서, 이러한 덕 윤리적 접근 방식은 *아퀴나스에 의해 가장 완전하게 개발되었고, 20세기 후반 알래스데어 매킨타이어와 스탠리 하우어워스의 작품에서 다시 일어났다.

　이 두 가지 폭넓은 접근법은 그저 예시라는 것을 알아야 한다. 오로지 규칙 윤리학자이거나 오로지 덕 윤리학자인 사상가는 소수이다. 칸트를 예로 들면, 그는 결과가 우리의 행동의 동기가 되어서는 안 된다고 생각했지만, 그러나 우리가 의무에 따라 행동하면 실제로 좋은 결과를 가져올 것이라고 믿었다. 더욱이 칸트는 인격의 개발에도 깊은 관심을 가졌다. 가장 유명한 덕 윤리의 옹호자인 아리스토텔레스를 예로 들면, 그는 살인과 간통이 언제나 그릇된 일이라고(중용을 지키며 할 때에도 올바른 일이 아니라고) 생각했다.

　윤리학에 대한 기독교적 접근에는 위에서 말한 모든 것이 포함된다. 하나님 안에 선을 위치시키는 신 명령 이론가들은 의무론적일 수도 있고("하나님께서는 우리를 행복해지도록 부르신 것이 아니라 순종하도록 부르셨다") 또는 결과주의자가 될 수도 있다("도덕이 사람을 위해서 만들어진 것이지, 사람이 도덕을 위해서 만들어진 것이 아니다"). 신 명령 이론가들은 심지어 덕 윤리학자일 것이다. 윤리에 대한 *아우구스티누스의 접근법은 플라톤주의와 *스토아철학에 영향을 받았으며, 아퀴나스의 도덕 철학은 사실상 아리스토텔레스로부터 그대로 온 것이다.

함께 보기 #목적론 #본질·본질주의 #상대주의 #스토아 철학 #아리스토텔레스 #아우구스티누스 #아퀴나스 #윤리학(성경적) #인간 본성 #칸트 #키에르케고어 #플라톤·플라톤주의 #행복 #허무주의
참고 문헌 Kelly James Clark and Anne Poortenga, *The Story of Ethics*; William Frankena, 『윤리학』(*Ethics*); Alasdair MacIntyre, *A Short History of Ethics*; idem, 『덕의 상실』(*After Virtue*).

윤리학(성경적)

Ethics, Biblical

성서 안에는 윤리학을 체계적이고 이론적으로 다룰 만한 것이 별로 없지만, 퍼즐 조각들은 많이 있는데, 이 조각들을 모아 보면 인간 존재에게 있어 *"선한 삶"에 대한 그림이 유기적으로 그려진다.

창조에 대한 기독교 교리에 따르면, 모든 것은 하나님께 의존한다. 둔스 스코투스와 칼뱅이 옹호한 **신 명령 이론**divine command theory 또한 도덕이 하나님께 의존한다는 견해다. 즉, *선이란 하나님께서 뜻하신 것이며, 악bad이란 하나님께서 금지하신 것이다. 구약성서에서 야웨께서는 히브리인들에게 일련의 도덕법, 음식법, 의식법을 요구하셨다. 십계명은 사람들과 야웨 사이의 적절한 관계와 마찬가지로 사람들 서로 간의 적절한 관계도 요구한다. 예언서의 저자들은 하나님께서 사회에서 가장 약자인 어린이, 고아, 과부와 가난한 사람의 어려움에 대해 특별한 관심을 가지신다고 주장한다. 신 명령 이론은 소위 *에우튀프론 문제에 봉착한다.

예수님께서는 구약성서에 대한 바리새인들의 규칙 준수적 이해를 거부하신다. 그분은 내면의 도덕적이고 영적인 변화가 없는 단순히 외적인 행동은 공허한 것이라고 가르치셨다. 팔복(마태복음 5장)에서 예수님께서는 심령이 가난한 사람, 온유한 사람, 의에 주린 사람, 긍휼히 여기는 사람, 마음이 청결한 사람에게 복이 예비되어 있다고 선포하셨다. 나중에 그분은 '단지 살인하지도 간음하지도 않았기 때문에 스스로를 의롭다고 믿는 사람들'을 책망하셨다. 우리가 가지고 있는 분노는 우리가 하는 행동만큼이나 우리의 불의함이 노출된 것일 수 있다. 예수님의 윤리적 메시지는 규칙보다 성품에 강조를 두는 것일 뿐

만 아니라 선에 대한 **공동체적** 이해를 강조한 것이다. 예수님의 윤리는 이미 **사회** 윤리였고, 언제나 사회 윤리라고 말할 수 있다. 특히 예수님의 제자들은 "평화로운 나라"의 구현자가 됨으로써 세상을 향한 증인이 되어야 한다. 따라서 사랑에 관한 예수님의 계명은 평화로운 사회 조직에 대한 비전, 심지어 원수까지 아우르는 비전을 가리킨다.

사도 바울은 내면의 도덕적 변화에 대한 예수님의 강조를 화합된 공동체에 대한 강조와 결부하여 발전시킨다. 바울은 사랑, 희락, 화평, 오래 참음, 자비, 양선, 충성, 온유, 절제를 "성령의 열매로" 권고한다(갈라디아서 5:22-23). 달리 말하면, "선"이 요구되는 성품의 변화는 우리 자신이 가진 자원으로 이룰 수 있는 것이 아니다. 우리는 선해지기 위한 은혜가 필요하다. 그리스도인들은 **자신의 행동에서** 자신의 고백이 진리임을 입증한다. 따라서 바울은 요한1서에서 메아리치는 주제와 같이, "사랑 안에서 서로 섬기라"고 사람들에게 간청하면서, "온 율법은 '네 이웃 사랑하기를 네 자신 같이 하라' 하신 하나의 말씀으로 요약된다"라고 결론을 내린다. 이 사랑은 교회, 즉 부름 받은 공동체(에클레시아)가 일치와 평화의 정신을 구현하는 방식으로 입증된다(에베소서 2장, 빌립보서 2장). 이렇게 성품에 초점을 맞추면, *아퀴나스가 기독교 윤리를 덕 윤리로 전개한 것은 당연하다. 그러나 아퀴나스는 *아리스토텔레스와는 달리, 우리가 우리의 삶이 악덕에서 미덕으로 변화되기 위해 필요한 은혜를 얻을 수 있다고 믿었다.

그리스도인들은 이따금 '이생에서의 어떠한 선함에도 관련이 없는 삶'에 너무 많이 초점을 맞추는 "피안성"otherworldliness으로 인해 비난받는다. 그러나 성서는 그리스도인들이 그저 천국에서 모든 것을 바로잡으실 하나님을 기다리라고 가르친다기보다, 지금 여기에서 이 세상을 변화시키도록 부름받았다고 분명히 가르친다.

어떤 사람들은 도덕을 규칙으로 접근하고, 어떤 사람들은 덕으로 접근하지만, 그럼에도 대부분의 기독교 윤리학자들은 선한 삶이 풍요롭고 행복하리라고 믿는 행복주의자들eudaimonists이다. 하나님은 선함이 인간의 *행복에 도움이 되도록 우리를 만드셨다. 이러한 견해에 따르면, 도덕적인 삶은 인간의 가장 깊은 필요와 욕망을 충족시킨다. 아우구스티누스가 쓴 것처럼, 만약 우리의 가장 깊은 욕망이 하나님을 향한 것이라면, 우리 존재의 중심에 하나님이 없이 선한 삶은 불가능하다.

함께 보기 #목적론 #본질·본질주의 #아리스토텔레스 #아우구스티누스 #아퀴나스 #에우튀프론 문제 #윤리학 #인간 본성 #정의 #존재와 선함 #칸트 #플라톤·플라톤주의 #행복

참고 문헌 C. S. Lewis, 『순전한 기독교』(*Mere Christianity*); John Hare, *Why Bother Being Good?*; idem, *The Moral Gap*; Daniel J. Harrington and James Keenan, *Jesus and Virtue Ethics*; Benedict M. Ashley, *Living the Truth in Love*; David John Atkinson, ed., *New Dictionary of Christian Ethics and Pastoral Theology*; Stanley Hauerwas, *The Peaceable Kingdom*; Robin Gill, ed., *The Cambridge Companion to Christian Ethics*.

이성·합리성

Reason/Rationality

이성이란 *진리에 도달하는 인간의 능력 또는 실재와 "접촉하는" 인간의 능력으로, 이따금 인간 *마음의 "기능"으로도 묘사된다. 이성적이라는 것은 참된 믿음을 얻기 위해 최선을 다하는 사람의 자질이다. 이성적인 것의 목표는 참된 믿음을 얻는 것이다. 우리는 진리 추구자이며, 이성은 그러한 목적을 위한 수단이다.

합리성이란 **무엇을** 믿느냐가 아니라, **어떤 방식으로** 믿느냐에 대한 문제다. 합리성은 진리와 동일시되지 않는데, 왜냐하면 "타당한 이유"를 가지면서도 그릇된 것을 믿을 수 있기 때문이다. 샘이 어떤 사건에 관한 아무개의 증언을 믿고 있는데, [그 사건과는 직접적인 관계가 없는] 다른 면을 봤을 때 충분히 신뢰할 만한 사람이었기 때문이라고 가정해 보자. 그런데 샘은 알지 못했지만, 그 사람은 거짓말을 하고 있었고, 그럼에도 샘은 그 사람이 거짓말을 하고 있다고 믿을 만한 적절한 이유를 가지고 있지 않다. 샘은 그 사람이 말한 것을 믿으며, 합리적인 절차를 따르는 것으로 보이지만, 그러나 그릇된 것을 믿는다. 그래서 사람은 합리적이면서도 그릇된 믿음을 가질 수 있다.

합리성은 또한 **사람**과 **상황**에 따라 다르다. 즉, 특정한 사회역사적 시

간과 장소에 있는 어떤 사람에게 합리적인 것이, 다른 시간과 장소에 있는 다른 사람에게는 합리적이지 않을 수 있다. 이천 년 전 대부분의 사람들에게는 지구가 평평하다고 믿는 것이 합리적이었지만, 이제는 더 이상 대부분의 사람들에게 합리적이지 않다. 이것은 *상대주의를 의미하는 것은 아니다. 왜냐하면 상대주의자는 '지구가 평평하다고 믿는 사람들에게는 지구가 평평하다는 것이 사실이며, 또한 지구가 둥글다고 믿는 사람들에게는 지구가 둥글다는 것이 사실'이라고 주장하기 때문이다.

실재를 파악하기 위해서, 우리는 기억, 지각, 귀납추론, 연역추론과 같은 우리의 인지 기능이나 능력을 사용하고 신뢰해야 한다. 이 능력들은 우리가 지닌 이성적 힘의 총합이다. 그러나 우리는 또한 잘못된 생각을 가질 수도 있음을 안다. 우리는 '적절한 상황에서 우리의 인지 기능들에 의해 생성된 믿음을 거부할 만한 적절한 이유'가 없다면, 그러한 믿음들을 신뢰해야 한다. 믿음이 정상적으로 신뢰할 만한 과정에 따라 형성된다면, 그 결과 정상적으로 참 믿음이 나온다. 우리가 이러한 문제들에 대한 진실한 진리 추구자라면, 참된 믿음에 이르도록 도우며 거짓된 믿음을 제거하기 위해 다음과 같은 두 가지를 기꺼이 수행해야 한다. 첫째, 우리가 할 수 있는 한 최선을 다해, '인간의 근본 관심사에 대해 직접적으로 생성된 믿음'을 뒷받침하는 증거를 찾아야 한다. 증거는 진리에 이바지하며 기초 신념에 신빙성을 부여할 수 있다. 둘째, 잘못된 믿음들을 뿌리뽑기 위해 반대되는 증거에 열려 있어야 한다.

몇몇 기독교 전통에는 이성에 대한 깊은 의심이 있다. 루터는 이성이 악마의 매춘부라고 주장했다. 블레즈 파스칼은, 신앙은 단지 이성과 관련된 것이 아니라 가슴과 관련된 것이라고 열렬히 믿었다. 하지만 이 두 경우에는 그들이 거부했던 합리성 개념, 즉 *스콜라 철학의 합리성 개념과 *계몽주의의 합리성 개념을 의심할 만한 적절한 이유가 있었다. 스콜라 철학은 이성의 능력에 대해 지나치게 낙관적이었으며, 계몽주의는 합리적인 것의 범위를 지나치게 제한하였다. 일부 그리스도인들은 성서의 권위를 존중하기 위해 이성을 폄하한다. 그러나 그리스도인들은 어떠한 경전이 하나님의 말씀인지, 성서 구절이 문학적인 문맥 안에서 무엇을 의미하는지, 성서 구절이 어떻게 해석되어야 하는지, 성서 구절이 더 큰 신학적 맥락에서 해야 하는 역할이 무엇인지에 대해 합리적인 판단을 내려야 한다. 요컨대, 그리스도인들은 신학적 진리를 파악하기 위한 도구인 이성을 폐기할 수 없다.

함께 보기 #계몽주의 #관점주의 #데카르트 #미결정성 #상대주의 #상식 철학 #스콜라 철학 #이성과 믿음(하나님에 대한) #인식론 #자연 신학 #진리 #하나님(신앙의)

참고 문헌 W. Jay Wood, *Epistemology*; Kelly James Clark, 『이성에로의 복귀』(*Return to Reason*); Alvin Plantinga, *Warranted Christian Belief*; Alfred Mele, ed., *The Oxford Handbook of Rationality*.

이성과 믿음(하나님에 대한)

Reason and Belief in God

*이성과 하나님(*전능하시고, 완벽하게 선하신 우주의 창조주)께 대한 믿음의 관계는 무엇인가? 한쪽 극단에서는 이성적인 믿음이 다소 엄격한 종류의 증거를 요구한다고 주장하고(증거주의), 또 다른 극단에서는 하나님에 대한 믿음이 '이성과 반대됨으로 또는 이성을 무시함으로' 유지된다고 주장한다(신앙주의).

이성과 믿음(하나님에 대한)에 대한 가장 최근의 논쟁은 **증거주의**evidentialism에 중점을 두고 있다. 증거주의는 자신의 믿음(하나님에 대한)이 합리적임을 보여 줄 증거나 논거를 가지고 있어야 한다고 주장한다. 믿음(하나님에 대한)에 대한 증거주의자들의 반론은, 충분한 증거나 논거 없이 하나님을 믿는 것은 비합리적인데, 실제로 하나님의 존재에 대한 충분한 증거나 논거가 없다는 것이다. 그러므로 비록 하나님께서 실제로 존재하신다 하더라도, 증거가 없으면 하나님을 믿는 것이 비합리적이다. 증거주의자들은 하나님의 존재를 반증하려 하는 것이 아니라, 하나님을 믿는 것에 대한 신빙성을 떨어뜨리려고 한다.

일부 유신론자들은 **유신론적 증거주의**theistic evidentialism를 지지하는데, 이는 증거주의를 긍정하면서 하나님의 존재에 대한 충분한 증거가 있다고 주장하는 것이다. **상식적 증거주의**sensible evidentialism는 유신론 공동체에 속한 누군가가 하나님의 존재에 대한 증거를 가지고 있기 때문에, 하나님에 대한 믿음이 합리적이라는 견해이다. 상식적 증거주의는 믿음이 합리적이기 위한 증거가 필요함은 인정하지만, 각각의 사람들이 유사-철학자가 되어야만 할 것 같은, 그래서 하나님의 존재에 대해 제기된 증명이나 반증을 모두 주의 깊게 연구해야 할 것만 같은 식의 불편한 함의에 대해서는 반대한다.

신앙주의fideism는 하나님에 대한 믿음이 '이성 없이' 혹은 심지어 '이성과 반대되게' 받아들여지고 유지되어야 한다는 주장이다. 이성이 하나님에 대한 믿음과 대치되는 것이라면, 믿음은 이성으로 인해 훨씬 더 안 좋아질 것이다. 신앙주의에 대한 최신의 변증을 찾아보기란 어려운 일인데, 이는 신앙주의가 서양 철학에서 "공산주의자"나 "근본주의자"만큼 인기 없는 용어이기 때문이다. 그러나 신앙주의라는 용어는 이따금씩 증거주의를 거부하는 사람들(*키에르케고어나 *파스칼의 경우와 같은) 또는 "증거"를 구성하는 것이 이미 *신앙에 의해 결정된 것이라고 주장하는 사람들(코넬리우스 반틸이나 헤르만 도여베르트의 경우와 같은 사람들—이 둘 모두 개혁주의 전통에 있다)을 느슨하게 묘사하는 데 사용되기도 한다.

이성과 믿음(하나님에 대한)에 대한 가장 두드러진 최신의 변증은 **개혁주의 *인식론**Reformed epistemology이라 불리는 것이다. 개혁주의 인식론은 하나님에 대한 믿음이 합리적이기 위해서 증거의 지지나 논거가 요구되지 않는다고 주장한다. 이러한 견해의 옹호자는 앨빈 플랜팅가와 니콜라스 월터스토프다. 개혁주의 인식론은 종종 칼뱅과 관련되지만, 그 교리는 *아우구스티누스와 *아퀴나스와 같은 사상들에게서도 발견된다. 증거주의적 반대자들은 주장하기를, 합리적 믿음에는 충분한 증거가 요구되는데, 하나님의 존재에 대한 증거는 충분하지가 않다. 따라서 하나님에 대한 믿음이 비이성적이라고 주장한다. 그러나 증거에 대한 증거주의자들의 보편적인 요구가 갖는 문제는, 우리가 가진 인지적 능력으로는 수많은 경우에 있어서 그러한 요구가 간단히 충족될 수 없다는 것이다. 어느 누구도 타인의 존재를 증명할 수 없고, 우리의 5분 전 기억을 고스란히 불러올 수도 없으며, 과거의 실재도 미래에 태양이 떠오른다는 것도 증명할 수 없다. 이러한 목록을 계속 나열할 수 있다. 인간이 증명할 수 있는 것에는 한계가 있다. 우리는 우리의 인지 기능을 신뢰하지 않을 수 없다. 우리가 모든 것에 대해 증명을 요구받는다면, 증명에 대한 무한퇴행이 있을 것이다. 우리가 그저 받아들여서 그로부터 추론할 수 있는 몇몇 진리가 있어야 한다. 우리는 믿음들을 생산해 내는 인지 기능을 갖추고 있으며, 그런 믿음**으로부터** 추론이 가능하다. '우리가 추론하여 **나온** 믿음들'은 '증명의 도움 없이 받아들이고 있는 그리고 받아들여야 하는 믿음들'의 작은 하위집합이다. 대부분의 경우, 우리는 적절한 상황에서 믿음을 생산하기 위해 증거나 논거 없이 천부적인 지적 능력에 의존한다. 하나님이 우리를 창조하셨다는 것을 인지적 기능으로, 즉 증거나 논거 없이 하나님에 대한 믿음을 생산하는 '**신감각**'神感覺; *sensus divinitatis*을 통해 믿는 것은 합리적인가?

어떤 사람이 논증할 필요 없이 하나님을 믿는 것이 타당하다고 또는 합리적이라고 믿을 만한 이유는 적어도 두 가지가 있다. 첫째, 우리가 가진 대부분의 인지 기능은 직접적으로 믿음을 생산하기 때문에, 증거나 논거 없이도, 신감각이 하나님에 대한 믿음을 직접적으로 생산한다고 생각할 만한 좋은 귀납적 근거가 있다. 둘째, 하나님에 대한 믿음은 과학적 가설에 대한 믿음보다는 어떤 사람에 대한 믿음에 가깝다. 인간관계는 신뢰와 헌신, 그리고 신앙을 요구한다. 하나님에 대한 믿음이 원자에 대한 믿음보다 타인에 대한 믿음에 더 가깝다면, 인격체에 적합한 신뢰가 하나님께 적합할 것이다.

함께 보기 #계몽주의 #모더니티·모더니즘 #변증학 #상식 철학 #신앙과 이성 #신 존재 논증 #이성·합리성 #인식론 #자연 신학 #칸트 #키에르케고어 #파스칼 #프로이트 #하나님(신앙의) #흄
참고 문헌 Nicholas Wolterstorff, 『종교의 한계 내에서의 이성』(*Reason within the Bounds of Religion*); Kelly James Clark, 『이성에로의 복귀』(*Return to Reason*); Stephen Davis, *God, Reason and Theistic Proofs*; Pope John Paul II, 『신앙과 이성』(*Fides et Ratio*); Alvin Plantinga, ed., *Faith and Rationality*; Alvin Plantinga, *Warrant and Proper Function*.

이원론·일원론

Dualism/Monism

"이원론"은 세계에 두 종류의 존재, 즉 물질적인 존재와 비물질적인 존재가 있다는 확신을 기술하기 위해 가장 폭넓게 사용되는 말이다. 이원론은 세계에 오직 한 종류의 존재만 있다고 주장하는 일원론과 대조된다. 일원론자 중

에는 실재가 물질이라고 주장하는 **물질 일원론자**material monist와, 실재가 단지 정신이나 관념이라고 주장하는 **관념론자**idealist가 있다. 고대의 일원론자 중 가장 유명한 사람은 소크라테스 이전의 사상가인 파르메니데스다. 그는 실재가 하나라고 주장했다. 파르메니데스에 따르면, 실재는 *진리와 연결되어 있는데, 진리는 하나이며 결코 자기 자신과 모순되지 않는 것이다. 따라서 실재 또한 반드시 하나다. 결과적으로 파르메니데스는 가시 세계와 실재 세계를 예리하게 구분하였다. 그는 변화가 실제로 일어난다는 것을 부정하였다. 변화는 환상이다. 이러한 생각은 *플라톤이 *이성(실재 그대로의 세계를 알 수 있는)과 경험(보이는 세계만을 알 수 있는)을 대조하게끔 하였다. 반면에 데모크리토스와 같은 고대 유물론자들은 세계는 보이는 그대로라고 주장하였으며, 결과적으로 모든 것이 물질이라고 믿었다. 근대 유물론(*자연주의)은 유물론적 일원론의 한 형태다. 비물질적인 유형의 일원론자 중에는 실재가 궁극적으로 정신이라고 믿었던 조지 버클리가 있다.

대부분의 기독교 전통은 완강하게 이원론을 고수한다(존재론적 의미에서). 성서에 따르면, 하나님은 물질적 존재가 아니시다. 하나님은 영이시며(요한복음 4:24), 몸을 가지고 계시지 않다. 그래서 기독교 사상가들은 실재가 물질적인 것이나 물리적 사건으로 환원될 수 없다고 생각하였다. 그러나 실재의 "영적" 차원에 가치를 부여하여 지지하는 방식은 특정 기독교 전통이 물질적 세계를 평가 절하하도록 만들거나, 선함에 위계를 부여하여 물질적인 즐거움을 목록의 아래쪽에 두도록 만든다. 현대 기독교 사상이 직면한 도전은 물질에 반대되는 정신 또는 정신에 반대되는 물질이라는 갈등을 피하는 것이다. 이러한 측면에서, 물질의 선함을 긍정하는 창조(창세기 1:31)와 성육신(요한복음 1:14)에 대한 기독교 교리를 상기하는 것이 중요하다.

현대의 철학적 논의에서 이원론은 보통 인간의 *마음과 물질의 구분(그리고 흔히 물질**에 대해** 마음을 특권화하는 것)을 말한다. 신학적 측면에서, 이원론은 몸과 영혼 사이의 구분을 말한다. 이러한 구분의 한쪽 측면이 다른 쪽 측면으로 환원될 수 있는지 여부와, 양 측면 모두에 합리적인 설명이 주어질 수 있는지 여부에 대해 논쟁이 분분하다. 신학적인 차원에서 이러한 논쟁은 '인간의 정체성'과 '죽음 이후에도 지속되는 영혼의 존재'에 대한 문제에 초점이 맞추어진다.

함께 보기 #관념론 #데카르트 #마음·영혼·정신 #무신론 #본질·본질주의 #부활·불멸성 #실체 #원인·인과성 #인간 본성 #자연주의·유물론 #플라톤·플라톤주의 #형이상학·존재론 #환원주의

참고 문헌 W. K. C. Guthrie, *A History of Greek Philosophy, vol. 2: The Presocratic Tradition from Parmenides to Democritus*; Colin Gunton, *The One, Three and the Many*; Joseph Bracken, *The One in the Many*; Gordon Baker, *Descartes' Dualism*.

인간 본성

Human Nature

    인간 개인의 *본질. '무엇이 우리를 인간으로 만드는가?'하는 질문에 대한 대답은 종종 '모든 인간들이 지니는 본질적 속성들의 목록'이나 '인간들이 따라야 하는 규범적 이상'을 의미하는 것으로 여겨졌다. 기독교 전통은 하나님의 형상imago Dei으로 창조되었다는 말을 사용하여 오랜 세월 동안 인간 본성에 대한 개념을 형성해 왔다. 기독교에서 다뤄지는 인간 본성은 보통 무엇이 인간을 동물 및 천사와 구별해 주는가에 대한 설명이다. 이는 하나님과 인간 또는 인간과 동물 사이의 유사점/차이점을 숙고해 봄으로써 발견될 수 있다. 합리성, 사회성, 영성, 도덕성과 같은 개념이 논의에 관계된다.

    18세기에 *계몽주의의 출현으로 하나님이 우리 인류의 근거가 아니라고 생각하는 것이 점차 일반화되었다. 그럼에도 불구하고 대부분의 사람들은 인간의 모든 문화와 인간의 개별적인 차이의 근저에는 보편적이고 공통적인 인간 본성이 있다고 믿었다. 공통적인 인간 본성이 없다면, 여러 사회를 한데 묶어 줄 공통의 *윤리적 근거도 없기 때문이다. 계몽주의에서 공통적으로 수용된 인간의 본질은 *합리성과 *자유 의지였다(여성은 두 측면 모두 결여되어 있다고 생각되었었다).

    찰스 다윈은 『인간의 유래』Descent of Man에서 인간의 본성과 실현에 대한 근본적으로 새로운 관점을 위한 길을 열었다. 다윈에 따르면, 인간의 본성은 특별할 게 없다. 우리는 맹목적인 돌연변이, 생존 경쟁, 시간의 예기치 않은 결과이

지, 사랑의 하나님께서 미리 예정하신 계획이 아니다. 우리는 털 없는 유인원이지, 날개 없는 천사가 아니다. 우리는 위로부터가 아니라 아래로부터 우리 자신을 이해해야 한다. "여전히 인간의 몸의 구조 속에는 저급한 기원이 지워지지 않는 흔적으로 남아 있다."

　*니체 이래로 공통적 또는 보편적 인간 본성에 대한 확신이 다소 좋지 않게 평가받고 있다. 니체는 다윈의 사상에 깊은 영향을 받아서, 인간이 동물과 전혀 다른 것이 아니라는 혁명적인 생각을 늘 마음에 품으면서, 인간의 심리에 대해 깊이 사색하였다. 니체가 자신의 작품에서 표현한 것처럼, "전에는 인간이 자신의 신적인 **기원**을 가리킴으로써 스스로 고상하다는 느낌을 추구했다. 그러나 이것은 이제 금지된 길이 되었는데, 자신의 기원에 유인원이 위치하고 있기 때문이다." 그는 다음과 같은 식의 질문을 던졌다. 왜 동물의 자손들이 도덕성과 양심을 개발하는가? 기독교와 도덕은 어디로부터 왔는가? 우리는 도덕과 종교를 통하여 우리 자신을 자연 위로 치켜세우려 하지만, 우리는 자연의 일부이다. 우리는 털 없는 원숭이다. 니체는 무엇이 우리의 가장 깊은 욕망을 정말로 만족시킬 수 있는지를 보기 위해, 우리 인간/동물의 본성을 깊이 들여다보았다.

　20세기에는 대체로 공통된 그리고 고정된 인간 본성을 거부하게 되었는데, 인간의 차이점(민족, 인종, 성별, 계급 등)을 점점 식별하게 되었고, 또한 권력 행사에 기대지 않고서는 인간 본성에 대한 논란을 합리적으로 해결할 수 없기 때문이다. 더욱이, 종교적으로 그리고 *형이상학적으로 명백히 지지받았던 인간 본성에 대한 전통적인 견해는 여자와 노예와 가난한 사람들과 이방인들에 대한 체계적이고 제도적인 불평등을 정당화하기 위해 사용되었다는 것이 널리 알려졌다. 공통된 인간 본성 개념을 거부하면서, 사람들이 제한이나 억제 없이 자기 자신의 성향을 자유롭게 만들어 가게 되었다는 믿음, 정확히 말하면, 전통 종교나 도덕이 부여한 관습의 억압 없이 내가 되고 싶은 모습이 될 수 있도록 자유로워졌다는 믿음이 생겨났다. 그러나 이러한 계획이 어떤 식의 본질주의로 슬그머니 회귀하지 않고도 가능하다고 상상하는 것은 어렵다. 말하자면, 인간이 본성적으로 자기 자신을 마음대로 충분히 형성할 수 있을 만큼 철저히 자유로운 개인임을 믿어야 이것이 가능하다.

최근에는 인간 본성에 대한 "고립주의적" 모델에 반발하여, 철학자들은 인간 본성의 공동체적 측면에 대한 이해를 높이고 있다. 기능주의자(무엇을 하는지에 따라 사람을 정의함)와 본질주의자(개인적 특성에 따라 사람을 정의함)는 공동체 안의 관계에 따라 정의되는 더 큰 인간성의 맥락을 충분히 포착하지 못한다. 기독교 사상가들은 이러한 변화 속에서 큰 목소리를 내었다. 그들은 하나님의 삼위일체triunity가 그 중심에 있어 "관계적"이라고 생각했다. 따라서 삼위일체 하나님의 관계적 정체성은 '관계 속의 인격체'를 지으신 창조에 반영되어 있다. 인간의 본성은 단지 개인에게 속한 특징이 아니라 관계 안의 개인에게 속한 특징이다. 이것은 우리 자신에 대해서 생각할 때 어떤 특성이나 기능을 지닌 고립된 자아로서가 아니라, 오히려 우리의 성격과 우리의 관계(하나님과의 관계를 포함하여)의 복합체로서 자신을 생각하라고 주장하는 것이다.

함께 보기 #마음·영혼·정신 #본질·본질주의 #실존주의 #윤리학 #윤리학(성경적) #이원론·일원론 #자아 #자유 의지 #정의 #존재와 선함 #파스칼 #페미니즘·페미니스트 철학 #행복

참고 문헌 Roger Trigg, 『인간 본성에 관한 10가지 철학적 성찰』(*Ideas of Human Nature*); Leslie Stevenson and David Haberman, 『인간의 본성에 관한 10가지 이론』(*Ten Theories of Human Nature*); Alistair McFayden, *The Call to Personhood*; Ian Barbour, *Nature, Human Nature, and God*; Leroy Rouner, ed., *Is There a Human Nature?*; Hunter Brown, ed., *Images of the Human*.

인과성 ▸▸ 원인·인과성 115

인식론

Epistemology

간혹 "지식 이론"이라고도 불리는 인식론은 믿음과 믿음에 대한 정당화 또는 보증warrant에 대한 것이다. 인식론은 다음과 같은 질문들을 다룬다. 인간 지식의 기원과 범위는 무엇인가? 인간 지식의 본질은 무엇인가? 과연 우리는 무언가를 조금이라도 알 수 있는가? 인식론은 *데카르트에서부터 *계몽주의 기간 내내 철학의 중심 주제가 되었다. 기독교의 고백과 신학이 하나님에 대한 지식을 필요로 한다는 점에서 인식론적 질문은 신학적 숙고의 핵심이다.

지식에 대한 표준적인 이해는 **'정당화된 참 믿음'**justified true belief (JTB)이다. 만

약 'p'라는 사람이 명제 x를 믿고, x에 대한 p의 믿음이 정당화되며, x가 참'인 경우에만, p라는 사람이 x를 아는 것이다. 어떤 사람이 무언가를 믿는데, 그 믿음이 틀린 것일 수는 있다. 그러나 틀린 것을 믿으면서 안다고 할 수는 없다. 예를 들어 지구가 평평하다고 믿을 수는 있지만, 지구가 평평하다는 것을 안다고 할 수는 없다. 오직 참된 진술에 대해서만 안다고 할 수 있다. 그리고 지식은 단순한 의견 이상의 것이므로, 반드시 정당화되거나 보증되어야 한다. 어떻게 인간이 다양한 지식의 영역에 접근하며, 무엇이 믿음을 정당화하는지에 대한 많은 이론들이 있다. 신학 내에서, "정당화된 참 믿음"에 대한 이 질문은 하나님에 대한 지식을 주장함에 있어, 무엇이 이 주장을 정당화하는지에 대한 성찰을 요구한다.

합리론rationalism에서는 지식에 대한 가장 근본적인 사항들을 이성을 통해 알 수 있다고 주장한다. 합리론자들은 전형적으로 경험적인 믿음을 격하한다. *근대 시기에 합리론자들은 본유 관념에 대한 학설을 고수했다. 즉, 고정되어 있으며 불변하는 *마음에 아로새겨진 제1원리가 있으며, 이 원리는 세계에 대한 우리의 지식 구조를 형성한다.

경험론empiricism은 본유(생득)적 지식을 거부하고 모든 지식이 경험으로부터 파생된다고 주장하는 지식에 대한 접근법이다. 먼저 아무것도 감각 속에 들어오지 않았다면, 아무 것도 마음속에 없다는 *아리스토텔레스의 주장을 생각해 보라. 존 로크는 우리의 마음이 오직 경험에 의해서만 기록될 수 있는 백지라고 주장했다. 몇몇 경험론자들은 하나님을 믿는 것에 대해 적대적이지만 (그중에서도 특히 *흄과 *실증주의자들), 가장 잘 알려진 몇몇 경험론의 옹호자들(아리스토텔레스, *아퀴나스, 로크)은 유신론자였다.

순수 합리론자나 순수 경험론자는 거의 없다. 합리론자들에게는 마음 밖으로 나와서 경험 세계로 들어가는 것이 어려운 문제다. 순수 합리론자들은 대개 존재하는 모든 것이 마음이나 정신이라고 믿는 관념론자들이다. 경험론자들에게는 *논리학과 수학과 같이 지식에 대한 비경험적 사항들을 정당화하는 것이 어렵다. 순수 경험론자들은 현재의 경험을 제외한 모든 것에 대한 회의주의로 빠질 수 있다.

토대론과 정합론은 정당화된 믿음의 구조에 대한 두 그림이다. **토대론**

foundationalism은 우리의 믿음 중 일부는 스스로 정당화되거나(논리학과 산수) 또는 즉각적으로 정당화되어서(지각적 믿음) 누군가의 믿음의 토대에 속한다고 주장한다. 그 나머지 믿음은 즉각적으로 정당화된 토대적 믿음에 근거하되, 추론 규칙에 따라서 근거해야 한다. 그 결과 나타나는 정당화된 믿음의 그림은 피라미드와 닮았다. 가장 엄격한 형태의 토대론(고전적 또는 데카르트적 토대론)은 받아들여지지 않는다. 왜냐하면 기초 믿음으로 허용되는 것이 너무 적어서 인간의 모든 중요한 믿음을 정당화하기에는 충분하지 않고, 그래서 회의주의로 이어지기 때문이다.

정합론coherentism은 기초 믿음이란 없으며, 한 사람이 가진 모든 믿음은 추론적이라고 주장한다. 정당화된 믿음에 대한 정합론의 그림은 서로 밀접한 관계가 있는 믿음의 덩어리로 짜여진 망web이다. 이 망 안에 있는 몇몇 믿음들은 더 중심적인 것이고, 다른 믿음들은 더 지엽적인 것이다. 믿음이 정당화되는 경우는, 그 믿음이 '정합적인 믿음들로 구성된 집합의 최대치'의 부분인 경우에 한하여 정당화된다. 정합론은 종종 받아들여지지 않는데, 왜냐하면 누군가의 '정합적인 믿음들로 구성된 집합의 최대치'가 실재와 전혀 관련이 없을 수도 있기 때문이다.

정당화된 지식에 대한 **탈토대론적**postfoundationalist 설명이 *철학과 기독교 신학 모두에서 나타나기 시작했다. 앨빈 플랜팅가는 다음과 같은 보증이라는 강력한 유신론적 설명을 제시했다. 설계 계획에 따라서 작동하는 우리의 인지 기능이 적절하게 기능함으로써 어떤 믿음을 생산한다면, 그 믿음은 보증된 것이다. 그는 이 설명을 '보증된 기독교 믿음'warranted Christian belief을 옹호하기 위해 사용해왔다. 신학에서는 (린드백과 하우어워스와 관련된) 후기자유주의가 지식에 대한 토대론적 이론을 비판하기 시작했고, 기독교 믿음의 보증에 대한 비토대론적 설명을 제공하였다.

함께 보기 #계몽주의 #니체, 데카르트 #상식 철학 #실재론·반실재론 #실증주의 #이성·합리성 #이성과 믿음(하나님에 대한) #자연 신학 #진리 #초월

참고 문헌 W. Jay Wood, *Epistemology*; Kelly James Clark, 『이성에로의 복귀』(*Return to Reason*); Robert Audi, *Epistemology: A Contemporary Introduction*; George Lindbeck, *The Nature of Doctrine*; Alvin Plantinga, *Warrant*; idem, *Warrant and Proper Function*; idem, *Warranted Christian Belief*.

일상 언어 철학

Ordinary Language Philosophy

언어가 추상적인 철학적 문맥에서 기술적으로 사용되는 것과 대조적으로, 일상적인 담론에서 기능하는 방식에 주의를 기울이는 철학적 운동. 이 운동은 1945년 이후 영국에서 꽃폈다. 그리고 이 운동의 중심인물로는 J.L. 오스틴, 길버트 라일, 존 위즈덤이 있다. 이 운동은 현대 *철학과 신학에서 *해석학적 논쟁의 중심이 되는 화행 이론speech-act theory의 발전에서 그 중요성이 계속되고 있다.

일상 언어 철학은 후기 비트겐슈타인의 작업에서 영감을 얻었다. 후기 비트겐슈타인은 일상적인 대화에서 단어들이 사용되는 방식에 더 면밀히 주의를 기울임으로써, 전통 철학의 수수께끼가 종종 풀릴 수 있다고 주장하였다. "생각하지 말고, 보라"는 철학자들에 대한 그의 책망은, 사람들의 일상적인 담론 그대로 언어를 놓아두기 위해서, 추상적인 철학적 개념에 훼방을 놓는 것이었다. 단어들은 전체 언어 체계의 맥락 안에서 의미를 지니며, 언어의 틀로부터 조각조각 찢어져서는 안 된다. 단어가 일상적으로 사용되는 맥락 밖으로 나가서 단어에 특별한 의미를 부여하는 것은 대개 수수께끼를 해결하기보다 인위적인 수수께끼를 만들어 낸다. 예를 들어 철학자들이 하는 것처럼, *"진리"나 *"마음"과 같은 용어를 일상적인 대화에서 벗어나게 왜곡시켜서 거기에 특별한 의미를 부여하는 것은 일상적인 문맥에서는 완벽히 잘 이해될 수 있는 용어에 실체를 부여하는 것hypostatization으로 이어진다. 단어들은 특정한 언어적 맥락에서 특정하게 사용하도록 되어 있으며(**의미는 사용이다**), 진리나 마음에 대한 이론을 논의할 때와 같이 추상적인 개념으로 논의될 때 그 의미가 결여된다.

언어에 주의를 기울임으로써 단어가 일상적인 맥락에서 다양한 기능을 수행하기 위해 사용되는 방식에 대한 새로운 관심이 일어났다. 오스틴의 『말과 행위』How to Do Things with Words는 이러한 방법을 나타낸다. 언어는 행동의 수단인 만큼, 본래 개념의 도구가 아니다. 이 통찰은 화행 이론의 발전을 가져왔다. "문을 열어라"라는 말은 본래 사태를 묘사하기 위해서가 아니라, 오히려 화자가 청자에게 무엇인가를 하게 하려고, 즉 행동하게 만들려는 목적으로 사용된다. 화행 이론은 많은 철학자들이 선호하는 지시적인 진술들(세계 안의 대상을 가리키는 문장)이 오직 언어의 작은 부분일 뿐이라고 주의를 준다.

일상 언어 철학, 특히 화행 이론은 계시의 본성과 *해석학적 물음에 대한 기독교적 성찰에서 전면에 등장하게 되었다. 단어가 일상적으로 사용되는 방식에 주의를 기울이면 성서 속 단어의 의미를 조명하는 데 도움이 된다. 성서는 기술적인 신학 논문이 아니라, 대개 다양한 일상적인 방식과 상황에서 기록된 이야기 모음이다. 성서의 저자들은 *'형이상학과 신학의 추상적인 언어'로 말하기보다 '역사적으로 조건 지어진 일상 언어'로 말하고 있다. 성서가 원래 기록된 언어에 대한 올바른 인식은 '오직 용어에 대한 좁은 의미만을 찾으려고 하는 *환원주의적인 신학적 주장'으로부터 떠나도록 만들어 준다.

함께 보기 #비트겐슈타인 #실증주의 #종교 언어 #해석학

참고 문헌 Charles E. Caton, *Philosophy and Ordinary Language*; Oswald Hanfling, *Philosophy and Ordinary Language*; Tim Ward, *Word and Supplement*; Nicholas Wolterstorff, *Divine Discourse*.

일원론 ▶▶ 이원론 · 일원론 126

자아 (자기 자신)

Self

인간 정체성의 중심으로, 종종 자아는 그 사람과 동일한 것으로 여겨진다. 자아라는 용어가 철학적으로 사용된 것은 상당히 최근의 일이며, 정체성을 구성하는 필수적인 측면을 모두 포함하는 것으로 사용된다. 자아는 단순히 "의식"이나 *"마음"만을 의미하지 않고, 자신에게 구현된 측면과 과거의 경험 및 사회문화적으로 형성된 부분까지도 의미한다.

*데카르트와 *칸트 및 여러 철학자들은 보통, "자아"를 비교적 고정적이고 추상적인 (그리고 비물질적인) 실체로 여겼다고 비난 받는다(이들에게는 누군가의 정체성이 합리성에 의해 정의된다). 이들은 자아를 주로 비역사적인 것, 즉 합리적이고 의식적인 실체이며, 몸과 다소 밀접한 관련이 있는 것(하지만 몸

이 자아에 본질적이지는 않은 것)으로 보는 경향이 있다. 따라서 "나는 생각하는 사물thing이다."라는 데카르트의 주장처럼, "자아"는 보통 마음이나 에고ego 또는 의식과 동일시되었다. 그러나 이러한 문제들에 대해 데카르트와 다른 철학자들은 단순히 "나는 무엇인가?"(나의 본질은 무엇인가)에 대답하려고 한 것이지, "나는 누구인가"에 대답하려고 한 것이 아니기에, 자아에 대한 문제를 언급한 것은 아니었다.

　　19세기 후반, 몇몇 서구 철학자들이 '실존의 역사적인 성격'과 '역사가 우리의 정체성에 미친 영향'에 주의를 기울임으로써, 더욱 실존적인 물음, 즉 "나는 누구인가?"라는 물음이 더 전면에 등장했다. *키에르케고어와 *니체와 같은 인물들로부터 시작하여 딜타이와 *하이데거에 이르기까지, 철학자들은 "자아"가 역사적이고 문화적인 힘의 산물이라는 방식에 주목하기 시작했고, 또 구체화된 실존의 변화vagaries에 연결시켰다. 이 동일한 통찰은 성별gender의 특수성과 연결된 정체성에 대한 *페미니즘적 개념, 특히 성별의 사회적 구조 개념을 부채질하게 되었다. 그래서 *근대의 자아는 정해진 것인 반면, 이러한 현대 사상가들은 (비록 몇몇 원재료들이 "정해진" 것이기는 하지만) 자아를 **구성**construction된 것으로 여겼다.

　　일부 *포스트모더니즘은 "자아" 개념 자체에 대한 급진적 비판에 착수했다. 특히 질 들뢰즈와 미셸 푸코의 작업이 그러했는데, 이 둘은 니체 철학을 급진적으로 재현했다. 푸코에 따르면, "자아" 개념은 포스트모던적 종말을 맞이한 모더니즘의 발명품이다. 들뢰즈에게는 확고한stable 자아란 없기에, 오직 힘들의 유연한 결합체가 있을 뿐이다. 포스트모던적 자아는 주어진 것도 아니고 구성된 것도 아니며, 다만 거의 **용해된**dissolved 것이다.

　　자아에 대한 상반되는 두 가지 경향이 포스트모더니티에서 전개되었는데, 둘 다 자아성selfhood에 대한 신학적 설명에 반향을 일으켰다. 첫째, 자아를 정해진 것 또는 순전히 구조된 것으로 보기보다, 폴 리쾨르와 같은 많은 사람들은 자아를 **이야기된 것**(우리의 자아성은 **내러티브적** 구조다)으로 생각하기 시작했다. "나"는 내 **이야기**이다. 둘째, 에마뉘엘 레비나스와 장-뤽 마리옹과 같은 종교 철학자들은 주체로서의 우리의 정체성이 우선이며, 가장 우선적으로 책임 있는 주체임을 강조하였다. 우리는 타인에 대한 의무를 행하는 주체가 되도록 부르심을 받았다. 두 주제 모두 *아우구스티누스의 『고백록』*Confessiones*에서 구체화된 것임을 알 수 있으며, 또한 우리의 정체성이 "두렵고 떨림" 가운데 이루어지는 것이라는 신약성서의 개념이 반향되어 있다.

함께 보기 #니체 #데카르트 #마음·영혼·정신 #본질·본질주의 #아우구스티누스 #이원론·일원론 #인간 본성 #자유 의지 #칸트 #키에르케고어 #하이데거

참고 문헌 Calvin Schrag, *The Self After Postmodernity*(탈근대적 자아를 넘어서); Charles Taylor, *Sources of the Self*(자아의 원천들); Jean-Luc Marion, *Being Given*; Paul Ricoeur, *Oneself as Another*(타자로서 자기 자신); LeRon Shults, *Reforming Theological Anthropology*.

자연 신학

Natural Theology

신의 계시로부터 얻은 정보를 참조하지 않고, *이성과 경험에 기초하여 하나님의 존재를 증명하려는 시도. 자연 신학의 지지자들은 *아리스토텔레스로부터 *아퀴나스를 거쳐 현재에 이르기까지 다양하다. 자연 신학의 표준적인 근거가 되는 성구는 로마서 1장 20절이다. "이 세상 창조 때로부터, 하나님의 보이지 않는 속성, 곧 그분의 영원하신 능력과 신성은, 사람이 그 지으신 만물을 보고서 깨닫게 되어 있습니다. 그러므로 사람들은 핑계를 댈 수가 없습니다"(새번역).

고전적 자연 신학은 모든 이성적인 피조물이 받아들일 수밖에 없는 전제에 근거하여 하나님의 존재를 입증하려는 시도다. 만약 보편적으로 받아들일 수 있는(그리고 통설적이며 명백한) 전제들에 근거하여 하나님의 존재를 쉽게 추론할 수 있다면, 불신앙은 비합리적임을, 그리고 불신자는 하나님의 존재를 인정하지 않은 것에 책임이 있음을 보여 줄 수 있다.

유감스럽게도, 고전적 자연 신학의 기획은 실패하였다. 하나님의 존재에 대한 논증에 사용되는 핵심 전제는, *진리 또는 거짓을 결정하기 어려운 전제들이다. *신 존재 논증은 대개 경험에 뿌리를 두고 있음에도, 논란이 되는 *형이상학적 원리, 즉 이성적인 사람들에게 있어 합리적으로 일치하지 않는 형

이상학적 원리에 늘 의존하고 있다. 사실상 철학에서 모든 논증은 이러한 종류의 문제에 시달린다. 적어도 인간의 근본 관심에 대한 문제에서는 보편적으로 수용될 수 있는 전제가 거의 없다. 인간이 깊이 관심을 두는 영역, 예를 들면 *윤리, 정치, *인간 본성과 같은 영역에서, 합리적인 사람들은 다른 합리적인 사람들과는 아주 다르게 진리를 판단한다. 모든 사람을 합리적으로 만족시키기 위한 철학적 논증을 정당화하려는 모든 시도는 올가미와 망상이다. 그럼에도 불구하고 많은 현대 변증가들은 고전적 자연 신학자이다.

1950년대 이래로 기독교 철학자들 사이에서, 고전적 자연 신학으로부터 떠나서 신 존재 논증에 대한 더 합리적인 기준으로의 전환이 있었다. 그들은 합리적인 불일치가 가능함을 인식하면서, 신 존재 논증이 '이성적 피조물이라면 모두 받아들여야 하는 전제'에 한정되어야 한다는 주장을 거부하였다. 그 대신 다른 이들이 동의하지 않더라도, 자신이 합리적으로 받아들일 수 있는 전제로부터 논증할 수 있다고 주장하였다. 그래서 전제에 대한 물음은 '이성적 피조물이라면 모두 그 전제들을 받아들여야 하는가?'가 아니라, (합리적인 불일치에도 불구하고) '그 전제들을 합리적으로 받아들일 수 있는가?'이다. 만약 신 존재 논증의 전제들을 받아들이는 것이 합리적이라면(그러나 보편적으로 강제되는 것은 아님), 그러한 전제들로부터 따라오는 것(즉, 하나님)을 받아들이는 것이 합리적이다. 따라서 고전적 자연 신학의 지적 제국주의로부터 자유롭게 되면서, 최근의 신 존재 논증은 새로운 생명력을 발견하였다.

많은 칼뱅주의 사상가들은 자연 신학의 기획에 비판적이었다. 그들은 하나님에 대한 지식은 이성의 과업이 아니라 선물이라고 믿는다. 그리고 그들은 성경은 하나님의 존재를 상정하고 있으며("태초에…"), 하나님의 존재를 증명하려는 시도는 성경 어디에도 없음에 주목한다.

함께 보기 #변증학 #신 존재 논증 #이성과 믿음(하나님에 대한)

참고 문헌 Kelly James Clark, 『이성에로의 복귀』(*Return to Reason*); David Hume, 『자연 종교에 관한 대화』(*Dialogues Concerning Natural Religion*); Jaroslav Pelikan, *Christianity and Classical Culture*; Basil Mitchell, *The Justification of Religious Belief*.

자연주의·유물론

Naturalism/Materialism

우주가 전적으로 자연 법칙에 따라 작동하는 닫힌 체계closed system라고 주장하는 *무신론의 한 형태. **형이상학적 자연주의**metaphysical naturalism는 '세계가 *원인과 결과의 지배를 받는 일련의 자연적 과정'이라는 견해다. 따라서 *기적에 대해 그리고 아마 *자유 의지에 대해서도 닫혀 있다. 만약 모든 것이 시간과 공간 안에 존재한다면, 알려질 수 있는 모든 것은 과학적 방법을 통해 알 수 있다. '과학은 진보하고, 자연 현상에 대한 종교적인 설명은 축소되고 있다는 사실'은 자연주의를 뒷받침하는 증거로 받아들여지지만, 이는 잘 도출된 결론이라기보다 어떤 세계관을 상정한 것이다. 그럼에도 불구하고, 이는 현대 세계에서 가장 두드러진 세계관적 가정의 하나이며, 현대 *철학과 학문 모두를 지배하고 있다.

여러 다양한 성서학자들은 초자연적인 것을 부인하는 형이상학적 자연주의를 상정하고 있는데, 철학자 데이비드 *흄이라든지, 신학자 D. F. 스트라우스라든지, 신약학자 루돌프 불트만과 같은 여러 다양한 인물들에게 영향을 받은 것이다. 이 인물들은 현대 시대, 과학의 시대에서는 기적을 믿는 것이 더 이상 불가능하다고 주장하였다. 성서의 많은 부분들이 기적 이야기를 포함하고 있기 때문에, 성서에서 그러한 부분들은 반드시 "탈신화화"되어야 한다. 다시 말해, 순수 신화적인 요소들(즉, 기적을 포함하는 것들과 역사성이 의심스러운 것들)이 제거되어야 한다. 그 결과 "복음"은 '성서학자 또는 신학자들이 만든 (*실존주의나 마르크스주의와 같은) 철학적 관점이나 사회적 관점'을 전형적으로 담고 있는 탈초자연화된 예수와 관련된 것이 된다.

방법론적인 자연주의methodological naturalism는 더 겸손한 주장인데, 과학 연구가 '경험적 현상에 대한 자연적 설명을 탐색하는 것'에 국한하여 진행되어야 한다는 것이다. 예를 들면, 방법론적 자연주의자는 날씨와 종의 기원에 대해 자연적인 설명을 추구한다(자연을 뛰어넘는 설명은 추구하지 않는다). 이러한 실천은 유신론자들과 비유신론자들에게 똑같이 열려 있는 것이다.

자연주의의 한 종류인 **유물론**materialism은, 존재하는 것은 오직 다양한 형태의 물질과 에너지뿐이라는 일원론적 견해다. 유물론자들은 인간 인격을 설명함에 있어서, 비물질적인 정신에 대해서는 언급하지 않고 물질적 측면에서만 설명하려고 시도하고 있다.

함께 보기 #계몽주의 #르네상스 인문주의 #마르크스 #마음·영혼·정신 #무신론, 실증주의 #우주론 #원인·인과성 #윤리학 #이원론·일원론 #자유 의지 #철학 #포이어바흐 #형이상학·존재론 #흄

참고 문헌 J. P. Moreland and William Lane Craig, 『기독교 세계관의 철학적 기초』(*Philosophical Foundations for a Christian Worldview*; 한국어판은 분권으로 출간됨. 부록의 참고 문헌 목록 참조); J. P. Moreland and William Lane Craig, eds., *Naturalism*; Michael Rea, *World Without Design*; James K. Beilby, ed., *Naturalism Defeated*.

자유 의지

Free Will

　인간의 어떤 선택은 외부의 힘에 의해서든 유전자 구성에 의해서든 강제되거나 결정되지 않는다는 주장. 자유 의지에 대한 전형적인 정의는 달리 할 수 있는 능력이다. 예를 들면, 사과 먹는 것을 선택할 상황에 직면했을 때, 사과를 선택하거나 혹은 선택하지 않을 수 있는 경우, 아니면 사과 대신 오렌지를 선택할 수 있는 경우에만 자유로운 것이다. 만약 누군가 사과를 먹게끔 강제되었다면(예컨대, 손을 묶은 뒤 입 속에 강제로 사과를 넣는 경우), 그 사람의 행동은 자유로운 것이 아니다. 그 선택을 강제한 사람은 사과를 먹은 사람이 달리 행동할 수 있는 능력을 제거한 것이다. 자유 의지의 문제와 관련된 인간 인격에 대한 세 가지 주된 개념이 있는데, 강한 결정론과 약한 결정론 그리고 자유의지론이다.

　강한 결정론hard determinism에서는 인간의 모든 행동이 유전자에 의한 유전에 의해서나, 사회적 훈육에 의해서(아니면 유전과 환경 둘 다에 의해서), 혹은 하나님의 결정에 의해서 정해져 있다고 주장한다. 강한 결정론은 어떤 실제적인 선택이 있다는 것을 부정하므로, 자유 의지를 부정한다. 자신의 유전과 환경에 의해 프로그램된 대로 하거나, 하나님께서 정해 놓으신 대로 하는 것 외에는 달리 무언가를 할 수 없다. 결정론이 안고 있는 중대한 문제는 자유 의지가 도

덕적 책임을 위해 반드시 필요한 전제조건으로 보인다는 점이다. 만약 어떤 사람이 자유롭지 않다면, 그 사람의 행동에 대해 어떻게 그 사람을 비난할 수 있을지 알기 어렵다.

약한 결정론soft determinism도 여전히 결정론적이다. 약한 결정론은 모든 인간의 행동이 결정되어 있다고 주장하지만, 강한 결정론과는 다르다. 왜냐하면 인간의 몇몇 행동은 자유롭다고 주장하기 때문이다. 이 견해는 때로로 "양립 가능론"compatibilism으로 불린다. 결정론과 자유 의지가 양립 가능하다고 주장하기 때문이다. 결정론자들이 인간에게 달리 행동할 수 있는 능력이 있음을 부인하기 때문에, 약한 결정론자들은 자유 의지를 재정의한다―자유로운 행동과 자유롭지 않은 행동을 대조시킴으로써 그렇게 한다. 자유로운 행동이란 어떤 사람이 하기를 원하는 행동이며, 강요된 행동이란 어떤 사람이 하도록 강제된 것을 말한다. *아우구스티누스는 "선택의 자유"와 진정한 "자유 의지"를 의미 있게 구분하였다. 아우구스티누스에 따르면 죄인은 여러 다양한 죄를 선택할 수 있다. 그러나 의지가 타락했기 때문에, 최고로 *선한 것을 택할 수는 없다. 이와 같이 죄인에게는 선택의 자유가 있지만, 진정한 자유 의지는 없다. 대조적으로 구속 받은 사람은 은혜로 인하여 선한 것을 선택하도록 자율권을 부여받았으며, 따라서 진정한 자유 의지가 있다.

자유의지론자libertarian는 인간이 때때로 자신들의 유전이나 환경을 뛰어넘어 자유롭게(즉, 비인과적으로) 선택할 수 있다고 주장하며 결정론을 거부한다(따라서 때때로 "비결정론"indeterminism이라고도 한다). 많은 자유의지론자들은 인간에게는 비물리적인 부분이 있으며(영혼, 행위주체agent), 이 부분은 몸을 좌우하는 *인과 작용의 지배를 받지 않는다고 믿는다. 욕망과 유전과 환경을 초월하는 것이 이 부분이며, 그렇기 때문에 진짜 대안에 직면하였을 때 이 부분은 자유로운 선택을 한다.

기독교 신학자들은 인간의 책임에 대해 확고한 생각을 가지고 있으며, 보통 양립 가능론 진영이나 자유의지론 진영에 속해 있다. 많은 아우구스티누스적 칼뱅주의자들은 가장 강한 형태의 주권과 섭리를 믿는 양립 가능론자이다. 인간의 행동을 포함하여 모든 일어난 일들이 하나님이 뜻하신 바다. 그들은 약한 결정론자이기 때문에, 그러한 행동도 또한 자유로운 것이라고 주장한다. 하지만 그러한 행동들이 하나님 안에서 종결되는 인과 사슬의 결과라면, 우리의 통제와 선택을 넘어서는 인과 사슬의 결과라면, 어떻게 인간의 행동이 자유로울 수 있을까? 아르미니우스주의자들은 약한 결정론이 자유로운 선택과 도덕적 책임에 대한 개념을 적절하게 지켜 낼 수 없다고 생각한다. 따라서 좀 더 자유의지론적인 경향으로 기울어져 있다.

함께 보기 #마음·영혼·정신 #신정론 #아우구스티누스 #아퀴나스 #인간 본성 #원인·인과성 #정의
참고 문헌 Ilham Dilman, *Free Will*; Augustine, 『자유의지론』(*On the Free Choice of the Will*); Jonathan Edwards, 『의지의 자유』(*The Freedom of the Will*); Laura Ekstrom, *Free Will*; W. S. Anglin, *Free Will and the Christian Faith*.

전능

Omnipotence

하나님께서 모든 것에 능하시다는 교리("모든"을 뜻하는 라틴어 '옴니'*omni*와, "힘" 또는 "능력"을 뜻하는 라틴어 '포텐티아'*potentia*에서 유래). 이 속성은 하나님을 "전능자"Almighty로 여기는 성경의 주장에서 비롯된 것이다. 그러나 이 주장에는 의문이 제기된다. 예를 들어, 하나님께서는 둥근 사각형을 만드는 것과 같이 *논리적으로 불가능한 것을 하실 수 있을까? 많은 사람들이 들어 왔던 (그리고 히죽거렸던) 소위 전능의 역설, 즉 하나님께서는 하나님이 들지 못할 만큼 아주 큰 바위를 창조하실 수 있을까? 아니오(하나님께서 들지 못하시는 바위라는 것은 불가능하다. 하나님께서는 오직 논리적으로 가능한 것만 하실 수 있다.)와 예(하나님께서는 자신이 들지 못하시는 바위를 만드실 수 있으며, 전능하시기에 바위를 들어 올리실 수 있다.)라는 서로 다른 대답이 있다. 이 역설은 전능에 대해 다음과 같은 심각한 문제를 제기한다. 하나님께서는 그저 무엇이든 하실 수 있을까? 전능에 대한 도전은 *과정 신학에서와 마찬가지로 신학 사상의 몇몇 학파로 하여금 그 개념을 거부하게끔 하였다.

신학자들은 "하나님은 전능하시다"라는 말이 하나님이 무엇이든 하실

수 있다는 의미는 아니라고 생각해 왔다. 오히려 하나님은 자신의 모든 피조물에 대해서 통치권을 가지고 계신다는 의미로 생각했다. 그러므로 하나님의 전능하심은 하나님의 섭리 및 주권과 연결되어 있다. 성경 자체는 하나님께서도 하실 수 없는 것이 있음을 명시하거나 암시한다. 예를 들어 하나님께서는 죄를 짓는다거나 과거를 바꾸는 일은 하실 수 없다. 따라서 기독교 사상가들은 전형적으로 논증하기를, 하나님께서는 하나님 자신의 본성과 배치되는 일을 하실 수 없다고 주장해 왔다. 그래서 하나님이 하실 수 있는 것에 대한 몇몇 제한은 *하나님의 본성과 관련되어 있다. 그러나 하나님께서 필연적으로 불가능한 일을 하실 수 없다는 생각 또한 널리 받아들여져 왔다(*데카르트는 그렇게 생각하지 않지만 말이다). 이는 하나님께서 자유로운(즉, 비인과적인) 행동을 야기하실 수 없다고 주장하는 *'자유 의지 *신정론'에 필수적인 것이다.

함께 보기 #데카르트 #악의 문제 #자유 의지 #하나님의 본성 #과정 사상 #신정론
참고 문헌 Edward Wierenga, *The Nature of God*; Alvin Plantinga, 『신·자유·악』(*God, Freedom, and Evil*); Charles Hartshorne, 『하나님은 어떤 분이신가?』(*Omnipotence and Other Theological Mistakes*).

전지·예지

Omniscience/Foreknowledge

하나님께서 모든 것을 아신다는 교리("모든"을 뜻하는 라틴어 '옴니'*omni*와 "앎"을 뜻하는 라틴어 '스키엔티아'*scientia*에서 유래). 그리스도인들은 하나님께서 가장 내밀한 생각을 아심(시편 139), 미래를 아심(예언), 세상을 통치하심에 대한 성경의 주장에 기초하여 이 속성을 확신해 왔다. 그러나 전지하심에 대한 도전이 없는 것은 아니었다. 전지하심 그 자체에 대한 도전과, 다른 속성들과 관련된 도전이 있었다. 예를 들어, 만약 하나님께서 시간 밖에 계시다면, 하나님께서는 지금이 몇 시인지 아실 수 있을까? 시간이 끊임없이 변하기 때문에, 이러한 종류의 지식에는 하나님께서 끊임없이 변하실 것이 요구되지 않는가? (이런 이유가 *불변성과 관련하여 문제가 된다.)

전지하심에 대한 가장 집요한 문제는 **예지**^{豫知}**와 인간의 자유에 대한 문제다.** 하나님의 예지는 미래에 일어날 모든 일들을 한 치의 틀림도 없이 아신다. 하나님께서 미래에 대해 완전하고 분명하게 미리 아시는 것은 *자유 의지에 대한 자유의지론자들의 이해와 양립 불가한 것처럼 보인다. 자유 의지는 달리 행동할 수 있는 능력, 말하자면 달콤한 초콜릿 조각을 받거나 거절할 수 있는 능력을 뜻한다. 그러나 하나님께서 당신이 초콜릿을 받을 것이라고 완전 확실하게 알고 계시다면, 당신은 분명히 초콜릿을 받을 것이다. 만약 당신이 초콜릿 조각을 선택하지 않았다면, 하나님께서 틀리신 것이다. 그러나 하나님께서 틀리실 수는 없다. 그래서 당신은 반드시, *필연적으로, 하나님께서 당신이 무엇을 할지 미리 아신 바대로 행동하게 될 것이다. 그리고 달리 행동할 수 없다면, 자유롭지 않은 것이다. 이 문제에 대한 세 가지 응답을 고려해 보자.

예지와 인간의 자유 문제에 대한 가장 영향력 있는 해결책은 중세 철학자 보에티우스가 제시한 것인데, 그는 사형 집행을 기다리는 동안 『철학의 위안』*De consolatione philosophiae*을 썼다. 만약 하나님께서 *영원하시다면(시간 밖에 계시다면), 엄격히 말해 하나님께서는 미리 아실 수 없으시다(왜냐하면 "미리"는 시간 안의 술어이기 때문이다). 하나님께는 모든 것이 영원한 현재 안에 있으며, 모든 것이 현재이다. 그래서 하나님께서는 모든 것(과거, 현재, 미래)의 일어남을 한 번에 또는 동시에 보신다. 우리가 인간이 선택하는 것을 본다고 해서 인간이 달리 행할 능력이 제거되지 않는 것처럼, 하나님께서 일어나는 그대로 보시는 것은 인간이 달리 행할 능력을 제거하지 않는다. 하나님은 모든 것을—과거, 현재, 미래를 (현재처럼) 아신다. 하지만 하나님이 아시는 방식은 우리가 달리 행할 능력을 막는 것이 아니다.

일부 열린 유신론자들이 선호하는 *아리스토텔레스식 응답은 하나님을 시간 안에 두는 것이다. 이 견해에 따르면, 자유로운 행위 주체의 선택에 속한 미래(미래의 우연적 사건)는 백지다. 자유로운 피조물이 미래에 자유롭게 할 일에 대한 어떠한 사실 진술(또는 거짓 진술)도 없다. 만약 아리스토텔레스주의가 맞다면, 하나님께서는 (과거와 현재에 있었던) 알려질 수 있는 모든 것을 아시며, 따라서 하나님은 전지하시다. 또한 자유로운 피조물들이 자유로운 선택을 해 나감에 따라 하나님의 지식이 늘어난다. 열린 유신론자들에 따르면, 자유로운 피조물들이 미래에 자유롭게 할 일들에 관한 진리치들●truth values이 있기는 하지만, 하나님께서는 이러한 지식에 대한 접근을 스스로 제한하신다.

세 번째 해결책은 중간 지식middle knowledge이라고 불리는 것인데, 하나님께는 선견prevision이나 미래에 대한 직접적인 지식이 없다는 주장이다. 오히려 하나님은 모든 가능한 상황에서 자유로운 피조물들이 자유롭게 하게 될 일들을 아시는 방식으로 간접적으로 아신다. 만약 하나님께서 모든 가능한 상황에서 어떤 사람이 자유롭게 할 일들을 아시고 또한 어떤 상황이 발생할지를 아신다면, 이로써 하나님께서는 또한 그 사람이 그 상황에서 자유롭게 무엇을 할 것인지 아실 것이다. 하나님의 중간 지식은 예지와 확고한 자유 의지 개념을 보존한다.

함께 보기 #불변성·무감수성 #신정론 #악의 문제 #영원·불후 #자유 의지 #존재신론 #하나님의 본성
참고 문헌 James Beilby, *Divine Foreknowledge*; John Sanders, *The God Who Risks*; William Lane Craig, *The Only Wise God*; Thomas Flint, *Divine Foreknowledge*; Jonathan Kvanvig, *The Possibility of an All-Knowing God*.

정신 ▸▸ 마음·영혼·정신 42

정의

Justice

더불어 사는 공동체의 생활에 질서를 부여하는 일에 대한 *윤리적 개념. 정의는 도덕 *철학에서 두 가지 중심적인 의미를 갖는다. 응보적 정의는 잘못된 행동에 비례하여 처벌하는 것이다. 다른 한편, 분배적 정의는 공평의 원칙에 따라 재화와 자원을 공정하게 분배하는 것이다. 정의에 대한 두 개념은 모두 성경 이야기에서 볼 수 있으며, 두 개념 모두 근대 시대에 와서 논란의 주제가 되었으며, 둘 다 중요한 신학적 함의를 지닌다.

응보적 정의retributive justice에 대한 전통적인 개념은 "눈에는 눈, 이에는 이"

●　참(T), 거짓(F) 등 명제의 진리 여부를 판단한 결과 값. 예를 들어 '2002년에 월드컵 축구 대회가 열렸다'의 진리치는 참이고, '2015년 대한민국의 총리는 메르켈이다'의 진리치는 거짓이다.

라는 구절에서 간단명료하게 포착된다. 고대 유대교에서 이 구절이 의도하는 바는 범죄에 걸맞게 처벌해야 한다는 것이었다. 범죄와 처벌은 비례해야 한다. 처벌로 인한 피해는 범죄의 피해자가 겪는 피해보다 더하거나 덜해서는 안 된다. 응보적 정의에 대한 실제적인 질문은 무엇이 처벌의 비례성을 구성하는지를 결정하는 것과 관련된다. 또한 응징은 인간이 자신의 행동에 책임이 있는 경우에만 이치에 맞다. 즉, 인간 존재가 자유롭게 자신의 행동을 선택하는 경우에만 이치에 맞다. 만약 인간의 선택이 자신의 유전이나 환경(또는 심지어 하나님)에 의해 야기된 것이라면, 인간의 책임은 줄어들고 응보적 정의는 불공정한 것이다. 결정론을 옹호하는 사람들은 응보적 정의에 대한 도덕성을 부정하는 경향이 있다. 오히려 응보적 정의는 미래의 범죄를 막을 수 있는 힘과 일치하게 부가되어야 한다는 것이다. 억제가 정의의 기준이 된다.

　　응보적 정의에 대한 신학적 함의는 하나님께서 죄인을 처벌하시는 윤리적 차원에 대한 것이다. 비례성에 대한 문제는 전통적인 *지옥 교리에 대해 제기되며, 책임성에 대한 문제는 전적 타락과 선택의 교리에 의해 제기된다. 만약 사람이 자신이 통제할 수 없는 조건에서 태어나기 때문에, *선해질 수 있는 선택을 할 수 없다면, 어떻게 그 사람의 선택으로 인해 그 사람을 처벌할 수 있는가? 다음의 예를 생각해 보자. 당신의 증조할머니가 저지른 범죄 때문에 경찰이 당신을 체포하러 당신의 집에 오는 것은 공정하지 못한 것이다. 하나님께서 아담의 죄와 아담의 무분별함이 만든 조건을 우리의 책임으로 여기시는 것이 어떻게 공정할 수 있는가? 마지막으로, 무고한 사람이 다른 사람의 범죄로 인해 (심지어 자발적으로) 고난을 받는 것이 어떻게 정의로울 수 있는가? 그리스도의 구속 사역에 대한 신학적 분석은 이와 같은 어려운 문제를 다루어야 한다.

　　교회는 그리스도의 죽음이 죄인들을 향한 하나님의 자비를 표현하면서, 하나님의 정의에 대한 도덕적 요구를 만족시켰다고 주장하였다. 형벌적 대속론으로 알려져 있는 그리스도의 죽음에 대한 이 이론은 심각한 비판을 받았다. 그것의 대부분은 19세기의 종교적 자유주의에서, 만족 개념이 하나님의 사랑의 중요성은 가볍게 여기면서, 하나님을 피의 제물을 요구하는 고약한 판사로 이해하게 한다는 비난으로 반향되었다. 이 논란은 성경에서의 법적 언어와 언약적 언어에 대한 초기 논쟁을 다시 불러일으켰다.

신학적 중요성에 대한 두 번째 영역은 대등한 수준의 인간관계를 바탕으로 한 정의와 용서 사이의 관계에 관한 것이다. 이 주제는 남아프리카공화국의 진실화해위원회Truth and Reconciliation Commission에서 구체화된 것을 볼 수 있다. 정치 질서에서 은혜와 용서를 규정한다는 것은 무엇을 의미하는가? 용서는 응징이나 배상이 있은 후에 따라오는 것인가? 용서는 정의에 대한 주장을 충분히 진지하게 받아들인 것인가?

분배적 정의distributive justice 개념은 칼 *마르크스 이래로 많은 관심을 받았다. '근대 산업 사회에서 창출된 재화 및 자원의 풍부함'과 '이러한 재화가 창출되어서 분배되는 방식'의 충격적인 차이는 마르크스주의의 자본주의 비판의 기초를 형성한다. 20세기 정치 철학의 거대한 이념적 논쟁은 재화와 자원의 공정한 분배에 대한 적절한 방식에 초점이 맞추어졌다. 마르크스주의 전통은 필요에 따라 분배를 결정해야 한다고 주장하였다. 자유 시장 전통은 시장이 적절한 분배를 결정하도록 시장에 맡겨야 한다고 주장하였다. 사회민주주의자들은 시장의 힘과 정부 기관의 분배 통제가 모두 포함된 혼합 체제를 주장하였다. 이 문제에 대해 20세기의 가장 영향력 있는 이론가는 존 롤스다. 그의 책『정의론』 *A Theory of Justice*은 '사회적 지위가 분배를 결정하는 요소에 포함되지 않는' 분배적 정의에 대한 치우침 없는 개념을 논증한다. 진정 정의로운 사회에서는 가장 적은 부를 지닌 구성원이 가장 많은 부를 지닌 구성원과 같은 대우를 받는다. 사도행전 2장에서 분배의 모형을 고려해 볼 때, 마르크스주의 해방 신학자들로부터 시장 지향적 기독교 정치 사상가에 이르기까지 이 문제에는 수많은 기독교적 성찰이 들어가 있다.

함께 보기 #다원주의 #마르크스 #선·선함 #아우구스티누스 #아퀴나스 #윤리학 #윤리학(성경적) #자유 의지 #지옥 #칸트 #페미니즘·페미니스트 철학 #플라톤·플라톤주의 #행복

참고 문헌 Richard John Neuhaus, *Doing Well and Doing Good*; Nicholas Wolterstorff, 『정의와 평화가 입 맞출 때까지』(*Until Justice and Peace Embrace*); Miroslav Volf, 『배제와 포용』(*Exclusion and Embrace*); Gustavo Gutiérrez, 『해방신학』(*Theology of Liberation*).

존재론 ▶▶ 형이상학·존재론 194

존재신론

Ontotheology

문제에 대한 해결책으로서 하나님을 상정하는 *형이상학 체계 또는 이론. 이 용어는 종종 하나님에 대한 어떤 *실재론적 이해도 정확히 지칭하지 않은 채 느슨하게 사용되고 있다. 하지만, "존재-신-론"onto-theo-logy은 *하이데거가 쓴 「형이상학의 존재-신-논리적 구조」The Onto-Theo-Logical Constitution of Metaphysics라는 제목의 중요한 논문을 통해서 철학 사전에 들어가 있다. 하이데거에게 있어 핵심적인 문제는 "**어떻게** 신이 *근대 철학적 사고에 들어가는가?"하는 것이었다. 다른 말로, *데카르트나 *헤겔과 같은 개별 철학자의 체계를 볼 때, 그 체계 안에서 하나님은 어떤 역할을 하시는가? 하이데거는 특별히 헤겔에게 초점을 맞춰서, 근대 형이상학의 체계들에서 "하나님"은 순전히 체계 내의 문제나 구멍을 해결하기 위해서 체계 속에 "받아들여졌다고" 주장한다. 이와 같이, 하나님은 형이상학 퍼즐을 맞추기 위한 퍼즐 조각으로 **환원되며**, 단지 구멍을 메우기 위해서 뒤늦게 덧붙여진 생각을 구성하는 요소이다. 그러니까 하나님은 단지 형이상학적 체계의 자기원인자causa sui가 된 것이지, 성경이 계시하는 살아계신 하나님이 아니다. 그래서 하이데거 자신은 "이 하나님이 우리가 그 앞에서 춤추며 기도하는 그 하나님이신가?"라고 물으며, 그러한 형이상학적 하나님에 대한 부적절함과 환원주의에 저항하였다. 따라서, 통념과는 달리 하이데거의 비판은 하나님에 대한 *모더니티의 형이상학적 환원을 겨냥하고 있으며, 하이데거의 비판에는 유한한 사고와 비교되는 하나님의 *초월에 대한 존중이 숨어 있다.

다음과 같이 하이데거는 중요한 계승자이자 선구자이다. 먼저 하이데거 자신은 *파스칼이 하나님에 대한 철학적 개념을 비판한 것에 깊은 영향을 받았다. 『팡세』Pensées에서 파스칼은 환원주의적인 "철학자들의 하나님"과 생생하신 계시의 하나님, 즉 "아브라함과 이삭과 예수 그리스도의 하나님"을 대조한다. 우리가 말할 수 있는 "철학자들의 하나님"은 성경의 하나님을 "존재-신-론적"으로 축소한 것이다. 최근 사상에서, 존재신론에 대한 하이데거의 비판은 장-뤽 마리옹에 의해서 강력하게 전유되었다. 『존재 없는 신』Dieu sans l'être에서 마리옹은 '하나님을 존재자들 사이에 있는 그저 하나의 존재로 환원하는' 하나님에 대한 "우상"idols 개념과, '형이상학적 체계로부터 시작하는 것이 아니라 그리스도 안에서 계시된 하나님으로부터 시작하여 성체 성사Eucharist에서 다시 드러나는' 하나님에 대한 "성상"icons 개념을 구분한다. 두 경우 모두 존재신론에 대한 하이데거의 비판은 형이상학적 구멍을 메우기 위한 하나님 개념에 도전을 가하기에 충분할 정도로 진지하게 계시를 받아들이는 신학적 프로젝트와 연결되어 있다.

함께 보기 #파스칼 #포스트모더니즘 #하나님의 본성 #하이데거
참고 문헌 John Caputo, 『마르틴 하이데거와 토마스 아퀴나스』(*Heidegger and Aquinas*); Martin Heidegger, 『동일성과 차이』(*Identity and Difference*); Philip Clayton, *The Problem of God in Modern Thought*; Jean-Luc Marion, *God Without Being*; Merold Westphal, *Overcoming On-to-Theology*.

존재와 선함

Being and Goodness

존재와 선함이 동의어라는 논제. 신플라톤주의의 틀에 기대어서, *아우구스티누스, 보나벤투라, *아퀴나스와 같은 중세 철학자들과 신학자들은 존재와 *선함을 동일시하였다. 아퀴나스는 주장하기를, 존재와 선함은 서로 대체될 수 있다. 존재한다는 것은 선한 것이며, 그래서 존재하는 모든 것이 선하다. 하나님은 가장 실재적으로 존재하시기에, 하나님은 최고로 선하시다. 이 견해에 따르면, 하나님은 선하신데, 왜냐하면 하나님은 존재하시며 완전히 완벽하게 계시기 때문이다. 하나님만이 이러한 종류의 선을 소유한 것은 아니다. 존재자로서 모든 존재는 선하다. 바위와 오징어, 그리고 사람과 같이 존재성이 덜한 존재들은 최고의 선, 즉 하나님께 참여함으로써 하나님의 선을 공유한다. 모든 존재가 선하다는 생각은 아우구스티누스가 *선의 결여로서의 *악에 대한 교리(악이란 실재하는 무언가가 아니라, 선의 부재이다)'를 전개하고 아퀴나스가 이를 확증하게 만들었다. 악은 실재로는 존재하지 않는 그림자(빛의 부재)와 같다. 그래서 하나님은 악이 창조된 것에 대한 책임이 없으시다. 왜냐하면 악은

존재가 아니기 때문이다.

　　모든 것이 이러한 *존재론적 의미에서 똑같이 선하다는 의미는 아니다. 어떤 사물에 더 많은 선이 있다면, 그것은 최고의 실재이신 하나님을 더 많이 닮은 것이다. 그래서 지각이 있는 피조물은 지각이 없는 피조물보다 더 가치 있으며, 인지 능력이 있는 피조물은 그저 지각 능력만 있는 피조물과 그밖에 다른 피조물들보다 더욱 가치 있다. 실재로, 모든 존재자들의 계층 구조는 더 가치 있는 속성을 지니는 정도에 따라, 가장 낮은 존재자로부터 인간 존재를 거쳐 마침내 하나님께 이르기까지 점진적으로 등급이 매겨질 수 있다. 이는 **존재의 거대한 사슬**the great chain of being로 불려 왔다.

　　존재함이 미덕이기 때문에 모든 것들이 선한 것인가? 아니면 자신들의 목적이나 완벽함(자신에게 정해진 바가 완전히 실현된 존재로서 적절하게 기능하는 것)에 이르렀을 때 선한 것인가? 아퀴나스는 선에 대한 두 가지 의미 모두를 명백히 지지한다. 어떤 것은 단지 존재함의 미덕으로 인해 선하고, 어떤 것은 자신에게 정해진 바가 완전히 실현된다는 점에서 선하다. 후자 식의 선은 어떤 존재가 가능태에서 자신에게 적절한 본성이 성취되는 현실태로 이행될 때 도달한다. 그래서, 예를 들면 인간 존재는 자연적인 사고 능력을(그리고 더 확장하여 덕스러운 능력을) 점점 나타내는 만큼 더 많은 현실태를 얻고, 또 그에 따라서 더 많은 선에 이른다.

　　이 두 종류의 선은 하나님과 피조물의 관계 안에 나타난다. 만약 하나님께서 피조물들을 존재하게 하신다면, 또 만약 하나님께서 피조물들이 적절한 본성을 실현하도록 하신다면, 하나님은 자신의 피조물들에게 선하신 분이다. 그래서 하나님은 인간을 창조하시고, 이성과 덕이 발달하도록 하시는 방식으로 인간을 양육하시기 때문에(인간이 완전한 현실태에 이르도록 하시기 때문에) 인간 존재에게 선한 분이시다.

함께 보기 #선·선함 #신플라톤주의 #아우구스티누스 #아퀴나스 #악의 문제 #플라톤·플라톤주의 #형이상학·존재론

참고 문헌 Etienne Gilson, 『존재란 무엇인가』(*Being and Some Philosophers*); Scott McDonald, *Being and Goodness*.

종교 언어

Religious Language

어떻게 인간이 하나님에 대해 말할 수 있는지에 관한 문제. 신 담론의 문제는 일상적인 인간의 경험에서 그 의미를 획득한 단어들을 사용하여, 일상적인 인간의 경험 밖에 계신 존재에게 그러한 단어들을 적용하는 어려움과 관련된다. 하나님에 대한 우리 인간의 단어들이 그 목표한 바에 "도달"하는지 여부를 우리는 어떻게 알 수 있는가? 어떻게 유한한 개념들을 가지고 무한한 존재를 서술할 수 있는가? 다른 말로, 어떻게 하나님에 대해 말하는 것이 가능한가?

중세에는 세 가지 다양한 전통이 나타났다. 신비주의 전통은 인간의 모든 언어가 하나님에 관하여 **다의적**이라고 주장하였다. 어떤 인간의 언어도 하나님을 기술하기에는 적절하지 않다. 기껏해야 하나님은 '~이 아니시다'라고 주장할 수 있을 뿐이다. 이 전통은 동방 기독교 신학자들이 공유하는 "부정 신학"에 영향을 미쳤으며, *포스트모던 논의에서 되살아났다.

*아퀴나스와 관련된 더 일반적인 전통은 하나님에 대한 우리의 언어가 유비적이라고 주장한다. 하나님과 사람 사이에는 중요한 차이점만큼이나 중요한 유사점이 있기 때문에, 하나님께 대해 사용되는 단어는 이러한 유사점과 차이점을 반영한다. 하나님의 선하심은 인간의 선함과 비슷하면서도 다르다. 유비적 견해의 변형은 칼 바르트의 **유비적 신앙***analogia fide* 개념에서 발견된다. 바르트는 아퀴나스의 **존재의 유비***analogia entis*를 거부한다. 존재의 유비는 하나님에 대해 말하는 인간의 언어에 어떤 "자연적인" 능력이 있음을 상정한다. 바르트에게 언어는 원래 빈곤한 것이기 때문에, 하나님의 전적인 타자성을 제대로 다룰수가 없다. 그럼에도 불구하고, 계시의 은혜 안에 (믿음의 작용으로) 드러나신 하나님은 인간의 언어를 이용하신다. 예를 들어, 성경은 인간의 부족한 말로 특징지어졌지만, 언어임에도 **불구하고** 하나님에 대해 거의 말해질 수 있는 계시의 사건을 위한 장소가 될 수 있다. (바르트는 가끔 이 계시가 무조건적이라는 인상을 주는데, 무조건적인 계시가 어떻게 조건적이고, 유한하며, 언어적인 존재와 소통할 수 있는지를 이해하기란 어렵다.)

*둔스 스코투스로 대표되는 세 번째 전통에서는, 하나님에 대한 우리의 언어가 **일의적**이다. 사랑, 자비, 능력과 같이 하나님께 적용되는 용어는, 이 용어들이 인간에게 적용될 때와 동일한 의미를 지닌다(하나님께서 소유하신 속성이 그 정도에 있어 더 위대하지만). 우리의 용어들이 하나님께 대해 사용될 때 일의적이지 않다면, 〔하나님의 속성과 인간의 속성 사이에〕 어떤 점이 다른지를 안다는 것이 어떻게 가능하겠는가? 그래서 스코투스는 논증하기를 하나님에 대한 언어가 일의적임을 부인하면, 그 최종 결과는 회의주의가 된다.

20세기에 *논리 *실증주의와 후기 *칸트주의 신학자들은 종교 언어를 거부하였다. 실증주의자들의 의미 검증 이론은 종교 언어가 인지적으로 무의미하다고 제국주의적인 방식으로 선언하였다. 고든 카우프만과 같은 후기 칸트주의 신학자들은 인간 존재들이 인지적으로 하나님께 접근할 수 없다고 언명하였다. 카우프만은 하나님은 인간의 일상적인 경험을 초월하신다고 주장하였다. 인간 언어의 개념은 단지 일상 경험에 속하는 그러한 경험에만 적용될 수 있으므로, 우리의 용어는 하나님께 적용될 수 없다.

더 최근에는, 하나님에 대해 말하는 방식으로서 유비에 대한 중세와 초기 *근대의 논의들이 다시 살아나고 있다. 또한 언어가 사용될 수 있는 여러 용도에 대한 논의도 크게 확장되었다. 오늘날 많은 종교 철학자들은 후기 비트겐슈타인의 작업에서 영감을 받은 *일상 언어 철학이라는 도구를 사용하여서, '개념적인 난제들'과 '우리와 다르시면서(*초월성) 비슷하신(내재성) 하나님에 대해 의미 있게 말할 수 있는 때가 언제인지'를 명확히 하려고 노력하고 있다. 그래서 이야기와 비유 그리고 시라는 풍부한 문학적 장소를 통해서 하나님께서 "말씀하시는" 방식도, '우리가 하나님을 받아들이기 위해 언어를 사용하는 것'처럼 '하나님께서 우리에게 맞추셔서 언어를 사용하시는 방식'을 이해하기 위한 중요한 역할로 이해된다.

함께 보기 #둔스 스코투스 #미학 #신인동형론적 언어 #실증주의 #아퀴나스 #위-디오니시오스 #일상 언어 철학 #자연주의·유물론 #초월 #칸트 #해석학

참고 문헌 Dan R. Stiver, 『종교 언어 철학』(*The Philosophy of Religious Language*); Janet Martin Soskice, *Metaphor and Religious Language*; James K. A. Smith, *Speech and Theology*; William Alston, *Divine Nature and Human Language*; Richard Swinburne, *Revelation*; Nicholas Wolterstorff, *Divine Discourse*.

지옥

Hell

죽음 이후에 *영원한 형벌을 받는 곳. 중세 교회는 교회 밖에 있는 사람들이 지옥에서 영원하며 의식이 있는 고통, 그리고 대개 육체적인 고통을 당한다고 가르쳤다. 많은 중세 철학자들은 지옥에 떨어진 사람들의 고통에도 불구하고, 하나님의 *선하심을 묘사하고 정당화하는 장황한 논문들을 제시하였다. '지옥에 떨어진 사람들이 고통 받는다는 사실을 알면서도, 천국에 있는 사람들이 어떻게 행복할 수 있을까?'하는 질문에 대해, *아퀴나스는 하나님의 *정의가 지옥에 미치는 것을 보는 것이 천국에 있는 사람들의 행복에 기여할 것이라고 대답하였다. 또 다른 질문인 '죄와 죄인들은 유한한데, 어떻게 형벌은 무한할 수 있겠는가?'에 대해 *아우구스티누스는 죄가, 무한하신 하나님께 맞서는 것이기 때문에, 형벌도 무한하다고 주장하였다. 단테는 자신의 신곡 『지옥편』에서 지옥의 고통을 고전적으로 표현하였다. 이러한 확신은 근대기 동안에 로마 가톨릭과 개신교, 정교회 전통에서 계속되었다. 이 전통적인 교리는 현대 철학자들과 신학자들에 의해 비판을 받아 왔다.

지옥 교리와 관련된 논쟁의 문제는 하나님의 정의에 관한 문제다. 전통적으로 지옥은 바로 하나님께 맞서는 반역 행위에 대한 배상으로 여겨졌다. 하나님의 무한한 거룩함은 무한한 형벌을 요구한다. 유한한 인간이 무한한 형벌을 진정으로 다 치룰 수 없기 때문에, 형벌은 영원히 지속되어야 한다. 그러나 형벌(영원한 고통)과 죄(실제로 유한한 죄)의 균형이 맞지 않는다는 믿음은 몇몇 사람들이 지옥의 영원성을 거부하도록 만들었다. **영혼멸절설**annihilationism로 알려진 이러한 견해는, 죽음 이후에 시간적으로 유한한 방식으로 공정하게 형벌을 치르고, 그 후에 멸절한다고 주장한다.

19세기의 자유주의 전통과 제2차 바티칸 공의회 이후의 일부 로마 가톨릭 전통에서는 **보편구원론**universalism을 옹호하였다. 이는 모든 인류가 결국 하나님 앞에서 구속된 상태가 될 것이라는 믿음으로, 어느 누구도 영원히 버림받거나 멸절되지 않는다고 믿는다. 몇몇 저명한 보수적인 신학자들조차 보편구원론을 받아들였다. 보편구원론은 일반적으로 두 가지 이유로 인해 주장된다. 첫째, 결국에는 만물이 구속되고, 모든 무릎이 꿇을 것이며, 모든 혀가 예수는 주님이시라 고백할 것임을 내비치는 성경의 흔적이 있다. 둘째, 사랑 안에서 하나님은 모든 피조물이 구원받기를 원하심을 성경이 함축하고 있고, 하나님의 *전능하심(무한한 창조력)은 피조물의 자유 의지를 침해하지 않으면서 모든 피조물의 구원을 이룰 수 있다. 그러나 예수님께서 지옥에 대해 확언하신 것은 보편구원론이 의심스러운 부분이다.

함께 보기 #다원주의 #부활·불멸성 #선·선함 #아우구스티누스 #아퀴나스 #악의 문제 #정의 #존재와 선함 #하나님의 본성

참고 문헌 William Crockett, ed., *Four Views on Hell*; Edward Fudge and Robert Peterson, *Two Views of Hell*; Charles Steven Seymour, *A Theodicy of Hell*; Jerry Walls, *Hell*.

진리

Truth

실재에 대한 진술이나 주장이 지니는 하나의 속성으로, 이에 따라 어떤 주장이 "참"(또는 "거짓")이 된다. *아리스토텔레스는 진리란 "있는 것은 있다고, 없는 것은 없다고 말하는 것"(그러한 것은 그렇다고, 그렇지 않은 것은 그렇지 않다고 말하는 것)이라고 주장하였다. 이러한 진리 개념은 말("무엇이 그러하다는 말")과 실재("무엇이 실제로 그러한지 또는 그러하지 않은지") 모두와 관련되어 있다. 그래서 진리에 대한 두 가지 요소가 있다. **진리 담지체**(명제, 진술, 또는 문장)와 **진리 생산체**(세계, 사실, 또는 사건의 상태). 참된 진술을 작성함에 있어서, 누군가는 명제를 주장하고, 실재는 그 명제가 참(또는 거짓)이 되게 한다. 이 관계를 묘사하기 위해 사용된 지배적인 은유는 **진리 대응론** correspondence theory of truth이다. 진리 대응론은 어떤 주장이 외부 세계 또는 정신 바깥의 세계와 일치할 때에만 그 주장이 진리라는 것이다. 그래서 내가 "저 의자는 빨간색이야"라고 주장할 때, 실제 그 의자가 빨강의 속성을 지닐 경우에만, 내 주장이 참이다.

대응론은 두 가지 이유로 거부되고 있다. 첫째, 어떻게 문장(언어적 실재)이 사실(비언어적 실재)에 대응할 수 있는지를 명시하기가 어렵다. 둘째, 대응론에는 진술-사실 관계를 확인하는 방법과 관련된 아무런 실마리가 없어서 대응론은 진리를 발견함에 있어 유용하지 않다. 이러한 이유로, 진리에 대한 다른 이론들이 제시되었다. **진리 정합론**coherence theory of truth은 '주장이나 명제가 믿음 체계 또는 믿음으로 짜여진 "망"web과 일관성이 있는 한, 그 주장 또는 명제가 참'이라고 논증한다. **실용주의 진리론**pragmatic theory of truth은 '주장이나 생각이 "유익한" 결과와 실천을 낳는 한, 그 주장 또는 생각은 참'이라고 제안한다. 정합론과 실용주의 이론은 누군가가 참된 믿음이 있는지에 대해 보다 쉽게 말할 수 있기 때문에 권해지기도 한다. 그러나 이 이론들은 보통 거부되는데, 이 이론들과 실재(진리 생산체)의 관계가 편향적이기 때문이다.

기독교 신학은 실재론을 지지하기 때문에 몇몇 형태의 진리대응론을 채택하는 경향이 있다. 중심적인 영적 진리와 관련하여, "그리스도께서는 성육신하신 하나님이시다"라는 문장과 "그리스도께서는 죽음에서 다시 살아나셨다"는 문장이 '그리스도께서 성육신하신 하나님'이라는 사실과 '그리스도께서 죽음에서 다시 살아나셨다'는 사실에 의해 진리가 되는지 여부는 중요하다. 성경의 증인은 사람들이 예수님 곧 진리와 적절하게 관계되어야 한다고 덧붙인다(요한복음 14:8). 이 관계적 차원은 기독교의 진리를 파악하는 것이 '세계-내-존재being-in-the-world 방식' 및 '하나님과-관계-내-존재being-in-relation-to-God하는 방식'을 수반함을 시사한다. 마지막으로, 신약성경은 진리와 사랑 사이의 상관관계를 강조한다(고린도전서 8:2-3, 13:1-3).

함께 보기 #실용주의 #실재론·반실재론 #인식론
참고 문헌 Frederick Schmitt, *Truth*; Richard Kirkham, *Theories of Truth*; Brian Hebblethwaite, *The Ocean of Truth*; Ian Markham, *Truth and the Reality of God*.

철학

Philosophy

　　지혜에 대한 사랑("사랑하다"를 의미하는 그리스어 '필레오'*phileō*와 "지혜"를 의미하는 '소피아'*sophia*에서 유래). *플라톤은 철학이 "경이"wonder를 느끼는 데서 시작한다고 생각하였다. *아리스토텔레스는 "모든 인간은 본성상 앎을 갈망한다"라는 주장으로 자신의 책 *『형이상학』*tà Metà tà Physiká; Metaphysica을 열었다. 어떤 사람들에게는 철학이 모든 지적인 추구에서 가장 원대한 것으로, 세계에 관한 모든 지식의 제1원리를 기술하고자 하는 시도이다. 또 다른 사람들에게는 삶을 헤쳐 나가는 방식을 제공하는 좀 더 실질적인 것이다. 이 두 가지 의미에서, 철학은 대부분의 평범한 사람들이 한 번 즈음 생각해 봤을 문제나 주제, 예를 들면 인생의 의미, 덕의 실천, 악의 본질, 궁극적 실재, 하나님의 존재와 같은 것들에 관련된다. 철학은 근본적인 문제, 즉 다른 연구 분야에서는 그저 당연한 것으로 전제한 문제의 답을 찾는 것이라고 말할 수도 있다. 예를 들어, 신학자들은 '우리가 어떻게 하나님을 알 수 있는가?' 하고 묻지만, 이러한 질문에는 지식에 대한 무언가와 하나님에 대한 무언가를 이미 전제하고 있다. 철학자들은 좀 더 근본적인 질문들, 즉 '우리에게 도대체 앎이라는 것이 가능한가?' 그리고 '하나님은 누구신가 또는 무엇인가?'를 묻는다. 역사가들은 예수님께서 죽음에서 부활하셨는지를 묻지만, 역사가들의 방법에는 존재(예수, 예루살렘, 십자가에 못 박히심 등등의 존재)와 지식(어떻게 먼 과거의 일에 대해 진리임을 밝힐 수 있는가?) 모두에 대한 믿음이 상정되어 있다. 철학은 이러한 가장 기초적인 문제에 질문을 던져서 조사하는 영역이며, 따라서 철학은 하나님의 창조와 창조 안에서 우리의 위치를 이해하는 중요한 방법이다. 사도 바울이 "속임수 철학"에 대해 경고할 때는(골로새서 2:8), 특정한 철학적 교리를 염두에 둔 것이지, 앞서 언급한 식의 철학을 말한 것은 아니다(바울 자신도 사도행전 17장에서 복음을 전하는 데 철학적 추론을 사용하였다).

　　고대 세계에서 철학은 포괄적인 것이었으며, 다른 모든 지적인 노력들은 그 아래에서 추구되었다. 플라톤과 아리스토텔레스, 그리고 *스토아 철학자들에게 있어서, 철학은 삶의 방식이기도 했다. 지혜는 단지 세계를 이해하는 것일 뿐만 아니라, 어떻게 그 세계 안에서 잘 살 수 있을지를 이해하는 것이었다. 결과적으로 철학 "학파들"schools은 종교 집단들orders과 닮았다. 서구에서 기독교 세계가 출현하면서, 철학은 *신앙에 대해 명료하게 생각하기 위한 도구이자, 신앙이 삶에 미치는 영향을 보기 위한 도구였다. 따라서 *아우구스티누스는 철학과 신학 사이를 명확하게 구분하지 않았다.

데카르트와 함께 시작된 *근대 철학의 시대는 앎과 행동의 오래된 통합으로부터 시작하였다. 근대 전통(합리론, 경험론, *관념론의 시기)에서는 철학을 자연 과학과 인문 과학에 대한 1차 주장들을 명확하게 하기 위한 2차 학문으로 생각하였다. 20세기에는 전문 철학자들이 부상하였고, 철학 과목들이 세부적으로 전문화되었다. 또한 서양 철학은 대략 *분석철학과 대륙철학의 두 학풍으로 나누어졌다.

델포이의 신탁이 소크라테스를 가장 현명한 사람으로 선포하였을 때, 소크라테스는 처음에는 그것을 거부했지만, 그러고 나서 다음과 같이 확언하였다. "나는 아무것도 모른다. 그러나 적어도 나는 내가 아무것도 모른다는 것을 알고 있다." 소크라테스는 많은 것들에 대해 확실히 강한 믿음을 가지고 있었기 때문에, 그의 철학적 겸손은 약간 과장된 것이다. 그러나 그가 말하고자 한 바는 분명하다. 인간의 근본적인 관심사의 문제에 있어서, 이에 대한 답을 분간하기란 극도로 어렵다. 철학은 확실한 답을 거의 제공하지 않기 때문에, 종종 비판을 받는다(모든 철학적 이론에는 그와 대등하지만 반대되는 철학적 이론이 있다). 그러나 문제가 철학에 있지 않을 수도 있다. 문제는 아마도 "큰 질문"들의 거대함과 우리들의 인식 능력equipment의 자그마함에 있을 것이다. 철학의 역사에서 배울 교훈이 있다면, 지적 겸손이 지적인 연마의 덕목이라는 것이다.

함께 보기 #데카르트 #미결정성 #분석철학·대륙철학 #신앙과 이성 #아우구스티누스 #형이상학·존재론
참고 문헌 Robert C. Solomon, 『한권으로 읽는 철학사.zip』(*A Passion for Wisdom*); Kelly James Clark, 『기독교 철학자들의 고백』(*Philosophers Who Believe*); David Karnos and Robert Shoe-maker, *Falling in Love with Wisdom*; James F. Sennett, *The Analytic Theist*; Pierre Hadot and Arnold Davidson, *Philosophy as a Way of Life*.

초월

Transcendence

　　개별적인 질서나 영역 위에 또는 저편에 있는 것. *플라톤에게 *"선"은 "존재자 너머에" 있다는 점에서 초월적인 것이다. 하나님은 창조 질서 밖에 또는 너머에 계시다는 점에 있어 초월적이라고 말해질 수 있다. 이는 즉시 '어떻게 하나님이 개념화될 수 있는지'에 대한 의문을 불러일으키며, 따라서 '하나님이 인간 언어와 인식의 한계를 초월하신다는 주장'은 *종교 언어의 핵심 문제 중 하나에 이르게 한다. 몇몇 사람들은 하나님에 대해서 의미 있게 말하는 것이 불가능하며, 하나님에 대해서 조금도 알 수 없다고 믿는다. 이러한 믿음은 **급진적 초월**radical transcendence이라 할 수 있다. 몇몇 사람들은 초월을 더 조심성 있게 받아들여서, 인간의 개념으로 하나님을 완전히는 아니지만 부분적으로는 파악할 수 있다고 믿는다. 이는 **온건한 초월**moderate transcendence이라 할 수 있다. 이는 문자 그대로 하나님이 하나님에 대해 서술하는 모든 기술적인 용어 너머에 계시다는 의미로, 온건히 초월하여 계시다는 믿음이다. 핵심적인 신학적 문제는 하나님께서 급진적으로 초월해 계신지 아니면 온건하게 초월하여 계신지 여부다.

　　*근대 시대에는, 임마누엘 *칸트의 작품에서 급진적 초월의 영감이 발견된다. 칸트는 '인간의 개념적 틀에 의해 형성된 인간이 경험하는 것으로서의 실재'와 '물자체로서의 실재'를 날카롭게 구별하였다. 인간 사고의 범위는 경험적인 개념들, 즉 우리가 보고, 듣고, 만지고, 맛보고, 맡을 수 있는 것으로 범주화된 것들에 한정된다. 하나님이 경험적인 개념들을 초월하시기 때문에, 하나님에 대한 지식은 불가능하다. 따라서 고든 카우프만과 칼 바르트와 같이 굉장히 서로 이질적인 신학자들의 위치를 이 광범위한 후기 칸트주의 전통 안에서 찾을 수 있다. 급진적 초월의 신학적 결과는 혼란스러워 보인다. 우리는 하나님께서 사랑하시는지 미워하시는지, 의로우신지 사악하신지, 인간의 안녕이나 구원에 대해 관심이 있으신지 없으신지, 더 나아가 인간이나 사물에 대해 관심이 있으신지 없으신지를 알 수 없다. 우리가 하나님의 진짜 본성에 관하여 말하고 생각하는 것이 언제나 무의미한 것으로 축소되어 버리는, 하나님은 그렇게 "전적 타자"이신가?

하나님이 온건히 초월해 계신 분이라고 할 수 있는 방식은 적어도 두 가지가 있다. 첫째, 하나님께서 지니시는 속성들이 인간이 지닌 속성들과 비슷하기는 하지만 인간의 속성들을 엄청나게 초과하는 경우. 둘째, 하나님께서 인간이 전혀 파악할 수 없는 몇몇 속성을 지니시는 경우. 만약 우리가 하나님의 형상대로 창조되었다면, 우리는 몇몇 신적 속성들, 아마도 자유롭고, 이성적이고, 도덕적이며, 창조적이고, 사회적이며, 인식 주체인 속성들을 공유할 것이다. 그래서 하나님께서는 인간과 비슷한 속성들을 지니시지만, 또한 하나님의 속성들은 인간의 모든 이해를 초월한다. 하나님의 원인적 능력을 생각해 보자. 하나님께서는 인간이 할 수 있는 것보다 어마어마하게 더 많은 사태를, 인간이 상상할 수도 없는 방식으로(무로부터) 직접 일으키실 수 있다. 그렇지만 하나님과 인간은 모두 무엇인가를 다른 모양으로 의도하고 야기한다는 의미에서 창조적이다. 하나님은 또한 신념을 소유하신 분이시다. 인간들과는 다르게 하나님의 모든 믿음은 참되며, 하나님의 믿음의 영역은 무한하다. 또한 하나님은 선하시다. 하지만 지식과 능력에 있어서 하나님의 우월성은 인간에게 요구되고 허용된 것과는 굉장히 다른 하나님의 선함이 드러나는 행동을 만든다. 마지막으로, 하나님이 사회적이시라는 것은, 다른 이와 완벽히 협력하는 인격의 다수성이 *하나님의 본성에 들어 있음을 암시한다. 그래서 우리 또한 사회적이다. 이것 외에도 더 많은 예가 있다. 만약 우리가 하나님의 형상으로 지음받았다면, 인간에게 적용 가능한 몇몇 개념은 하나님께도 적용된다(그리고 하나님은 그런 개념들을 훨씬 능가하신다).

기독교 사상가들은 일반적으로 몇몇 형태의 온건한 초월을 받아들였다. *아우구스티누스는 하나님이 광대한 대양과 같다고 생각하였다. 학식이 없는 사람들은 얕은 바다에서 물장구칠 수 있고, 훈련된 신학자들은 더 멀리까지 헤엄칠 수 있다. 그러나 둘 모두 깊은 곳에서는 물살에 휩쓸려 버리는 제한된 능력을 가지고 있다. *아퀴나스는 우리의 유한한 지성과 하나님의 무한하심의 불균형으로 인해, 하나님에 대한 우리의 지식이 "어두우며, 거울을 통해 보는 것 같고, 아득하다"고 주장하였다. *키에르케고어는 인간과 하나님 사이에 "무한한 질적인 차이"가 있으며, 그러한 인간은 자신의 죄된 본성으로 인해, 하나님이 자신들을 충족시키는 식으로 하나님을 이해하고^{domesticate} 싶은 유혹을 받는다고 주장하였다. 그러나 칼뱅처럼 키에르케고어는 하나님께서 우리의 수준으로 자신을 낮추심으로써, 유한한 자들에게 "맞추신다"는 설명을 제시한다. 이러한 측면에서, 성육신은 초월성과 내재성 사이의 간격을 메우는 하나님의 "낮추심"에 대한 전형으로 여겨진다.

함께 보기 #둔스 스코투스 #선·선함 #신인동형론적 언어 #아우구스티누스 #아퀴나스 #안셀무스 #위-디오니시오스 #존재신론 #종교 언어 #키에르케고어 #하나님의 본성 #하이데거 #형이상학·존재론

참고 문헌 Karl Barth, 『교회교의학』(*Church Dogmatics*); William Placher, *The Domestication of Transcendence*; James K. A. Smith, *Speech and Theology*.

칸트, 임마누엘

Kant, Immanuel, 1724-1804

독일 *계몽주의의 핵심 인물이자, 이론의 여지는 있겠지만 *근대의 가장 영향력 있는 철학자. 칸트는 동프로이센의 쾨니히스베르크(현재는 칼리닌그라드)에서 태어나고, 자랐으며, 삶의 대부분을 보냈다. 그는 신앙심 깊은 가정에서 자랐고, 대학에서 신학을 공부하였지만, 전통적으로 정형화된 종교적 믿음에 대해서는 거의 참지 못했다. 그는 또한 종교적 *진리의 전달 수단으로서의 역사에 대해 지속적으로 불신을 품었다. 그러나 칸트는 자신의 경건주의적 배경에 충실하였기에, 한편으로는 합리론자들의 독단이, 다른 한편으로는 경험론자들의 회의론이 만들어 낸 침해로부터 종교적 믿음을 지키려고 하였다(제3의 위협으로는 신비주의를 들면서). 칸트는 *신앙과 *이성의 관계를 설정함으로써 도덕을 논의의 중심에 가져왔다. 그는 자신의 『순수 이성 비판』*Kritik der reinen Vernunft, 1787* 서문에서 다음과 같은 유명한 결론을 내린다. "나는 신앙을 위한 자리를 마련하기 위해 이성을 부인해야 한다는 것을 알게 되었다." 이로써 칸트가 의미하고자 한 바는, 합리론자들의 형이상학은 하나님이 있을 공간을 허용하지 않지만, 도덕은 바로 그러한 믿음을 요청한다는 것이다. 따라서 이성에 대한 "비판"은 이러한 "도덕적 신앙"의 자리를 남겨두기 위해서, 이론적 이성의 한계 또는 범위를 설정할 것을 필요로 한다. 이러한 기획은 칸트의 후기 작품인 『[오직] 이성의 한계

안에서의 종교』*Religion innerhalb der Grenzen der bloßen Vernunft*, 1793에서 완성된다.

　　칸트의 핵심적인 기획은 경험론 전통과 합리론 전통 모두에서 영향을 받은 비판의 틀에 자연 과학의 기초를 놓는 것과 관련된다. 그는 『순수 이성 비판』에서, 인간의 지식은 감각적 인상impressions에서 시작되지만(이는 *흄을 따른 것이다), 순전히 감각적 자극만으로 구성되는 것이 아니라 그 이상의 것으로 구성되어야 한다고 주장하였다. 칸트의 *인식론은 외부 대상이 아니라 마음이 인식의 중심이 되는 "철학에서의 코페르니쿠스적 혁명"을 가져왔다. 마음은 감각 인상이 담기는 수동적인 그릇이 아니라, 인간 경험을 조직하는 능동적인 것이다. 실체 개념과 인과성 개념과 같은 특정한 정신적 범주에 따라 경험적으로 지각된 것들을 습관적으로, 지적으로 정돈한다. 이러한 범주들은 "바깥에" 존재하는 것이 아니라, 정신 기관의 일부로서 "안에" 있는 것이다. 만약 로크와 경험론자들에게 마음이 경험에 의해 기록되는 "백지"라면, 칸트에게 마음은 포맷된 *preformatted 컴퓨터 디스크와 같다. 데이터는 오로지 포맷으로 구조화된 요소 안에만 기록될 수 있다(이 비유를 확장해 보면, 데카르트나 다른 합리론자들에게 마음은 단지 포맷되어 미리 구조화된 것이 아니라, "본유 관념"이라 불리는 자료들이 미리 설치된 것이다). 이러한 범주들은 이를 통해 외부 세계가 이해되고 해석되는 필터이다. 또한 범주들은 세계에 대한 감각 지각들을 함께 묶는 접착제를 제공한다. 칸트는 우리의 감각 경험의 기초가 되는 무언가가 있고, 그것은 그것에 대한 우리의 감각 경험과 상관없이 존재하는데, 우리는 그것에 접근할 수 없다. 칸트는 인간이 접근할 수는 없지만 감각의 기초가 되는 실재를 "물자체"*Ding an sich*; thing-in-itself 라고 불렀다.

　　우리의 정신적 범주를 통해서 분류될 수 없는 대상들이 있는데, 무엇보다도 특히 하나님과 자기 *자아("에고"ego)다. 이것들은 어떤 감각적 인상으로 형성될 수 있는 종류의 것이 아니다. 아무리 애써도, 하나님과 자기 자아(의식의 자리로서)를 보거나 만질 수는 없다. 따라서 적절한 지식의 대상이 될 수 없다. 오히려 믿음의 대상이 되어야 한다. 하나님과 자아의 존재에 대한 우리의

•　　포맷은 데이터를 지워서 디스크를 백지화하는 작업이 아니라(물론 이 과정에서 자료가 삭제되긴 하지만), 디스크에 자료를 짜임새 있게 기록할 수 있도록 "틀"(form)을 형성하는 작업이다.

확신은 어떤 경험적인 증거에 달려 있는 것이 아니라, 도덕적 추론에 필요한 선결조건으로서의 역할에 있다. 예를 들어 도덕의 문제에서 칸트는 덕 있는 사람이 되면 행복해질 것이라는 희망이 합리적이라고 생각하였다. 그러나 덕은 이생에서 항상 행복으로 보상받는 것이 아니기 때문에, 우리는 다음 세상에서 행복으로 보상받으리라 믿어야 한다. 간단히 말해서, 덕과 행복이 일치하며 하나님께서 이를 보장해 주시는 다음 세상이 있음을 믿어야 한다. 칸트에게 있어서 우리가 미래에 존재할 것과 하나님이 존재하신다는 것은 합리적으로 상정한 것이다. 칸트는 하나님의 존재에 대한 고전적인 증명들을 거부하였음에도 불구하고, 고전적인 증명들을 대신하여 도덕에 근거하여, 우리가 도덕적이려면 하나님을 계속 믿어야 한다고 주장하였다.

그러므로 칸트는 우리에게 『이성의 한계 안에서의 종교』에서 제시한 것과 같은 재구성된 또는 이성으로 재건된 기독교를 가져다준 것이다. 칸트의 계몽주의적 기획은 종교 전쟁들에 시달리며 보편성에 대한 관심을 갖는 가운데 나왔으며, 전통에 있는 불확실성들을 거부할 것을 요구하였고, 그에 따라 (성경과 같은) "특별" 계시에 대한 거부도 요구된다. 전통과 특별 계시는 구체적이고 특정한 역사적 공동체들에 속박되어 있기 때문에, 이런 것들에 기초한 모든 종교는 특수하며 불확실한 것이다. 그러므로 "보편" 종교(계몽주의가 희망하는 바)가 될 자격이 없다. 따라서 칸트는 정확히 보편적으로 이해되는 도덕 원리들을 중심으로 하는 종교에 대한 재검토를 제안하였다. 왜냐하면 그러한 도덕 원리들이 합리적이기 때문이다. 칸트가 "순수 도덕 종교"pure moral religion로 묘사한 것은 기독교와 같은 고백적 종교의 "예배적"cultic 특성이 없는 것이었다. "도덕 종교"에 대한 이러한 기획은 이후의 고전적 자유주의 신학의 발전에 확연한 영향을 미쳤다.

함께 보기 #계몽주의 #다원주의·배타주의·포용주의 #데카르트 #모더니티·모더니즘 #신앙 #신앙과 이성 #신 존재 논증 #윤리학 #윤리학(성경적) #이성과 믿음(하나님에 대한) #인식론 #자연 신학 #존재신론 #페미니즘·페미니스트 철학 #포스트모더니즘 #행복 #형이상학·존재론 #흄

참고 문헌 Roger Scruton, 『칸트』(Kant); Manfred Kuehn, Kant; Nicholas Wolterstorff, 『종교의 한계 안에서의 이성』(Reason within the Bounds of Religion); C. Stephen Evans, Subjectivity and Religious Belief; John Hare, The Moral Gap; Allan Wood, Kant's Rational Theology; Philip Quinn, ed., "Kant's Philosophy of Religion."

키에르케고어, 쇠얀

Kierkegaard, Søren Aabye, 1813-1855

덴마크의 철학자로, 자신의 철학적 과업을 그리스도인이라는(또는 그리스도인이 된다는) 것이 무엇을 의미하는지를 찾는 것으로 여겼다. *헤겔 철학과 덴마크 루터란 국교회의 외적인 형식주의에 대해 반발하며, 내면의 역할이나 주체적 전유appropriation를 강조하는 실존(특히 그리스도인의 실존)에 대한 설명을 제공하였다. 그는 합리주의(*신앙을 합리적인 것으로 환원)와 교조주의(신앙을 객관적인 명제에 대한 지적인 동의로 환원) 모두에 반발하였다. 키에르케고어에게 믿음이란 무모함이며, 합리적인 것을 넘어서게 만드는 "도약"이다(복음이 헬라인에게는 미련한 것이라는 사도 바울의 주장이 반영됨, 고린도전서 1:18-25). 이러한 주제는 『공포와 전율』*Frygt og Bæven*, 『철학적 단편』*Philosophiske Smuler eller En Smule Philosophi*, 『(철학적 단편에 붙이는) 비과학적 후기에 대한 결론』*Afsluttende uvidenskabelig Efterskrift til de philosophiske Smuler*과 같은 주요 작품에서 발전되었다.

이 주장들은 여러 텍스트에서 다양하게 전개된다. 『공포와 전율』에서는 "진정한" 개인의 의미가 무엇인가를 고찰하고, 더 구체적으로는 하나님과 진정하게 관계된다는 것이 무엇을 의미하는지를 고찰한다. 이에 대한 전형은 이삭을 제물로 바치라는 하나님의 명령에 대한 아브라함의 반응이다(창세기 22). 진정한 개인은 절대자와 단독적이며 직접적인 관계에 있는 자, 곧 이삭을 바치라는 하나님의 명령을 홀로 받아들인 아브라함과 같은 사람이다. 이것을 이해하는 것은 키에르케고어의 실존의 여러 단계를 구분하기 위해 필요하다. 첫 번째는 **심미적 단계**로, 자기 자신의 고유한 욕망을 만족시키기 위해 전념하는 단계다. 여기에서 개인은 오직 자기 자신에게만 관심이 있으므로, 다른 무엇과도 관련이 없다. **윤리적 단계**에서 개인은 자기 자신 밖으로 끌려 나와서 자신의 기쁨보다 더 중요한 타인에 대한 자신의 의무를 본다. 윤리적 단계는 의무와 법의 영역이다. 그래서 윤리 규칙 중 하나를 예로 들면, "너는 살인하지 말라(따라서 '너는 네 자신의 아들을 죽이지 말라'도 분명히 포함된다)"이다. 만약 인간이 도달할 수 있는 가장 높은 단계가 순전히 윤리적인 단계라면, 어떻게 아브라함이 신앙의 영웅으로 알려질 수 있겠는가? 윤리적으로 보면, 아브라함은 살인자 또는 적어도 살인 미수자다. 어떻게 아브라함을 이해해야할지 당혹스러워 하면서, 키에르케고어는 세 번째 단계에 도착한다. **종교적 단계**는 단순히 윤리적인 것을 **넘어서** 절대자와 단독적인 관계로 나아가는 곳이다. 이 관계는 윤리나 합리성의 관점으로는 "이해되지 않는다." 부조리한 것이다.

키에르케고어는 『비과학적 후기에 대한 결론』에서 "진리는 주관적이다"라는 금언을 던진다. 그는 이 말로써 "객관적으로" 진리일 수 있는 내용을 부인하는 것이 아니다. 다만 그러한 진리를 주관적으로 전유하기 전까지는 참된 내용이 아니라는 말이다. 이에 대한 전형적인 예는 어떻게 우리가 성육신의 진리를 아는가 하는 것이다. 하나님이 그리스도 안에서 세상과 자기 자신을 화해시키신 것은 객관적인 사실이지만, 이 진리는 오직 개인의 마음이 주관적으로 전유할 때에만 내용이(진리가) 된다. 그리고 단순히 명제적 진리에 대해 이성적으로 동의하는 것으로는 내 것이 되지 않으며, 뜨거운 마음의 헌신으로 내 것이 된다.

키에르케고어는 장-폴 사르트르와 같은 실존주의자들이 전개되는 일에도 한몫하였지만, 마르틴 *하이데거와 칼 바르트에게도 중대한 영향력을 가하였다. 따라서 20세기 개신교 신학에 핵심적인 영향력을 미친 것이다. 결단과 주관적인 전유를 강조했기에, 칼 바르트와 폴 틸리히에게 영향력을 미친 사람이 된 것이다. 바르트는 사람과 하나님 사이의 "무한한 질적 차이"에 대한 키에르케고어의 신념에 깊은 인상을 받아서, 인간의 범주를 너머서는 "전적 타자"로서의 하나님이 바르트 신학의 핵심이 되었다. 이는 *자연 신학에 대한 바르트의 유명한 거부를 이끌어 냈으며, 그에 상응하여 신학의 원천으로서 말씀 안에서 하나님이 계시하심을 지지하도록 만들었다. 키에르케고어의 객관적 이성에 대한 비판과 주관적 전유에 대한 강조는 *포스트모던적 합리성 비판을 선도한 것으로 보이며, 자크 데리다와 존 카푸토와 같은 인물들에게 영향을 미쳐 왔다.

함께 보기 #계몽주의 #모더니티·모더니즘 #신앙 #신앙과 이성 #실존주의 #위-디오니시오스 #윤리학 #이성과 믿음(하나님에 대한) #인간 본성 #진리 #초월 #칸트 #포스트모더니즘 #행복 #헤겔

참고 문헌 C. Stephen Evans, *Kierkegaard's "Fragments" and "Postscript"*; idem, *Passionate Reason*; idem, *Faith Beyond Reason*; Merold Westphal, *Becoming a Self*.

파스칼, 블레즈

Pascal, Blaise, 1623-1662

프랑스의 수학자로, 극적인 회심 후에 자신의 경이로운 지성을 기독교 옹호에 바친 사람. 파스칼은 요절했기에, 자신의 연구를 끝내지 못하였다. 그러나 그의 노트와 생각들은 사후에 『팡세』*Pensées: 생각들*라는 제목하에 출간되었다. 그가 연구한 것은 무관심하고 냉담한 사람들이 하나님, *불멸성, 삶의 의미에 관한 궁극적인 문제들에 마음을 쓰도록 충격을 주는 것이었다.

파스칼은 '예수 그리스도의 하나님을 믿는 믿음의 특수성'과 반대되는 *철학적 *환원주의에 대한 예리한 비판자였다. 따라서 그는 종종 철학자들의 하나님과 '아브라함과 이삭과 예수 그리스도의 하나님'을 대비시켰다. 이중 일부는 아우구스티누스에게 깊게 영향을 받은 자신의 인식론에서 비롯된 것으로, 우리의 믿음에 있어서 **정서**의 중요성을 강조하였다. 그래서 파스칼은 "마음은 이성reason이 알지 못하는 이치reasons를 가지고 있다"라는 유명한 말을 하였다.

파스칼은 '**파스칼의 내기**'로 알려진 것으로 가장 유명하다. 이 내기는 하나님을 믿는 것의 합리성에 대한 비용 대비 이익 분석을 제공한다. 하나님이 존재하실 가능성과 불신자가 영원한 *지옥에서 벌받을 가능성, 신자가 영원한 복으로 보상받을 가능성을 감안할 때, '신이 존재한다'에 내기를 거는 것이 합리적이라고 주장한다. 파스칼은 합리적 결정 절차를 이용하여, 하나님의 존재하심에 내기를 걸 것을 고려해 보라고 요구한다. 만약 누군가 하나님의 존재에 내기를 걸었다면, 하나님이 존재하셔서 영원한 복을 누리거나 혹은 하나님이 존재하지 않아서 약간의 것을 잃거나 둘 중 하나다. 다른 한편으로, 하나님이 없다는 것에 내기를 걸고 이긴다 해도, 그것으로 얻을 이익은 아주 적다. 하지만 만약 내기에서 진다면, 영원한 지옥에서 고통을 받게 될 것이다. 파스칼은 증거를 통해 하나님이 존재하시는지 여부를 결정할 수 없다고 해도, 하나님의 존재를 믿는 것이 이해타산적으로 요구됨을 보여 주었다. 파스칼은 내기에 대한 옹호를 끝맺으며 이렇게 말한다. "그렇다면, 하나님이 존재하신다에 내기를 걸라."

파스칼의 내기에 대한 세 가지 대표적인 비판이 있다. 첫째, 파스칼식의 내기는 가능한 것들 대한 완전한 목록이 있는 경우에만 제 기능을 한다. 파스칼은 기독교의 하나님을 믿어야 하는지 여부만 검토했다. 수많은 종교들 중에 자신이 받아들여야 하는 종교를 결정하기 위해서 파스칼의 방법을 사용한다면 얼마나 어려울지 생각해 보라. 둘째, 단순히 지옥의 고통을 피하고 천국의 기쁨을 얻기 위해 믿는 것은 지극히 이기적인 믿음의 토대이며, 하나님을 믿는 진정한 신앙에 적합한 토대를 주지 못한다. 셋째, 하나님을 믿는 것이 최선의 이익을 가져다준다고 설득당한다 하더라도, 그로써 믿음을 얻을 수 있는 것은 아니다. 믿음은 대체로 우리의 직접적이고 자발적인 통제 안에 있는 것이 아니다. 예를 들어, 눈을 감고 하나님에 대한 당신의 믿음에 대해 생각해 보라. "당신이 하나님을 믿고 있었다면, 이제는 잠시 믿지 않는 쪽을 선택해 보라. 그러고 나서 다시 믿는 쪽을 선택해 보라." 이것과 비슷한 무수히 예들은, 무엇을 믿는지는 단지 우리가 선택하는 것이 아님을 보여 준다.

반론들에 대한 파스칼의 답변은 대개 간과된다. 내기는 단지 사람들로 하여금 영원한 운명에 관심을 갖도록 충격을 주기 위한 수많은 도구 중 하나일 뿐이다. 파스칼은 우리의 갈망이 진리를 분별하는 능력에 영향을 미친다고 주장한 다음, 우리의 갈망이 진리로 적절히 향하게 하려고 시도한다. 내기는 하나님에 대한 진리를 추구하려는 갈망을 불러일으킬 수 있고, 자신의 갈망이 변화되면, 기독교에 대한 증거를 적절히 판단할 수 있다.

함께 보기 #계몽주의 #데카르트 #변증학 #신앙과 이성 #아우구스티누스 #이성·합리성 #이성과 믿음(하나님에 대한) #존재신론 #지옥 #하나님(신앙의)

참고 문헌 Thomas Morris, 『파스칼의 질문』(*Making Sense of It All*); Marvin R. O'Connell, *Blaise Pascal*.

페미니즘·페미니스트 철학

Feminism/Feminist Philosophy

여성에 대한 정치적, 사회경제적, 문화적 억압을 없애고자 하는 것으로, 주로 실천적인 운동이다. 현대 철학에서 페미니즘 철학은 *윤리학, 인식론, 과학, 정치학에서 성의 역할을 강조하고자 하는 운동이다. 페미니즘은 18세기 메리 울스턴크래프트의 작품까지 거슬러 올라갈 수 있지만, 1970년대까지는 꽃 피지 못했다. 페미니스트들은 인간 번영에 필요한 모든 방식에 대한 모든 접근을 망라하는 여성의 평등권을 요구한다.

역사적으로 여성에게 가해진 불의들은 '인간 존재로서 번영한다는 것은 어떤 의미인가?'하는 그저 이론적인 질문에 대답하는 것으로써 정당화되었다. *아퀴나스와 *칸트와 같은 그리스도인들을 비롯하여 역사적으로 중요한 사상가들은 여성이 본성상 남성들보다 열등하며 인간을 번영시킬 능력이 없다고 믿었다. 여성들은 이성적인 능력이 부족하여, 감정이나 열정, 욕망에 더 좌우된다고 믿었다. 이성은 인간이 하나님과 공유하는 특성이지만, 감정과 열정과 욕망은 동물들과 공유하는 특성이다. 이러한 도식에 따라, 남자는 여자보다 하나님과 비슷하며, 여자는 남자보다 동물과 더 비슷하다고 믿었다. 이 가부장적인 전통에서 남자들은 될 수 있는 한 신과 같이 될 것을, 여자들은 남자에게 다스림을 받는 자가 되기를 열망해야 했다. 그리고 사회는 이러한 차이점에 부합하는 방식으로 질서가 잡혀야 했다. 페미니스트 철학은 '이러한 인간 정체성 모델에서 발견된 남성의 특권 및 권력'과 이에 기초한 '인간 번영에 대한 이해'가 허위임을 드러내고자 한다.

자유주의 페미니즘liberal feminism은 이상적인 인간(합리적이고 자율적인 인간)에 대한 전통적인(*계몽주의적인) 관점을 받아들여서, 여자도 남자와 마찬가지로 완전한 인간이 될 수 있다고 주장한다. 20세기 말 사상가들은, 이상적인 인간이라는 견해들을 거부하기 시작했다. 왜냐하면 그 견해들은 남성의 특성을 고귀한 것으로 여기기 때문이다. 종종 **성차 페미니스트**difference feminist로 불리는 이 사상가들은 남성과 여성이 서로 다르지만, 이상적인 형태의 남성과 여성은 동등한 가치를 지닌다고 믿는다. 그러나 다른 페미니스트들은 소위 남녀 간의 성차라는 것은 문화적인 것이지 생물학적인 것이 아니라고 믿는다. 이런 유형의 페미니즘은 전형적인 **반본질주의**다.

페미니스트 철학자들은 성적 차이가 철학적으로 중요하다고 생각하는 경향이 있다. 예를 들어 캐럴 길리건은 자신의 책 『다른 목소리로』*In a Different Voice*에서, 남성들이 여성들보다 더 규칙 중심적이기 때문에 정의의 윤리를 발전시켜 온 반면, 여성들은 타인과 공감하는 관계적 경향이 있어서 보살핌의 윤리ethic of care에 보다 익숙하다고 주장하였다. 정치 철학과 인식론 같은 다른 분야에서도 페미니스트 관점의 논의가 이루어지고 있다.

　　페미니스트들은 종교적 믿음에 대해서도 다양한 의견을 제시하고 있다. 그리스도인 페미니스트들이나 비유신론자인nontheistic 페미니스트들 모두 기독교 전통의 여성관에는 논의가 필요한 심각한 문제가 있다고 생각한다. 특히 기독교 신학이 역사적으로 여성들에 대한 평가절하와 복종시키기를 정당화하는 데 사용되었음에 모두 동의한다. 몇몇 페미니스트들은 분명한 기독교적 관점에서 작업을 하여, 잃어버린 기독교 전통의 평등에 대한 요소를 되찾아 오려고 한다. 이는 *하나님의 본성과 마찬가지로 인간의 본성에 대한 논의와 관련되어 있다. 성서학에서 필리스 트리블(구약학)과 엘리자베스 쉬슬러 피오렌자(신약학)와 같은 성서학자들은 정경에서의 여성에 대한 종속subjugation과 소외에 자세히 주목하였다. *종교 언어에 대한 논의에서 페미니스트 신학자들은 하나님에 대한 성 중립적 언어와 여성적 언어의 적절성을 주장해 왔다. 몇몇은 주장하기를, 하나님을 "아버지"로 부름으로써 계속해서 그리스도인들이 여성을 평가절하하는 억압적인 가부장제에 참여하고 있다고 한다. 또한 페미니스트 사상가들은 교회 안에서 여성에 대한 종속을 뒷받침해 온 전통적인 텍스트들에 대한 재고를 촉구한다. 몇몇 페미니스트 사상가들은 기독교에 대해 더 급진적인 관점을 가지고 있다. **탈유신론적**posttheistic 페미니스트들은 하나님이라는 바로 그 개념이 참된 여성 해방과 평등에 정반대된다고 주장한다. 또 다른 페미니스트들은 기독교 전통에 내재한 권위 개념이 전통적인 가부장제의 억압에서 벗어나지 못하게끔 한다고 주장한다.

함께 보기 #관점주의 #본질·본질주의 #인간 본성 #인식론 #정의 #포스트모더니즘

참고 문헌 Natalie Watson, *Feminist Theology*; Ruth Groenhout and Marya Bower, eds., *Philosophy, Feminism, and Faith*; Elizabeth Fox-Genovese, *Feminism without Illusions*; Serene Jones, *Feminist Theology*; Letty M. Russell, ed., *Feminist Interpretation of the Bible*; Susan Parsons, ed., *The Cambridge Companion to Feminist Theology*; Francis Martin, *The Feminist Question*; Phyllis Trible, 『성서에 나타난 여성의 희생』(*Texts of Terror*).

편재

Omnipresence

어디에나 현전하고 있다는 속성으로, 시편 139장 7-9절과 같은 성경의 주장을 모티프로 한다. 하나님의 편재는 물리적으로나 공간적으로 정의되는 것이 아니다. 하나님은 공간적이거나 물질적인 존재가 아니시기에, 공간 속 모든 지점에 물리적으로 존재하시는 분이 아니다. 오히려 하나님께서는 모든 순간, 모든 장소에 자신의 권능과 선을 미치신다. 하나님은 비공간적으로 모든 곳에 존재하신다.

반면에 **범신론**pantheism은 하나님과 모든 것을 동일시하므로, 모든 것은 곧 하나님이며 하나님은 곧 모든 것이라고 말해질 수 있다. **범재신론**panentheism은 하나님이 우주의 영혼이라는 견해이다. 인간 영혼이 육체에 생기를 주듯이, 하나님의 혼은 전 우주에 생기를 준다. 압도적인 다수의 기독교 전통은 이러한 두 견해를 모두 거부한다.

편재 논의를 둘러싼 두 가지 중요한 쟁점이 있다. 첫째는 보편적인 하나님의 현전과 구속적인 하나님의 현전의 차이에 관한 것이다. 편재는 하나님께서 어디에서나 동일하게 같은 방식으로 계신다는 의미가 아니다. 그리스도인들은 하나님이 십자가 위에서 독특하게 존재하심을 믿는다. 하나님은 또한 교회의 성례전에서 독특한 방식으로 존재하신다. 편재 논의를 둘러싼 두 번째 중요한 쟁점은 하나님과 시간과 공간의 관계에 관한 것이다. 만약 하나님께서 어디에나 존재하신다면, 하나님은 또한 모든 순간에 존재하시는가? 몇몇은 모든 곳에 비공간적으로 존재하심이 모든 순간(과거, 현재, 미래)에 무시간적으로 존재하심을 함축한다고 주장해 왔다. 또 다른 이들은 하나님께서 (현재) 공간적으로 어디에나 존재하신다고 할지라도, 하나님께서 시간적으로 어디에나 (즉, 과거나 미래에) 존재하실 수는 없다고 주장한다. 하나님의 행동은 행동 전과 후의 차이가 요구된다.

함께 보기 #영원·불후 #존재신론 #하나님의 본성

참고 문헌 Luco van den Brom, *Divine Presence in the World*; Richard Swinburne, *The Coherence of Theism*.

포스트모더니즘

Postmodernism

건축에서부터 물리학에 이르는 여러 분야에 걸쳐서 *모더니티에 대한 비판을 기술하기 위해 느슨하게 사용되는 용어. 유감스럽게도 이 용어는 보통 신학이나 기독교적 관행에서 단순히 현대적 도깨비라는 딱지를 붙이기 위해 사용된다. 그러나 더 세부적으로 구분하자면, 대개 "포스트모더니즘"이 특별히 이론적이거나 학문적인 설명을 기술하기 위해 사용되는 반면에, 보다 광범위한 문화적 환경을 언급하기 위해서는 "포스트모더니티"라는 말이 사용된다. 자크 데리다를 포스트모더니즘의 지지자라고 한다면, MTV와 인터넷의 부상은 포스트모더니티의 징후일 것이다. 어쨌든 이 용어는 아주 애매하며slippery, 방대한 입장과 현상을 나타내는 데에 사용된다. 이런 애매성은 리처드 로티조차 이 단어는 "이 단어가 지닌 가치보다 더 많은 문제를 일으키고 있다"라고 생각하게 만들었다. 그래서 이 단어는 조심스럽게 한정하여 사용되어야 한다.

포스트모더니즘은 모더니티와 모더니즘의 근본적인 확신에 대판 비판에 맞춰져 있다는 점에서 어느 정도 반작용적인 것이라 할 수 있으며, 어쩌면 모더니즘에 의존한다고까지 할 수도 있다. 포스트모더니즘은 특히 *칸트와 *데카르트 같은 근대 철학자들의 *인식론적 확신에 대한 비판에 맞춰져 있다. 그리고 이 인식론적 비판은 *윤리 영역에 대한 비판과 수정도 수반한다. 예를 들어, 보편적 *이성 개념에 대한 포스트모던의 거부는 칸트의 정언 명령과 같은 것의 거부를 수반한다. 대신 포스트모던 윤리는 개별적이고 구체적인 것에 집중하는 경향이 있다. 따라서 포스트모던 윤리는 이따금 일종의 결의론casuistry으로 묘사되어 왔다.

모더니티의 인식론적 교리 중 하나는 "토대론"으로 묘사되는 것인데, 인문학자들과 과학자들이 세계를 (종교적 편견이나 정치적 편견 없이) "실재" 그대로 알 수 있다는 전망을 보여 주었다. 예컨대 데카르트에 따르면 타당하게 획득한 지식이란 처음부터 철저하게 "확실한" 토대들에 기초하여 구성된 것을 말한다. 가장 기초적인 토대가 되는 믿음은 자명하고 반박할 수 없는 기준을 충족해야 한다. 칸트를 비롯한 사람들에게, 지식에 대한 이러한 설명은 진리를 보증해 주는 보편적이고, 중립적이며, 자율적인 이성 개념을 낳았다. 이러한 객관적인 지식에 대한 토대론적 설명은 포스트모던적 비판의 주요 목표 중 하나다.

*하이데거와 가다머, 데리다와 같은 철학자들에 따르면, 모든 지식에는 언제나 선입견이 포함되어 있다. 이는 세계에 대한 우리의 지각이 우리의 "지평들"에 의해 조건 지어지기 때문이며, 또한 이 지평들은 우리의 특정한 사회문화적 역사와 관련되어 있다. 보편적이고, 중립적이며, "객관적인" 지식이란 불가능한 것이며, 오직 특정한 헌신commitments으로부터만 말해질 수 있는 세계에 대한 "이야기들"이 있을 뿐이다. 미셸 푸코는 '지식은 **권력**에 조건 지어지며, 우리의 "선입견들"은 권력과 지배에 대한 관심으로부터 나온다'고 주장함으로써 이러한 비판을 심화했다. 장-프랑수아 리오타르는 포스트모더니즘을 "거대담론metanarratives을 향한 의심"으로 정의했는데, 이는 가장 유명한 정의다. 거대담론을 통해서, 리오타르는 단순히 "스케일이 큰" 이야기를 의미한 것이 아니라, (칸트, 헤겔, 마르크스 또는 실증주의에서와 같이) 보편적이고 자율적인 이성에 호소함으로써 스스로를 근거로 삼는 세계에 대한 설명을 의미한 것이다. 리오타르에게 세계에 대한 설명은 모두 (심지어 과학적인 설명조차도) 궁극적으로 종교적 이야기나 "신화"와 유사한, 토대 "담론"에 호소하는 것이다. 따라서 모든 지식은 신앙 이야기의 특수성particularity에 뿌리를 두고 있다. 지식에 대한 이 통찰이 주는 영향 중 하나는 (리오타르와 위르겐 하버마스에 의해) "정당성 위기"legitimation crisis로 불리는 것인데, 우리의 설명을 정당화하는 보편적 이성에 호소할 수 없다면 '어떻게 "합의"가 가능하겠는가?' 하는 것이다.

포스트모더니스트들은 모더니스트들보다 그러한 합의를 이루는 것에 대해 덜 낙관적이다. 그러나 대부분의 기독교 철학자들과 탈토대론적 신학자들 역시 이러한 상황을 지지하고 있음을 주목해야 한다. 그래서 "이야기 신학"narrative theology은 어떤 면에서 일종의 포스트모던 신학으로 보일 수 있다. 그러나 포스트모더니즘은 또한 "사신" 신학적 방식으로, 특히 마크 C. 테일러와 도널드 큐핏의 작업에서 더 "급진적인" 신학들을 생산해 내고 있다.

몇몇 기독교 신학자들은 포스트모더니즘이 "거대담론"을 거부하는 것이라면, 여기에는 분명 기독교 이야기에 대한 거부도 수반된다고 주장해 왔다.

급진적인(그리고 덜 책임적인) 포스트모더니즘의 몇몇 형태는 포괄적인 이야기의 개념을 거부할 수도 있겠지만, 리오타르의 비판이 그런 것은 아니다. 그러므로 성경 이야기가 중립적인 이성에 근거한 이야기라고 가정하는 한에서만, 기독교 이야기는 거대담론에 대한 리오타르의 비판을 받게 될 것이다. 고전적 변증가들은 중립적인 이성에 근거한다는 식으로 무언가를 가정하였겠지만, 전제주의자들과 비토대론자들은 그렇지 않다. 따라서 기독교 신학은 사실 거대담론을 향한 포스트모더니티의 의심들을 **공유**할 수도 있다.

포스트모더니즘은 종종 부정적이며 거의 무도덕적인 용어로 이해되는 반면(일반적으로 인정된 바와 같이, 포스트모더니즘의 더 니체적인 몇몇 요소들은 이런 암시를 준다), 포스트모더니즘의 핵심에는 정의에 대한 매우 적극적인 관심이 있다. 데리다와, 레비나스, 리오타르, 로티, 푸코와 같은 "책임 있는" 포스트모더니스트들이 그렇다. 이들에게, 사회적·제도적 구조가 힘없고 억압받는 사람들을 지배하며 비주류로 몰아내는 방식에 대한 신랄한 비판이 있음을 인정하는 것은 중요하다. 지배에 관한 마르크스주의의 광범위한 영향이 푸코에게서 이와 같이 나타난 반면, 민주주의적 자유주의(약간의 마르크스주의와 함께)는 정의에 대한 로티의 관심에 영향을 미쳤으며, "과부와 고아와 이방인"에 대한 성경의 관심은 레비나스에게 직접적인 영향을 미쳤다. 따라서 레비나스는 히브리적 윤리 개념을 현대 포스트모던 담론에 도입해 왔고, 또 레비나스는 데리다에게 중요한 영향을 미쳤다. 레비나스에 따르면 그리고 모더니티의 "권리 담화"rights talk와는 대조적으로, 나는 다른 무엇보다도 중요한 "권리"를 가진 개인이 아니며, 오히려 나는 언제나 이미 타인의 얼굴에 대한 의무가 있는 나 자신을 발견한다. 레비나스에게 "타인"은 다른 사람이자 동시에 하나님의 타자성Otherness or alterity을 "구현하는"incarnate 존재이다. 주도권을 쥔 모더니티의 "동일성"과는 대조적인 타자성에 대한 포스트모던의 관심에서, 기독교 신학자들은 문화 비평과 참여를 위한 중요한 성경적 기초를 발견하였다.

함께 보기 #계몽주의 #관점주의 #니체 #데카르트 #모더니티·모더니즘 #인식론 #칸트 #해체
참고 문헌 John Caputo and Michael J. Scanlon, eds., *God, the Gift, and Postmodernism*; Stanley J. Grenz and John R. Franke, *Beyond Foundationalism*; David Harvey, *The Condition of Postmodernity*; Gavin Hyman, *The Predicament of Postmodern Theology*; Jean-François Lyotard,

『포스트모던적 조건』(*The Postmodern Condition*); John Milbank, 『신학과 사회이론』(*Theology and Social Theory*); Merold Westphal, ed., *Postmodern Philosophy and Christian Thought*.

포용주의 ▸▸ 다원주의 · 배타주의 · 포용주의 27

포이어바흐, 루트비히

Feuerbach, Ludwig Andreas von, 1804-1872

*자연주의를 상정하고 이를 기초로 하여 종교 철학을 전개한 독일의 철학자. 포이어바흐는 종교가 "환상"이라고 믿으며, 신학을 인류학으로 환원하였다(종교 연구에서 우리는 인간 존재에 대해 배우는 것이지, 어떤 *초월적인 실재에 대해 배우는 것이 아니다). 포이어바흐는 절대자에 대한 개인의 의존성에 관한 *헤겔의 견해를 거부하였다. 포이어바흐는 인간들이 자신들의 형상 곧 인간의 형상대로 하나님을 창조하였다고 생각했다(인간의 이상들을 투영함으로써). 이 이상과 인간을 비교하면, 인간 존재는 저급하고 악하다. 그러므로 포이어바흐는 주장하기를, 하나님을 발명함으로써 인간들은 자신들의 진정한 본성으로부터 소외되었다. 포이어바흐는 만약 우리가 종교를 극복할 수 있다면, 자기 소외도 극복될 것이라고 주장하였다. 결국 포이어바흐는 인간 존재의 영적, 반자연적 본질 대신 생리학과 인류학을 도덕의 기초로 삼았다. 우리가 인간으로 구별되는 이유는 하나님의 형상을 가진 덕분에 인간인 것이 아니라, 다른 인간들과 함께하는 공동체를 갈망하기에 인간인 것이다. 우리는 본질적으로 사회적이며 육체적인 존재이지, 영적인 존재가 아니다. 포이어바흐는 기독교의 "가면을 벗겨 냄"으로써 인간을 해방과 연민의 길로 인도하기를 희망했다. 포이어바흐는 *마르크스, *프로이트, *니체가 무신론신학atheologies을 전개하는 일에 영향을 미쳤으며, 프란츠 오베르벡의 급진 신학뿐만 아니라 더 자유주의적인 형태의 기독교 신학에도 영향을 미쳤다. 칼 바르트의 신학 역시 포이어바흐의 고발에 빚을 진 것으로 또는 포이어바흐에 대한 응답으로 이해될 수 있다.

함께 보기 #니체 #마르크스 #무신론 #자연주의·유물론 #프로이트 #헤겔
참고 문헌 Van Harvey, *Feuerbach and the Interpretation of Religion*; Merold Westphal, *Suspicion and Faith*.

프로이트, 지그문트

Freud, Sigmund, 1856-1939

오스트리아의 심리학자이자 정신분석학의 창시자. 프로이트는 진화론적 세계관에 크게 의존하면서, 인간은 기본적으로 "충동"drives 또는 "본능"instincts 으로 이루어진다는 생각을 품었다. "쾌락 본능"은 리비도 및 성적 기쁨과 직접 관련되며, "죽음 본능"은 모종의 파괴성에 굴복하는 것이다. 파괴성을 향한 이 충동이 쾌락의 추구를 방해하기 때문에, "문명"은 이 본능을 억제하기 위해 발전한다. 그러나 리비도를 어떤 식으로 억제하여 성 에너지를 일과 같이 건설적인 활동으로 전환하는 경우에만 문명이 그 기능을 할 수 있다. 따라서 문명은 인간 본능의 "승화"(본능을 다른 목적으로 전환하는 것)와 "억압"(죄책 기제를 통해 본능을 무의식으로 끌어내리는 것)을 필요로 한다. 이 억압은 문명의 발전에 수반되는 신경증을 낳는다.

프로이트의 설명에는 원초적 기원, 즉 아들들이 자신들의 어머니를 욕망하는 아버지의 위치에 대한 신화도 있다. 아버지는 어머니에 대한 아들의 관심을 막기 위해 아들의 욕망을 억압한다. 아들은 반항하여 아버지를 죽이고(고대의 연극 『오이디푸스 왕』Oedipus Tyrannus에 구현되어 있다), 자신의 어머니를 취한다(이에 따라 프로이트는 어머니를 향한 욕망을 "오이디푸스 콤플렉스"라고 부른다). 그러나 그 후 아들은 아버지를 죽였다는 죄책감을 느껴서 아버지를 신격화한다. 이는 프로이트가 종교의 기원으로 제시한 설명 중 하나이다(『토템과 금기』Totem und Tabu: Einige Übereinstimmungen im Seelenleben der Wilden und der Neurotiker를 보라). 또 하나의 설명은 궁극의 힘이 아버지와 같다고 믿음으로 인간의 속성을 자연에 투사하는 것이다(『환상의 미래』Die Zukunft einer Illusion를 보라). 우리는 하나님이 존재하기를, 그래서 그 하나님이 다음과 같은 우리의 기도를 들으시길 소원한다("소원성취"라는 말이 여기에서 비롯된다). '하나님은 자연을 다스리고, 우리가 우리의 운명을 받아들이도록 도우시며, 우리의 고난을 보상해 주실 수 있나이다.' 그러므로 종교는 두려운 자연의 현실에 직면하기를 원하지 않는 사람들의 미성숙함을 재현하는 것이다.

함께 보기 #무신론 #자연주의·유물론 #포이어바흐
참고 문헌 Armand Nicholi, 『루이스 vs. 프로이트』(*The Question of God*); William Alston, "Psychoanalytic Theory and Theistic Belief"; Merold Westphal, *Suspicion and Faith*; Herbert Marcuse, 『에로스와 문명』(*Eros and Civilization*).

플라톤·플라톤주의

Platon (Plato), 470-399 B.C. / Platonism

아테네 철학자인 소크라테스의 제자이자, 이론의 여지가 없는 것은 아니지만 서양 철학의 창시자. 그의 저작은 소크라테스를 중심인물로 하는 대화편들을 포함하고 있으며, 가장 유명한 저작은 『국가』*Politeía*다. 이 대화편들은 보다 체계적인 플라톤 자신의 고유한 사상과 함께 서양 철학에서 지워질 수 없는 불후의 영향을 미쳤다. 알프레드 노스 화이트헤드는 "서양 철학은 모두 플라톤의 각주에 불과하다"라는 유명한 말로 이를 표현했다. 플라톤적 전통은 처음에는 *신플라톤주의를 매개로 기독교 전통에 받아들여졌다. 기독교 신학에서 플라톤주의의 전용은 *아우구스티누스의 작품에서 가장 중요하게 드러나는데, 그는 『고백록』*Confessiones* 제7권에서 플라톤주의자(신플라톤주의자)의 책들이 자신을 기독교 *신앙으로 회심하도록 도왔다고 명시하고 있다. 이러한 영향은 중세 내내(*아퀴나스에서 볼 수 있듯이), 그리고 종교개혁(칼빈에게서), 또한 현대 사상에까지(급진 정통주의의 작업에서) 계속되고 있다.

플라톤 철학은 *초월 또는 간혹 "예지계"로 묘사한 것에 특별히 강조점을 둔다. 플라톤의 *존재론에 따르면, 실재에는 어떤 계층이 있다. 실재는 경험세계인 물리적·물질적 세계와 사상의 세계인 지적·비물질적 세계로 뚜렷이 구분된다. 플라톤에게 "정말 실재하는" 것은 맛보거나 듣거나 보는 그런 감각적 대상들이 아니라, 오히려 그러한 개별적인 것들의 "형상들" 또는 본질들이다. 개별적이고 감각적인 것들은 이러한 지적인 형상을 분유分有; participation〔형상에 참여〕하기는 하지만, 단지 형상의 모사copies일 뿐이다. 예를 들어, 우리는 방 안의 많은 의자들을 눈(시각 기관)으로 지각하여 볼 수 있지만, 의자의 형상은 단 하나가 있을 뿐이며 우리는 그것을 눈으로 볼 수는 없고, *마음(플라톤이 "이성지"理性知; intellection 라고 부른 것)으로 파악할 수 있다. 그러니까 플라톤에게 "정말로 실재하는" 것은, (영원하며 불변하는) 비가시적인 형상의 세계지, (덧없이 생성하며 소멸하는) 가시적인 사물의 세계가 아니다. 물질의 세계는 형상들보다 "덜 실재적"이다. 그래서 플라톤 철학은 "위의 것"에 마음을 둘 것을 강조한다. 이를 통해 기독교 신학자들이 어떻게 그러한 철학적 틀에 끌리게 되었는지를 볼 수 있다.

그러나 『파이돈』Phaidōn에서와 같은 인간 존재와 불멸성에 대한 플라톤의 논의를 고려할 때, 우리는 플라톤 사상과 기독교 사상의 긴장이 시작됨을 본다. 플라톤에게 인간 존재의 본질은 육체에서 분리된 비물질적 영혼이다. 그러한 인간 영혼이 육신을 입으면 일종의 형벌로 여겨진다. 실제로 플라톤은 육체를 영혼의 감옥으로 묘사하였으며, 영혼이 육체로부터 해방되어 자유로워지기를 추구한다고 하였다. 감금된 육체로부터 해방되는 길은 철학을 추구하는 길이며, 이는 형상을 사색하기 위해서 물질적, 세속적 기쁨을 금욕적으로 거부해야 하는 것이다. 철학적 삶을 사는 인간은 죽음과 동시에 육체라는 감옥에서 벗어나게 될 것이다. 물질적 기쁨에 빠져 사는 사람은 다시 육신을 입고 태어나게 될 것이다. 물질적 기쁨에 빠지는 것에 대한 비판은 신약성서의 주제들을 반영하는 반면, 사람에 대한 이 개념의 근저를 살펴보면 성서의 증언과 상반된다. 성서에 따르면, 우리는 육체를 가진 존재로 창조되었다. 따라서 육체는 감옥이 아니다. 더 나아가, 그리스도인의 소망은 육체의 *부활이다. 반면에 플라톤주의자들의 소망은 육체로부터 탈출하는 것이다. 물질적 창조의 *선함에 대한 이러한 차이는 기독교 전통과 플라톤주의 사이의 깊은 긴장 지점을 보여 준다. 아우구스티누스 전집이 보여 주는 것처럼, 긴장들은 기독교 자체 내에서도 발견될 수 있다.

플라톤주의(또는 몇몇 형태의 신플라톤주의)는 교부 시대부터 근대 초기에 이르기까지 기독교 사상을 지배했다. 그러나 19세기 기독교 신학, 특히 하르낙의 뒤를 이은 독일 신학은 기독교의 "헬라화"에 대해 의심하기 시작했다. 즉, 기독교가 아닌 그리스(특히 플라톤) 교리를 끌어들인 것은 아닌지 의심하기 시작했다. 20세기 기독교 신학에서는 기독교의 탈플라톤화de-Platonize에 대한 관심이 아주 두드러졌다. 그러나 지배적인 문화적 입장이 유물론과 내재성으로 기울어짐에 따라, 기독교는 유물론에 대항하기 위한 원천인 플라톤주의로 다시 돌아서고 있다. 급진 정통주의의 작업에서 이를 볼 수 있다. 급진 정통주의는 창조 세계의 내재성과 초월성을 모두 긍정하는 방식으로 플라톤의 "분유" 개념을 명시적으로 끌어들인다.

함께 보기 #관념론 #마음·영혼·정신 #목적론 #보편자 #본질·본질주의 #부활·불멸성 #선·선함 #신플라톤주의 #아리스토텔레스 #아우구스티누스 #아퀴나스 #에우튀프론 문제 #윤리학 #윤리학(성경적) #이원론·일원론 #인간 본성 #인식론 #존재와 선함 #초월 #하나님의 본성 #행복 #형이상학·존재론

참고 문헌 Julia Annas, *Plato*; C. C. W. Taylor, ed., *Greek Philosophers*; Michel Despland, *The Education of Desire*; John Rist, *Platonism and Its Christian Heritage*.

필연성

Necessity

자유로울 가능성 또는 존재하지 않을 가능성이 없을 때, 명제와 존재에 적용되는 특성. 어떤 명제가 틀릴 가능성이 없을 때, '그 명제는 필연적으로 참이다'라고 말한다. 필연적인 참으로 여겨져 온 여러 명제들은 다음과 같다. "1+1=2", "모든 총각은 결혼하지 않은 남자다", "하나님은 존재하신다." 필연적 상태란, 모든 가능한 상황에서 유지되는 것이다. 예를 들어, 모든 가능한 상황에서 사각형은 언제나 네 변을 가지고 있다. 필연적 존재란 존재하지 않는 것이 불가능한 존재다(대조적으로 우연적 존재란 존재하지 않는 것도 가능한 존재다). 하나님은 필연적인 존재의 가장 확실한 예다. 그러나 수數와 윤리적 진리를 포함하여 다른 것들은 존재할 가능성이 높을 뿐이다. **가능 존재**란, 지금은 존재하지 않지만 존재할 수도 있는 것 또는 지금은 존재하지만 더 이상 존재하지 않을 수도 있는 것이다.

필연성과 가능성에 대한 학문을 **양상 논리학**modal logic이라고 한다. 양상 논리는 "가능 세계들"possible worlds이라는 장치를 이용한다. 가능 세계란, 무제한적인 방식으로 상상할 수 있는 구조다. 즉 실제로 어떤지 여부를 떠나서, 절대 불가능한 것이 아닌 상황을 나타내는 것이다. 예를 들면, 젖소가 달을 뛰어넘어

가는 것은 논리적으로 가능하다. 이것은 지구와 달과 젖소가 존재하는데, 현실 세계와는 좀 다른 모습으로 존재하며, 그래서 그러한 가능 세계에서는 젖소가 달을 뛰어넘는 상황(가능 세계)을 상상해 볼 수 있음을 의미한다. "젖소가 달을 뛰어넘어 간다"는 지금 우리의 현실에서는 거짓이지만, 가능 세계에서는 참일 수 있다. 이 예는 실례를 목적으로 하기엔 좀 터무니없어 보이지만, 양상 논리는 "나는 2인치 더 컸을 수도 있어" 또는 "나는 다른 시간 다른 장소에서 태어났을 수도 있어"와 같이 가능한 것들을 철학적으로 이해할 수 있는 방식을 제공한다. 정리하자면, 명제가 "모든 가능 세계"에서 참이면, 그 명제는 필연적으로 참이다. 즉 어떤 가능한 조건 하에서도, 명제는 계속 참이다.

양상 논리는 최소한 다음과 같은 세 가지 면에서 신학적으로 유용하다는 것이 입증되었다. 첫째, 창조 안에 있는 모든 대상 및 인간과는 달리, 하나님의 존재가 필연적이라는 그리스도인들의 믿음을 조명하여 준다. 어떤 인간이 존재하지 않을 수 있다는 생각은 가능하지만(즉, 인간의 존재는 단지 가능적이거나 우연적이지만), 반면에 하나님이 존재하지 않을 수도 있다는 생각은 불가능하다. 하나님의 필연성의 본질은 하나님의 존재에 대한 존재론적 논증과 우주론적 논증에서 탐구된다. 둘째, 양상 논리는 자유 의지의 본질을 이해하는 데 도움이 된다. 자연법을 따르지 않는 것처럼 보이는 사건들, 즉 의지의 선택이 있다. 이러한 선택은 모든 선행하는 조건들에 비추어 보더라도 필연적인 것이 아니다. 마지막으로 앨빈 플랜팅가의 자유 의지 옹호는 양상 논리를 사용하여 악으로부터의 연역적 논증(만약 악이 존재하면, 하나님의 존재가 불가능하다는 주장)을 논박한다.

함께 보기 #논리학 #라이프니츠 #마음·영혼·정신 #본질·본질주의 #신정론 #악의 문제 #안셀무스 #자유 의지 #하나님의 본성 #형이상학·존재론

참고 문헌 Kelly James Clark, 『이성에로의 복귀』(*Return to Reason*); Kenneth Konyndyk, *Introductory Modal Logic*; Alvin Plantinga, 『신·자유·악』(*God, Freedom, and Evil*); idem, *The Nature of Necessity*; idem, *Essays in the Metaphysics of Modality*.

하나님(신앙의)

God, Belief in

인간이 신 또는 신들을 믿는 것에 관하여 취할 수 있는 많은 입장들이 있다. 가장 기본적인 것은 유신론으로, 신의 존재를 믿는 것이다. 유신론에도 **유일신론**monotheism(오직 한 분의 신만 존재한다는 믿음), **다신론**polytheism(여러 신들이 존재한다는 믿음), **범신론**pantheism(모든 것이 신이라는 믿음)을 포함하여 많은 다양한 입장이 있다. 유일신론은 유대교와 기독교, 이슬람교를 포함한 여러 종교에 부합하는 입장이다.

이신론deism은 많은 계몽주의 사상가들이 취한 유신론적 입장의 하나로, 신은 우주를 시계와 같이 창조하셨으며, 태엽을 감아 놓고 스스로 작동하도록 하셨지만, 지금은 세상에 인격적으로 관여하지 않으신다는 신념이다. 하나님께서 성육신과 부활과 같은 기적을 행하신다는 것을 부인하며, 일반적으로 이신론자들은 기독교를 도덕적 가르침으로 환원한다.

유신론자가 아닌 사람들은 하나님이 존재하지 않는다고 믿는 **무신론자**atheists거나, 하나님에 대한 믿음을 단순히 보류하는 불가지론자다(이들은 하나님의 존재를 긍정하지도 부정하지도 않는다). **불가지론**agnosticism은 하나님의 존재를 증명하거나 반증할 만한 충분한 증거가 없다고 주장한다. 따라서 이성적인 입장은 유신론적 믿음과 무신론적 믿음을 모두 보류하는 것이다. 그리스도인들은 종종 불가지론자들에게 헌신이 결여되어 있다고 폄하하지만, 그리스도인 자신들도 종종 불가지론자다. 예를 들어, 외계 생명체를 증명하거나 반증할 만한 충분한 증거가 없기 때문에, 외계 생명체에 대해 불가지론적 입장을 취한다.

함께 보기 #계몽주의 #신앙과 이성 #우주론 #하나님의 본성

참고 문헌 James Turner, *Without God, Without Creed*; T. H. Huxley, *Agnosticism and Christianity*; John C. Polkinghorne, *The Faith of a Physicist*.

하나님의 본성

God, Nature of

하나님의 본성에 대한 물음은 하나님의 "본질"essence, 즉 하나님은 무엇과 같으신가 하는 문제와 관련된 것이다. 이것은 전통적으로 하나님의 속성attributes 또는 성품characteristics에 대한 논의를 포괄한다. 지난 20년 동안, 하나님의 본성이나 개념에 대한 기독교의 입장은 주로 두 진영—고전적 유신론과 열린 유신론—으로 나뉜다. 고전적 유신론은 역사적으로 지배적인 입장으로, 하나님이 *전능함, *전지함, *불변성, 자존성aseity, 완벽한 *선, *영원성이라는 속성을 지니신다고 주장한다. 전능함이란 무엇이든 할 수 있는 능력이다(이에 대한 몇몇 단서들은 곧 보게 될 것이다). 전지함이란 모든 것을 안다는 것이며, 불변성이란 변하지 않음을 의미한다. 하나님의 자존성은 하나님이 어떤 것에도 의존하지 않으신다는 의미이며, 보통 모든 것이 하나님께 의존한다는 하나님의 주권 교리에 덧붙어 있다. 영원성이란 속성은 하나님은 시간 밖에 계시며, 따라서 시간에 매여 있지 않다는 의미다. 고전적 유신론자들에게 하나님의 속성들은 최고로 완벽한 존재에게 필연적인 속성이다. 열린 유신론자들은 고전적 유신론이 성경의 계시와 그리스의 철학적 개념을 종합하여 발전되어 나온 산물이라고 생각한다. 따라서 하나님의 존귀하심에 대한 성경의 증언을 표현하는 하나의 방법으로 최고로 완벽한 존재라는 철학적 개념이 사용되었고, 하나님이 "전능"Almighty하시다는 성경적 주장을 표현하는 한 방법으로 무소불능●無所不能; omnipotence이라는 철학적 개념이 사용되었다.

고전적 유신론의 모든 속성들 사이에는 긴밀한 개념적 연관성이 있다. 예를 들어, 불변하는 존재는 또한 시간 바깥에 있어야만 한다(시간이 변화의 척도이므로). 몇몇 사상가들은 완벽하게 선한 존재는 또한 전지한 존재여야 한다고 주장한다(선하려면, 선과 더불어 어떻게 선을 극대화할 수 있는지를 알아야 한다). 혹은 거꾸로 설명될 수도 있다—전지한 존재는 필연적으로 완벽하

● 다른 곳에서는 'omnipotence'를 모두 '전능'으로 옮겼지만, 여기에서는 'Almighty'와 구별하기 위해 무소불능으로 옮겼다.

게 선한 존재여야 한다. 그래서 어떤 한 속성을 거부하게 되면 고전적 유신론에 포함된 모든 속성들에 영향을 미칠 수도 있다.

　　몇몇 기독교 사상가들은 고전적 유신론에서 발견되는 성경과 철학 개념의 종합에서, 그리스적 개념이 성경 계시를 대체하고 있지 않냐며 의심하고 있다. 이들은 고전적 유신론의 하나님의 속성 중 하나 이상을 거부하는 것이 적절하다고 보았다. 하나님의 영원성, 불변성, 전능함, 예지, 심지어 선하심을 반대하는 논증들이 제시되어 왔다. **열린 유신론자들** 또는 **관계적 유신론자들**relational theists은 구속사라는 드라마에서 유사-인간quasi-human 역할로 하나님을 그리는 성경의 설화적 부분에 의존하여 주장하기를, 하나님은 시간 속으로 들어오셔서 미래를 총 망라하여 예지하실 수 없으며, 자신의 계획과 목적을 변경하시며, 인간의 실패와 탄원과 촉구에 대해 열린(미리 정해져 있지 않은) 반응을 보이시는 것이 성경의 견해라고 주장한다. 몇몇 **과정 유신론자들**은 심지어 더 나아가서 하나님의 전능하심과 완벽히 선하심을 부인한다. 고전적 유신론자들이 하나님의 속성으로 돌렸던 것을 모두 거부한다면, 하나님의 본성 중 무엇이 과연 뚜렷이 신적인 것으로 남아 있을지 의심스럽다는 비판이 있을 것이다.

함께 보기 #과정 사상 #단순성 #불변성·무감수성 #스토아 철학 #신인동형론적 언어 #신플라톤주의 #아우구스티누스 #아퀴나스 #안셀무스 #영원·불후 #전능 #전지·예지 #존재신론 #종교 언어 #초월 #플라톤·플라톤주의 #해석학

참고 문헌 Thomas Morris, *Our Idea of God*; Edward Wierenga, *The Nature of God*; Clark Pinnock et al., *The Openness of God*; John Sanders, *The God Who Risks*.

하이데거, 마르틴

Heidegger, Martin, 1889-1976

　　*실존주의와 포스트모던 전통에서 가장 중요한 독일 철학자이자, 20세기에 가장 영향력 있는 철학자 중 한 명. 하이데거는 처음에는 가톨릭의 철학적 전통에서 교육받았으나(*둔스 스코투스에 대한 (교수취득자격)논문을 썼다), 가톨릭을 떠나서 루터교로 개종하였다(나중에는 루터교도 떠났다). 그의 초창기

작품(1919-1923)은 종교 *현상학에 초점이 맞춰져 있으며, 특히 *아우구스티누스와 중세 신비주의에 주목하고 있다. 하이데거의 대표작『존재와 시간』*Sein und Zeit*이 1927년 출판되어, 프라이부르크 대학에서 자신의 선생인 후설의 후임 자리를 얻게 되었다.

하이데거는 "존재"의 본성을 이해하고자 하였기에, 자신의 책『존재와 시간』을 하나의 형이상학적 프로젝트로 생각하였다. 존재의 의미를 살펴보기 위해서, 하이데거는 "자신의 존재에 대해 묻는 존재자", 즉 인간 존재에 초점을 맞추었다. 이로써 하이데거가 의미하고자 했던 바는, 인간은 "존재함"이 무엇을 의미하는지 사색하는 그런 존재라는 것이다. *데카르트나 *칸트의 정적인 *자아 개념을 피하기 위해서, 하이데거는 인간을 "주체"로서 기술하지 않았다. 그 대신, 그는 인간 존재에게 **현존재** *Dasein* 라는 이름을 붙였다. 현존재의 문자적인 의미는 "거기에 있는 존재" being there 다. 인간 존재—현존재—는 유한하며, "위치를 점유하는" 존재이며, 지형과 역사에 조건 지어져 있다(세계-내-존재 In-der-Welt-Sein).

그렇다면, 현존재에게 "존재한다"는 것은 무엇을 의미하는가? 하이데거는 자신의 분석을 통해 인간 존재는 본질적으로 **미래적**이라고 제안한다—인간 존재는 무엇인가 되는 것으로 칭해진다. 이와 같이 인간 존재는 근본적으로 미래를 향하게 된다(따라서 존재는 시간성이라고 결론 내렸다). 더 구체적으로, 하이데거는 "죽음을 향한 존재" being-toward-death 에 대해 이야기했다. 이는 죽음으로 인해 우리가 존재하지 않을 가능성이 우리를 깨우는 기능을 한다는 것이다. 진정한 사람은 이러한 "양심의 부름" call of conscience 에 응답하여 나 자신이 부름받은 대로 (본래적인 존재가) 되기를 택하는 사람이다. 사르트르와 카뮈 같은 실존주의자들이 파악한 것이 이러한 노선이다. 신학자 루돌프 불트만 역시 이것을 인간 존재에 관한 진리의 드러남 unveiling 으로 파악했다. 그래서 그는 인간 존재에 대해 이와 유사한 이해가 신약성서에서 발견될 수 있음에 주목했다. 따라서 불트만은 신약성서의 핵심이 실존적임을 증명하기 위해 하이데거의 "순전히 철학적인" 분석에 호소하였다. 그러나 하이데거의 초기 강의가 알려지게 되면서, 하이데거의 설명이 신약성서에서 유래한 것이기 때문에 신약성서의 그러한 점이 반영되어 있다는 것이 명백해졌다. 하이데거의『존재와 시간』의 기초적인 부분들은 데살로니가에 보낸 바울의 편지에 관한 하이데거의 1922년 강의에서 찾아볼 수 있다.

하이데거의 후기 작품들은 기독교 정통에서 더 이교적인 신비주의로 멀리 나아갔다. 그러나 죽음에 앞서, 하이데거는 기독교식 장례 미사를 요청했다. 하이데거는 지난 20세기 가톨릭 신학, 특히 칼 라너의 작업에 상당한 영향력을 미쳤다.

함께 보기 #관점주의 #본질·본질주의 #실존주의 #해석학 #해체 #현상학 #형이상학·존재론

참고 문헌 John Caputo, 『마르틴 하이데거와 토마스 아퀴나스』(*Heidegger and Aquinas*); Laurence Hemming, *Heidegger's Atheism*; Theodore Kisiel, *The Genesis of Heidegger's Being and Time*; John Macquarrie, 『하이데거와 기독교』(*Heidegger and Christianity*); Jean-Luc Marion, *God Without Being*; James K. A. Smith, 『해석의 타락』(*The Fall of Interpretation*); idem, *Speech and Theology*; Hugo Ott, *Martin Heidegger*; John Van Buren, *The Young Heidegger*.

합리성 ▸▸ 이성·합리성 122

해석학

Hermeneutics

해석에 대한 방법 및 이론("해석"을 의미하는 그리스어 헤르메뉴오*hermēneuō*에서 유래하였으며, 이 그리스어는 신들의 전령인 헤르메스와 관련된 말이다). 아리스토텔레스의 『명제론』*De interpretatione*이 나온 후로, 해석학은 글과 발화를 해석하기 위한 조건의 탐구로 이해되어 왔다(구두 발화와 기록된 글 모두 해석이 요구되기 때문에). 해석의 목표는 글 또는 발화의 "의미"를 이해하려는 것이었다. 기독교 교회의 초기 몇 세기 동안, 이 분야는 성서 해석에 대한 문제들에 더 초점이 맞춰졌고, 따라서 본문의 측면을 강조하였다. 하나님께서 의미하신 바가 무엇인지를 분별하기 위해서, 특히 성서 해석에 사용될 수 있는 방법들에 중점을 두었다.

해석학에 대한 첫 번째 "설명서"manuals 중 하나는 아우구스티누스의 『그리스도교 교양』*De doctrina christiana*('기독교 교리에 대하여'On Christian Doctrine, 더 낫게는 '기독교를 가르침'Teaching Christianity)이다. 설교자를 위해 쓰여진 이 설명서는 ("기호"signs

로서의) 언어의 본질을 소개한 다음, 성서의 의미를 파헤치기 위한 다양한 방법을 논한다. 아우구스티누스에게 있어서 "저자의 의도"란 가능한 많은 의미 중 하나에 지나지 않았다. 아우구스티누스가 강조했던 것이 중세 시대에는 성서 안에서 의미의 "충만함"으로 묘사되었는데, 이는 단지 "역사-문법적 석의"에 의해서가 아니라 성서를 알레고리적으로 읽음으로써도 의미가 드러난다는 것이다(아우구스티누스가 자신의 창세기 주석에서 그렇게 했던 것처럼). 사도 바울의 구약 해석에서도 이렇게 성서를 알레고리적으로 읽는 것의 선례를 볼 수 있다(예를 들어, 갈라디아서에서 아브라함, 사라, 하갈에 대한 바울의 해석). 결국 아우구스티누스에게 "참된" 해석의 궁극적 기준은 하나님과 이웃에 대한 사랑이 커지게 하느냐 하는 것이다. 종교개혁자들은 알레고리적 방법의 남용을 조롱하였지만, 오늘날 우리가 알고 있는 식으로 편협한 "역사-문법적" 방법을 옹호한 것은 아니었다. 그러나 종교개혁자들은 로마 가톨릭의 교도권과 같이 본문의 "참된 의미"를 권위의 수중에 두는 구조를 우려하였다. 그 대신 종교개혁자들은 진실한 마음으로 읽는다면 성령이 조명하여 주신다는 성서의 "명확성"perspicuity 내지 명료성clarity을 강조하였다.

모더니티의 출현으로(특히 르네상스 이후) 해석의 문제가 새롭게 주목받았다. 성서 해석을 위한 새로운 원리들이 제시되었고, 뿐만 아니라 법과 예술 해석의 원리도 개발되었다. 여기서 나오는 문제들은 성서에 제기된 문제들과 유사하다(이 그림 또는 법의 **의미**는 무엇인가? 우리는 **어떻게** 알 수 있는가?). 이때도 해석학은 여전히 주로 텍스트에 중점을 두고 있었다. 그러나 마르틴 *하이데거와 한스-게오르크 가다머의 획기적인 작업으로(프리드리히 슐라이어마허와 빌헬름 딜타이를 기반으로 하면서 또한 그들에 대한 응답으로) 모든 삶이 해석을 필요로 한다는 방식이 새롭게 강조되었다—간단히 말해, "세계-내-존재"는 우리를 둘러싼 세계를 파악하고 이해할 것을, 우리 주위를 **해석**할 것을 필요로 한다. 하이데거에게, 내가 어떤 "컵"을 본다는 것은 이미 이것을 컵으로 알고 있다는 것이며, 내가 물을 마실 수 있게 하는 종류의 것으로 내 앞에 있는 이것을 해석한다는 것이다. 내 주위에 대한 이러한 '해석 또는 이해'는 전승 또는 "전통"—세계에 대한 나의 지각 안으로 가져온 선행 조건들(하이데거는 이것들을

"앞서 가짐"forehavings이라고 불렀다)—에 좌우된다. 이에 따라, 특히 하이데거 이후에는, "일반 해석학"general hermeneutics(우리가 주변 환경을 해석하는 방법에 대한 폭넓은 설명)과 "특수 해석학"special hermeneutics(예술, 법, 신학과 같은 개별적인 영역들에 대한 해석 방법에 중점을 둔 것)으로 구분하는 것이 보편화되었다.

　*해체의 전개는 고전적 해석학뿐만 아니라 하이데거식의 개념에도 새로운 도전을 가했다. 특히 자크 데리다는 "기호들"(단어나 몸짓과 같은 언어 "조각들")이 여러 가지로 해석(데리다가 해석의 "놀이"로 묘사한 것) 될 수 있는 길을 강조하였다. 텍스트의 "그" 의미는 고정될 수 없으며, 또한 저자의 의도를 알 수 있는 가능성이 문제시되었다. 따라서 해석학의 최신 논쟁은—해체와 "화행 이론"speech-act theory 사이에서—저자의 의도에 대한 문제를 둘러싼 논쟁이다. 성서를 하나님의 말씀으로 받으며 고백적으로 읽으려면 저자의 의도를 단순히 포기할 수는 없지만, 다만 어떻게 성서의 (여러) 의미들을 분별할 수 있는지는 여전히 논쟁이 되고 있다. 역사-문법적 방법은 계속해서 신학적인 성서 읽기를 지배하고 있지만, 새로운 세대의 학자들은 모더니즘 이전의 아우구스티누스의 통찰과 마찬가지로, 해석에 대한 몇몇 포스트모던적 설명도 타당함을 인식하게 되었다.

함께 보기 #기호학 #슐라이어마허 #종교 언어 #하이데거 #해체

참고 문헌 James K. A. Smith, 『해석의 타락』(*The Fall of Interpretation*); Jean Grondin, 『철학적 해석학 입문』(An Introduction to Philosophical Hermeneutics); Roger Lundin, Clarence Walhout, and Anthony Thiselton, *The Promise of Hermeneutics*; Anthony Thiselton, 『해석의 새로운 지평』(*New Horizons in Hermeneutics*); Kevin Vanhoozer, 『이 텍스트에 의미가 있는가?』(*Is There a Meaning in This Text?*); John D. Caputo, *Radical Hermeneutics*; Hans Frei, 『성경의 서사성 상실』(*The Eclipse of Biblical Narrative*).

해체

Deconstruction

　철학적 비판 전략의 하나로 대개 포스트모더니즘과 연결되어 있으며, 주로 프랑스 철학자 자크 데리다와 관련되어 있다. 이 용어는 1967년 데리다가

철학사에 대한 자신의 접근방식을 기술하기 위해 도입하였다. 유감스럽게도, 요즘 이 용어는 현대 문화에서 부정적인 비판이나 무언가에 대한 분해를 나타내기 위한 일반적인 용어로 아주 느슨하게 사용된다. 그러나 데리다에게 있어서 이 용어는 기본적으로 **긍정적인** 의미를 지닌다.

해체는 텍스트 내부의 의도 때문에 텍스트가 텍스트 스스로를 "무효화" 하는 방식을 보여 주기 위해, 텍스트 또는 글 뭉치 내에서 대립하는 흔적에 주목한다. 이것이 데리다가 해체는 "방법"이 아니며 혹은 우리가 텍스트에 무언가를 "하는" 것이 아니고, 오히려 텍스트가 스스로를 해체한다고 주장하는 이유이다. 데리다에 따르면, 해체는 텍스트가 텍스트에 전제하고 있는 것을 배제하려할 때 발생하는 것이다. 다른 말로 하자면, 텍스트는 종종 텍스트 스스로가 배제하고자 했던 것을 먹고 산다. 예를 들어, 데리다는 『파이드로스』*Phaidros*에서 글쓰기에 대한 플라톤의 이해를 읽으면서(「플라톤의 약국」*Plato's Pharmacy*), 플라톤이 글보다 말을 더 가치 있게 여긴다는 것을 관찰한다. 플라톤은 말을 직접적인 현전의 영역으로 이해하는 반면, 글은 부재로 특징지어진다고 생각한다. 저자가 보통 텍스트 안에 있지 않기 때문이다. 그러나 데리다는 그 다음에 말 또한 똑같이 "부재"로 특징지어짐을 보여 준다. 그래서 플라톤이 만들고자 하였던 이항 대립(현전/부재, 말/글, 영혼/몸)은 그렇게 구분되어 다루어질 수 없다. 그러나 데리다는 생각하기를, 우리가 이러한 것을 발견하면 그 결과는 잃는 것이 아니라 오히려 새로운 이해를 생산하는 것이다. 이는 해체를 주로 부정적이거나 파괴적으로 해석하는 사람들이 데리다의 기획을 오해한 이유이다.

데리다의 철학적인 뼈대는 *현상학에서 파생된 것이며, 그의 작품은 근본적으로 언어에 대한 것이다. 데리다가 "텍스트 바깥에는 아무것도 없다"라고 결론지은 것은 유명하다. 그러나 이 말도 자주 오해되어 왔다. 데리다는 텍스트가 **지시대상**을 가진다는 것을 부인하려 한 것이 아니다. 따라서 해체는 일종의 언어 *관념론으로 이해되어서는 안 된다. 데리다는 나중에 "컨텍스트 밖에는 아무것도 없다"라는 말을 하고자 한 것이라고 자신의 주장을 명확하게 했다. 달리 말하면, 텍스트 너머의 세상에 우리가 접근할 때는 항상 "텍스트성"*textuality*에 의해 매개된다는 것이다. 데리다에게 있어 텍스트성은 '세계 안에 있는 우리의 존재를 다루는 기호와 해석의 체계'를 광범위하게 지칭하는 것이다. 이러한 "기호들"은 다양한 해석의 대상이기 때문에, 해체는 텍스트와 텍스트의 의미—그 의미는 단순히 저자의 의도에 호소함으로써 밝혀질 수 있는 것이 아니다—에 대한 어떤 "놀이"play가 있다고 생각한다(그렇다고 데리다가 저자의 의도가 아무런 역할도 하지 않는다고 부인하는 것은 아니다). 해체는 보통 "무엇이든 허용된다"는 식의 해석학적 접근법으로 이해되고 있지만, 데리다 스스로 명백하게 그러한 개념을 거부하였다. 그러나 미국에서 데리다를 전유하는 사람들은 자신들의 관습으로 이 개념을 조장하려는 경향이 있다.

1990년대 이래로 데리다의 작업은 정치, 정의, 종교에 대한 문제로 분명하게 그 초점을 전환함으로써, 해체의 더 긍정적인 측면에 초점을 맞췄다. 데리다는 궁극적으로 정의에 대한 이야기로 해체를 강조함으로써(여기서 정의는 타인에 대한 의무로 이해된다) 유대인 철학자 에마뉘엘 레비나스에게 빚졌음을 보여 준다. 그리고 해체가 오랫동안 "부정 신학"과 관련되어 왔지만, 데리다의 후기 작품에서는 "고아와 과부와 이방인"에 대한 정의에 관심을 기울이는 보다 예언자적인 해체를 보여 준다. 해체는 신학에 중요한 영향을 미쳐 왔다. 첫 번째 파장은 마크 C. 테일러의 "반/신학"에서 발견된다. 그는 주로 "신의 죽음"이라는 *니체 철학적 용어로 데리다의 작품을 해석했다. 두 번째는, 종교에 대한 좀 더 긍정적인 전유로 존 D. 카푸토의 작품에서 발견된다. 그러나 이 해체적인 "종교"에는 어떤 확정적인 내용이 없다. 정확히 말하면 "신학"이 없다. 세 번째는, 해체를 인간의 유한한 조건을 기술하는 데 도움이 되는 것으로 보기 시작하면서, 창조와 성육신의 신학에 통합될 수 있는 접근법이다.

함께 보기 #기호학 #존재신론 #포스트모더니즘 #해석학 #현상학

참고 문헌 John D. Caputo, *Deconstruction in a Nutshell*; idem, *The Prayers and Tears of Jacques Derrida*; Jacques Derrida, *Acts of Religion*; idem, "Letter to a Japanese Friend"; idem, "Circumfession"; Kevin Hart, *The Trespass of the Sign*; Stephen Moore, *Poststructuralism and the New Testament*; James K. A. Smith, 『해석의 타락』(*The Fall of Interpretation*); idem, *Speech and Theology*; Mark C. Taylor, *Erring*; Kevin Vanhoozer, 『이 텍스트에 의미가 있는가?』(*Is There a Meaning in This Text?*).

행복

Happiness

인간이 번영한 상태. 그리스어 에우다이모니아*eudaimonia*(대개 "행복"으로 번역됨)는 인간의 번영 또는 성취를 의미한다. **행복주의**Eudaimonism는 윤리적인 인격과 행동이 인간의 행복을 만들어 낸다(또는 행복이다)는 견해. 인간존재는 본질적으로 선한 인격과 행동으로 성취되는 본성을 지닌다. 행복주의자들은 행복을 (현기증이나 몽롱함과 같은) 심리적인 상태로 간주하지 않는다. 오히려 행복이란 영혼이 적절하게 기능하는 상태를 말한다. 하나님이 우리를 행복이 아닌 순종으로 부르신다는 경건한 주장은 *아우구스티누스나 *아퀴나스와 같은 기독교 행복주의자들을 놀라게 할 것이다. 이들은 인간이 자신의 선, 즉 타고난 본성의 일환으로 자연스럽게 행복을 추구한다고 믿었다.

플라톤은 행복이 변덕스러운 신이나 행운의 선물이라는 생각을 거부하고, 행복은 정신의 조화라고 주장하였다. 올바른 사람은 자기 인격의 모든 단계—자기 영혼의 모든 부분, 즉 이성, 정신, 욕구appetites—가 성취된 사람이다. 타락한 사람은 전인적인 선이 아닌 영혼의 일부를 만족시키도록 특정 욕망을 방관하여, 필연적으로 자기 영혼의 일부를 억누르거나 노예로 삼는다. 오직 올바른 사람 안에서만 영혼의 각 부분이 정돈되며, 그래서 그러한 사람은 번영할 수 있다.

아리스토텔레스는 인간의 모든 행동의 목표 또는 목적(텔로스)이 행복이라고 주장하였다. 인간의 고유한 본성(또는 기능)을 수행하는 활동은 행복을 가져온다. 인간을 고유하게 만드는 것, 즉 인간을 바위, 식물, 고슴도치와 구별해 주는 것은 *이성이다. 그래서 인간에게 행복이란 이성을 훌륭하게 사용하는 것이며, 이는 곧 덕스러운 활동이다. 플라톤과는 달리 아리스토텔레스는 행복하기 위해서는 안락하게 해 주는 외부적 요인들—음식, 주거지, 옷, 건강, 가족, 친구—도 필요하다고 믿었다. 플라톤이나 아리스토텔레스 모두 행복이 기쁨을 배제한다고 믿지 않았음을 주목해야 한다. 이 둘은 성취를 이룬 사람은 자신의 욕망을 적절하게 만족시킬 것이라 믿었다.

아우구스티누스는 플라톤을 따라서 인간의 불행과 잘못은 사랑 또는 욕망이 적절한 곳에 자리 잡지 못하여 생긴 문제라고 주장하였다(돈, 섹스, 음식 등에 대한 지나친 사랑). 올바른 방법으로 올바른 것을 사랑하는 것이, 즉 적절하게 정돈된 마음을 지니는 것이 인간의 행복이다. 그리고 가장 중요한 사랑은 우리의 가장 깊은 갈망을 채워 주는 하나님에 대한 사랑이다. 아퀴나스는 아리스토텔레스를 따라서 우리의 본성은 이성이며, 인간이 최고로 성취될 수 있는 활동은 관조contemplation라고 주장하였다. 우리의 관조적인 본성을 성취해 줄 수 있는 유일한 대상은 하나님이시다. 그래서 하나님에 대한 관조가 행복이다. 그러나 우리는 거울로 보는 것 같이 희미하게 본다. 그래서 참으로 행복한 사람은 오직 얼굴과 얼굴을 대하여 하나님을 보는 사람이며, 이는 내세의 지복에 대한 비전이다.

행복에 대해 더 쾌락주의적인 견해가 있다. 고대의 에피쿠로스의 주제를 반영하는 쾌락주의는 행복이란 쾌락을 얻고 고통을 피하는 것이라고 말한다. 제러미 벤담 식의 공리주의(최대 다수의 최대 행복)는 모든 사람의 고통과 쾌락을 동일한 양으로 환산하는 쾌락 계산법을 이용한다(도너츠를 먹고 싶은 욕망은 도움이 필요한 사람을 돕고 싶은 욕망과 동일한 가치를 지닐 것이다). 벤담의 이론이 거칠다고 생각한 존 스튜어트 밀은 쾌락에도 위계가 있다고 주장하였다. 즉, 지적인 쾌락은 맨 위에 있는 것이며, 육체적인 욕망은 맨 아래 있는 것이다. 사드 후작과 같은 몇몇 쾌락주의자들은 다른 사람들의 행복을 뛰어넘는 행복(자기 자신의 고유한 쾌락) 추구를 지지하며, 전통적인 도덕성을 부정하였다.

지난 400년 동안 윤리학에서 행복이 점점 분리된 것 같다(윤리학은 행복하게 해 주는지 여부와 관계없이, '무엇이 올바른 행동인가'하는 물음에 특수화되었다). 행복에 대한 적절한 기독교적 이해는 이러한 변화에 대해 균형을 되찾으려 해야 한다. 행복에 대한 성경의 관점은 어쩌면 행복주의적일 것이다. 성경은 하나님께서 인간을 '덕 있는 삶이 자신의 본성을 실현시키고 악덕은 좌절시키는 그런 존재'로 만드셨다고 주장한다. 우리 마음에 갈망을 주시며, 긍휼히 여기는 자와 마음이 청결한 자에게 팔복(행복)을 약속하시는, 성경이 그리는 하나님은 순종하는 자에게 은혜로이 행복을 베푸시는 하나님이시다.

함께 보기 #본질·본질주의 #아리스토텔레스 #아우구스티누스 #아퀴나스 #윤리학 #윤리학(성경적) #인간 본성 #정의 #존재와 선함 #키에르케고어 #플라톤·플라톤주의 참고 문헌 Boethius, 『철학의 위안』(*The Consolation of Philosophy*); Kelly James Clark and Anne Poortenga, *The Story of Ethics*; Servais Pinckaers, *The Pursuit of Happiness—God's Way*; Jean Vanier, *Happiness*; Julia Annas, *The Morality of Happiness*; Ellen Frankel Paul, *Human Flourishing*.

허무주의(니힐리즘)

Nihilism

삶에 아무런 의미와 가치가 없다고 주장하는 이론으로, 라틴어 니힐*nihil*(무)로부터 유래했다. 허무주의는 **존재론적 허무주의**와 **실존주의적 허무주의**로 구별될 수 있는데, 전자는 실재의 "무성"無性; nothingness에 대한 주장이고, 후자는 인간 실존의 의미 결여에 대한 주장이다(그래도 이 둘은 종종 관련이 있다). 허무주의는 보통 모든 객관적인 도덕적 가치에 대한 부인과 영원이 주는 위안에 대한 부인에 근거한다. 허무주의는 보통 *니체와 가장 관련되어 있다. 니체는 신은 죽었다고 선포했으며, 하나님이 유기한 세상에 살면서 맞이하게 될 결과들을 부둥켜안았다. 도스토예프스키의 소설에서 이러한 세상에 대한 그림을 발견할 수 있다. 그는 "하나님이 없으면, 모든 것이 허용된다"라고 썼다. 하나님의 유기는 초월적인 도덕적 실재의 근거, 지적 실재의 근거, 목적론적 실재의 근거를 상실했음을 은유적으로 표현한 것이다. 하나님의 자리에는 아무것도 없다. 초월적인 가치들도 없고, 우리의 정신으로부터 독립하여 존재하는 실재의 구조도 없으며, 인간 역사의 목표도 없다.

장-폴 사르트르와 알베르 카뮈로 대표되는 프랑스 실존주의 전통은 삶의 무의미성 또는 부조리를 포착함으로써 허무주의를 강조한다. 까뮈와 사르트르 모두 제1차 세계대전으로 인한 유럽의 참상에 압도당했고, 그 후 제2차 세계대전에서도 다시 그러했다. 제1차 대전으로 인해 모든 전쟁이 종결될 것으로 생각했었지만, 훨씬 더 큰 유럽 대륙의 대량 참사가 이어졌다. 이 *악의 심각성과 죽음의 불가피함을 생각해 볼 때, 전쟁은 삶의 완전한 절망을 드러냈던 것이다. 카뮈는 책 한 권 분량의 에세이인 『시지프스의 신화』*Le Mythe de Sisyphe*에서 이러한 의미를 포착해 주었다. 카뮈는 고대 그리스 신화를 상기하면서 인간 실존은 시지프스와 같다고 생각하였다. 시지프스는 신들에게 벌을 받아서, 신들이 다시 떨어뜨리고 말 무거운 공을 언덕 위로 영원히 밀어 올려야 하는 운명에 처했다. 인생은 공정하지도 합리적이지도 않다. 사르트르의 소설 『구토』 La Nausée에 서는 인간 실존이 우발적이며 아무런 목적이 없음을 보여 준다. 인간 존재는 잉여다superfluous. 실존주의자들의 사상은 양차 대전의 여파로 유럽인들이 느끼는 감정, 즉 인생은 "이해되지" 않는다는 느낌으로 가득하다.

이 사상가들은 각각 허무주의의 긍정적인 측면을 제시하였다. 니체를 따라 사르트르는 신이 없는 세계에서 인간에게 절대적인 자유의 가능성이 있음을 기쁘게 생각하였다. 니체는 이로써 전통적인 도덕의 제약이 없어져서, 인간이 완전한 창조성을 발휘할 수 있는 기회를 얻었다고 생각하였다. 사르트르는 인간은 자신의 행동에 책임이 있으며, 이 책임은 도덕의 기초가 되고, 또한 이 책임은 더 나은 사회를 창조하는 도덕의 핵심이라고 주장하였다. 카뮈는 실존주의적 영웅을 보여 주었는데, 이 영웅은 초월적인 빛이 없이 당면한 실존의 혼돈을 항해하는 자다. 실존주의적 영웅은 자신의 행동에 책임을 지기 때문에, 우리에게서 의미와 인생 자체를 앗아 가려는 고통에 맞서 싸우며, 자신이 할 수 있는 모든 의미를 창조한다. 물론 아무런 의미도 없으므로, 우리의 영웅은 다시 시지프스로 돌아와서 언덕 위로 자신의 공을 굴린다.

실존주의는 *포스트모더니즘의 영향력 있는 원천일 뿐만 아니라, 또한 아주 오랫동안 방영되었으며 "무에 대한 쇼"a show about nothing로 묘사된 시트콤 〈사인 펠트〉Seinfeld에서 구현되었듯이 대중문화에도 영향을 미쳐 왔다. 기독교 신학과 교회는 허무주의적 틀이 지닌 가장 근본적인 가정들을 다룸에 있어, 문화에 대해서만 말할 것이다. "급진 전통주의"—존 밀뱅크, 캐서린 픽스톡 등과 관련된 신학 운동—는 최근 허무주의에 대해 신학적으로 응답하며 허무주의와 정면으로 맞서고 있다.

함께 보기 #니체 #무신론 #실존주의 #악의 문제 #자연주의·유물론 #포스트모더니즘

참고 문헌 Conor Cunningham, *A Genealogy of Nihilism*; Michael Allen Gillespie, *Nihilism Before Nietzsche*; Glen Martin, *From Nietzsche to Wittgenstein*; John Milbank, 『신학과 사회이론』 (*Theology and Social Theory*).

헤겔, 게오르크 빌헬름 프리드리히

Hegel, Georg Wilhelm Friedrich, 1770-1831

독일의 관념론자로, 『정신 현상학』*Phänomenologie des Geistes*, 『논리학』*Enzyklopädie der philosophischen Wissenschaften*, 『법철학 강요』*Grundlinien der Philosophie des Rechts*에 그의 기념비적이며 또한 어려운 생각들이 담겨 있다. 헤겔이 다룬 핵심 주제는 역사에 목적 또는 의미가 있다는 것이다. 헤겔은 역사가 *마음 또는 정신(절대자)이 자기 외부에서 이성 적으로 일하는 것이며, 세계는 참으로 하나님의 자기-실현이 확장된 것이라고 주장한다. 헤겔의 『정신 현상학』에서 하나님은 아버지나 아들보다는 주로 성령 〔정신〕의 관점에서 이해된다.

헤겔에게 있어, 정신 또는 마음은 이성적인 과정을 통해 역사와 자연 을 움직인다. 이 과정은 변증법적이며, **정**thesis: 테제 · **반**antithesis: 안티테제 · **합**synthesis: 진테제 의 운동으로 이루어진다. 예를 들어, 역사의 도처에 많은 이념들이 지배적이다 (정). 이러한 이념들은 대개 부분적이고 단편적이기 때문에, 다른 (부분적이고 단편적인) 관념들의 반대를 받는다(반). 보통 이 두 반대되는 관념들에서 미 덕은 결합하고 결점은 제거함으로써 새로운 관념이 나온다(합). 그 결과로 나 온 진테제는 기존의 대립된 개념들이 개선된 것이다. 변증법은 목적론적이다: 대개 자유를 향해 이성적으로 진보하는 과정이다. 새로운 진테제는 결국 또 다른 새로운 관념(안티테제)의 반대에 부딪힐 수밖에 없는 테제〔정〕가 될 것 이다. 그리고 그 새로운 안티테제〔반〕는 또 다른 새로운 진테제〔합〕를 낳을 것 이다. 보다 구체적으로, 헤겔은 부활절 주일이라는 "진테제"는 오직 성 금요일 의 참상을 지나야만 성취될 수 있다고 생각한다. 이것은 두 가지 측면에서 중 요하다. 첫째, 이것은 진보가 그 완성을 위한 필요조건으로서 *악이 필요함을 의미한다. 그러나 악을 필요한 것으로 만듦으로써, 헤겔의 체계는 그것의 악 한 특성을 완화하는 것처럼 보인다. 둘째, 이것은 "하나님의 죽으심"이 왜 헤 겔 사상의 중심에 있는지를 상기시켜 준다. 헤겔에게 있어서 "하나님의 죽으 심"—주로 십자가에 못 박히심의 측면에서 이해되는—은 역사의 구속이 가 능하기 위한 조건이다.

'역사'와 '역사를 통해 절대자(정신)를 아는 것'에 대한 헤겔의 초점은 절대자에 대한 지식을 주로 지성의 활동으로 보는 플라톤 전통과 매우 다르다. 역사에 기초한 종교, 즉 신의 목적이 시간과 공간 안에 계시된다고 믿으며, 또한 역사는 끝(텔로스)을 향해 나아간다고 믿는 기독교와 같은 종교는 헤겔의 비전에 어느 정도 동의해야 할 것이다.

헤겔의 추종자들은 두 진영으로 나뉘어졌다. 한 진영은 헤겔의 체계가 기독교와 양립할 수 있다고 믿었으며(헤겔 우파), 다른 진영은 그렇지 않다고 믿었다(헤겔 좌파). 막대한 영향력을 끼친 헤겔 좌파 중에는 D. F. 스트라우스도 있는데, 그는 예수의 생애에 대한 비평을 쓴 초기의 인물이다. 그의 비평은 성서의 이야기가 신약성서 공동체의 염원을 반영한 신화라고 단언하는 내용을 담고 있다. *포이어바흐는 신학은 인류학이라고 주장하였다. 인간이 이상화된 가치를 배울 수 있는 곳이 바로 종교 연구이기 때문이다. 그리고 마르크스는 역사에 대한 헤겔의 변증법적 견해를 지지하였지만, 변증법적 과정에서 초자연적인 요소는 제거하였다. 헤겔에 대한 가장 공격적인 기독교 비평가 중 한 명은 *키에르케고어였다.

최근에는 기독교 정통과 헤겔의 관계가 재검토되고 있는데, 특히 헤겔의 『초기 신학 저술들』*Hegels Theologische Jugendschriften*과 『종교 철학에 대한 강의들』*Vorlesungen über die Philosophie der Religion*에 비추어 재검토되고 있다. 어떤 이들은 헤겔이 기독교 신학에 성령(정신)에 대한 것을 제공한다고 말한다. 또 다른 이들은 헤겔의 *현상학에 깊이 있는 삼위일체적 줄기가 있다고 말한다. 그의 철학은 현대 독일 신학에도 중대한 영향을 미쳤다. 특히 볼프하르트 판넨베르크와 위르겐 몰트만의 저작에 큰 영향을 미쳤다.

함께 보기 #마르크스 #원인·인과성 #이원론·일원론 #초월 #키에르케고어 #포이어바흐 #플라톤·플라톤주의 #하나님의 본성

참고 문헌 Peter Singer, 『헤겔』(*Hegel*); William Desmond, *Hegel's God*; Karl Barth, *Protestant Theology in the Nineteenth Century*; Alan Olson, *Hegel and the Spirit*; Andrew Shanks, *Hegel's Political Theology*; Mark Wallace, *Fragments of the Spirit*.

현상학

Phenomenology

에드문트 후설과 이후 하이데거로부터 시작된 *철학 방식으로, 의식에 대한 경험을 주의 깊게 기술하는 데 초점을 둔다. 가장 넓은 의미에서 현상학은 기술 방식을 가리킨다. 후설은 처음에는 산술 철학, 그 다음에는 논리학 훈련을 받았다. 후설은 의식에 드러나는 대상의 **나타남**appearances(그리스어로 파이노메논 *phainómenon*)을 기술하는 데 중점을 두었다. 따라서 『논리 연구』*Logische Untersuchungen*, 1901로 시작하여 『이념들』*Ideen*, 1913을 거쳐, 후기 저작인 『데카르트적 성찰』*Cartesianische Meditationen*, 1928과 『위기』*Krisis*, 1933에 이르기까지, 후설은 "현상학적 방법"이라고 묘사한 것을 발전시켰는데, 여기에는 몇 가지 핵심 요소가 있다.

현상학의 메인 요리는 후설이 **"현상학적 환원"**phenomenological reduction으로 묘사한 것이다. 컵을 예로 들면, 환원은 컵에 대한 나의 관심을 "괄호로 묶고" 또는 "중지시키고", 도리어 컵이 나에게 어떻게 **나타나는지**에 관심을 두는 것과 관련된다. 이러한 움직임은 우리의 관심 영역을 사물 경험으로 축소시킨다. 우리가 경험으로 돌아갈 때, 우리는 세 가지 중요한 특징을 발견하게 된다. 첫째, 의식은 **지향성**intentionality("겨냥함"을 뜻하는 라틴어 *intentio*에서 유래)으로 특징지어 진다. 즉, 의식은 언제나 어떤 것, 어떤 현상 대한 의식이다. 다른 말로 하면, 의식의 모든 경험은 그 대상이 있다는 것이다―무언가를 겨냥하고 있다. 의식 경험의 두 번째 측면은 구성constitution이다. 나는 내 앞에 있는 컵으로부터 흘러들어 오는 "데이터"에 직면하고 있지만(후설은 "직관"이라고 불렀다), 내가 그 대상을 컵으로 경험하기 위해서는 "구성되지 않은 데이터들"raw data이 조립되어야 한다. 따라서 의식은 내 경험의 데이터들을 구성하거나 "조립"하는 것이다. 따라서 우리의 경험 세계를 구축함에 있어 의식의 적극적인 역할이 있다. 마지막으로, 이

●　후설의 저작 중 제목이 긴 것은 보통 짧게 앞 단어로 부른다. 총 3권으로 이루어진 『이념들』의 원래 제목은 "순수현상학과 현상학적 철학의 이념늡"(*Ideen zu einer reinen Phänomenologie und phänomenologischen Philosophie*)이며(부제를 제외한 제목임), 『위기』는 "유럽 학문의 위기와 선험적〔초월론적〕현상학"(*Die Krisis der europaischen Wissenschaften und die transzendentale Phänomenologie*)이다.

구성의 과정은 지각의 지평 안에서 일어난다. 다른 말로 하자면, 내가 현상을 구성하는 방식은 내 과거를 포함하는 내 경험의 지평과 관련되어 있다. 따라서 내 앞에 있는 대상을 컵으로 구성할 수 있는 것은, 내가 그러한 대상들과 마주한 역사를 가지고 있기 때문이다. 그러나 나는 때때로 내가 전에 경험한적 없는 직관적인 데이터들과 마주하게 된다. 이렇게 교차-문화적인 경우, 내가 가진 특정한 지평이라는 조건 때문에, 의식은 현상을 구성하기 위해 고심한다.

현상학의 중심에는 칸트 철학으로부터 이어지는 정신이 있다. 즉, 어떤 의미에서 우리의 경험 세계는 우리가 "구성"construction 한 것이고, 그러한 구성은 우리의 지평에 의해 조건 지어지며, 지평은 그 자체로 전통과 역사, 문화 등에 의해 조건 지어진 것이다. 이러한 핵심 통찰들은 20세기 후반의 사상, 특히 하이데거, 한스-게오르크 가다머, 폴 리쾨르의 "해석학적 현상학"에서, 또한 자크 데리다의 보다 급진적인 사상에서 수용되고 개발되었다.

현상학이 여러 "종교 현상학"(미르체아 엘리아데, 루돌프 오토, 게랄더스 반 데르 레우) 학파에 영향을 미치는 동안, 또한 에드워드 팔리와 장-뤽 마리옹의 작품에서 볼 수 있듯이 다양한 신학적 노력에도 전유되었다. 후설의 관심의 배후에 맴도는 것은 항상 *"초월"의 의미였다. 이 요소는 20세기 말 프랑스 현상학, 특히 장-뤽 마리옹과 에마뉘엘 레비나스의 작품에서 발전되었다.

함께 보기 #실재론·반실재론 #실존주의 #하이데거 #해체
참고 문헌 Edward Farley, *Ecclesial Reflection*; Edmund Husserl, 『데카르트적 성찰』(*Cartesian Meditations*); Herbert Spiegelberg, 『현상학적 운동』(*The Phenomenological Movement*); Sumner Twiss, *Experience of the Sacred*; Robert Sokolowski, *Introduction to Phenomenology*; J. Kockelmans, 『후설의 현상학』(*The Phenomenology of Edmund Husserl*); Emmanuel Levinas, *Of God Who Comes to Mind*; Jean-Luc Marion, *God Without Being*; James K. A. Smith, *Speech and Theology*.

형이상학·존재론

Metaphysics/Ontology

실재의 본질 및 구조에 관한 철학 분야. 종종 "존재론" 또는 "존재에 대

한 학문"science of Being으로 불린다. 이 용어는 아리스토텔레스의 『형이상학』tà Metà tà Physiká; Metaphysica에까지 거슬러 올라간다. 『형이상학』은 존재하는 것으로서 존재자 Being qua being를(존재의 측면에서 존재자를) 또는 어떤 종류의 사물이 존재하는지를 탐구한 저서다. 철학적 측면에서 존재의 본질은 특정 사물에 대한 것이 아니라, 사물의 궁극적인 종류kinds에 대한 것이다. 실재는 궁극적으로 물질적일까 아니면 비물질적일까? *실체란 무엇인가—감각에 나타난 것들에 내재되어 그것들을 밑받침하고 있는 토대substrata가 있는가? 물질적 실재와 비물질적 실재의 관계는 무엇인가?(예를 들면, *마음과 몸, 하나님과 세계의 관계) 보편적인 용어나 숫자는 실재하는가? 도덕적 가치가 실재하는가? 우연적으로 존재하는 것과 필연적으로 존재하는 것의 관계는 무엇인가?

중세 시대에는 기독교 철학과 이슬람 철학의 전개로 인해 이러한 물음들이 명시적으로 유신론적 맥락에서 제기되었다. 아리스토텔레스의 형이상학은 실재의 제1원인으로 "제1원동자"를 들었지만, 중세 철학자들은 아리스토텔레스의 "유신론적" 형이상학을 더 멀리까지 전개하였다. 이러한 질문에 대한 철학적 고찰은 *하나님의 본성과 하나님과 세계의 관계에 대한 초기 기독교의 신학적 고찰에 영향을 미쳤다. 삼위일체와 그리스도의 신성의 본질(하나의 **실체**, 세 **인격**)에 관한 것이 신조들로 정형화formulations된 것은 아리스토텔레스의 형이상학에 영향을 받은 것이다. 근대 초기의 사상가들은 실체적인 형이상학의 수용을 옹호했지만, 나중에 데이비드 *흄과 임마누엘 *칸트는 형이상학적 영역은 인간의 인식 능력의 범위를 넘어선다고 주장하였다.

20세기 초반부터는 형이상학이 대륙 전통과 분석 전통이라는 두 방향으로 전개되었다. 마르틴 하이데거가 주도한 대륙 전통은 아리스토텔레스의 물음인 "존재란 무언인가?"의 측면에서 문제들을 탐구하는 경향이 있다. 칸트를 따르는 더 급진적인 *포스트모던 사상은 형이상학적 기획은 *존재신론적이지 않은가 하는 의문을 제기해 왔다.

분석 철학의 전통에서 형이상학은 두 가지 경로를 따른다. 자연 과학의 부상과 *논리 *실증주의의 유산으로, 몇몇 사상가들은 전통적인 형이상학에 깊은 의심을 품게 되었다. 자신들의 형이상학적 탐구 원리로 오컴의 면도날을 사용하여, (모든 것을 설명하는 데 필요한) 최소한의 존재자를 상정하는 이론을 추구한다. W. V. O. 콰인은 오직 물리적인 실체들만 언급함으로써 대부분의 현상이 충분히 설명될 수 있으며, 따라서 *자연주의야말로 다른 모든 이론들보다 존재론적으로 더 좋은 이론이라고 주장하였다. 솔 크립키에게 영향을 받은 데이비드 루이스와 앨빈 플랜팅가는 양상 논리(가능성과 필연성에 대한 논리학)의 새로운 전개에 기초하여 전통적인 형이상학을 수정하여 옹호하여 왔다.

형이상학의 기본 문제는 종종 세계관에서의 근본적인 차이를 드러내준다. 예를 들어, 기독교는 모든 실재가 하나의 궁극적인 근원, 즉 자신을 자유롭게 예배하도록 우리를 창조하신 하나님에게까지 거슬러 올라간다고 믿는다. 그래서 기독교 철학자들은 보통 실재가 물질과 비물질 모두로 이루어져 있다고 믿는다. 그래서 물질적 세계는 선하며, 인간들은 상당히 자유롭고, 최근까지도 인간은 마음(영혼)과 몸으로 구성된다고 믿고 있다. 반면에 자연주의적 형이상학은 물질과 자연법의 측면에서 인간의 본성, 마음-몸 관계, 인간 자유를 설명하고자 한다.

함께 보기 #계몽주의 #과정 사상 #관념론 #보편자 #본질·본질주의 #분석철학·대륙철학 #실증주의 #아퀴나스 #우주론 #이원론·일원론 #원인·인과성 #자연주의·유물론 #자유 의지 #칸트 #필연성 #하이데거 #흄

참고 문헌 William Hasker, *Metaphysics*; Peter Van Inwagen and Dean Zimmerman, *Metaphysics*; Michael Loux, 『형이상학 강의』(*Metaphysics*); L. Gregory Jones and Stephen Fowl, eds., *Rethinking Metaphysics*.

환원주의

Reductionism

일련의 사실들 또는 사건들이, 더 근본적인 사실들 또는 사건들이 존재한다는 이유로, 불필요하다고 생각하는 철학적 전략. 이 용어는 종종 경멸조를 띠는 의미로 사용된다. 즉 어떤 입장이 "환원주의적"이라고 묘사된다면, 복잡한 현상을 그 현상을 이루는 요소 중 하나로 **환원함**으로써 무언가를 실

제보다 더 단순하게 만들려 하기 때문에 그렇게 불리는 것이다. 그러나 모든 환원이 나쁜 것은 아니다—화학을 물리학으로 환원하는 것이 그 예다. 논쟁의 여지가 있는 환원은 비물질적이며 정신적인 실체들(*마음들)의 존재가 불필요하게 상정된 것이라는 주장이다. 제거적 유물론자들eliminative materialists은 모든 정신 사건들이 물질적 상태의 측면에서 설명될 수 있는 사건(뇌파, 신경 과정 등)이라고 믿는다. (이런 방식의 사고를 따르면) 마음에 대한 이야기는 물질적 대상에 대한 이야기로 환원될 수 있다. 따라서 우리는 마음이 존재함을 믿을 필요가 없다.

환원주의자의 전략들은 종종 환원을 위해서 현상의 본질적인 측면을 무시했다고 비판받는다. 20세기 초 일부 철학자들은 유행에 따라서 정서주의—도덕적 가치들이 인간의 욕망으로 환원될 수 있다는 주장—를 옹호했다. 그들은 "x가 선하다"라는 문장은 "대부분의 사람들이 x를 좋아한다"로 환원될 수 있다고 논증하였다. 도덕은 진화 과학에 의해 설명될 수 있다고(또는 해명된다고) 여겨졌다. 왜냐하면 *정의 또는 선함은 단순히 인간의 바람을 표현한 것일 뿐이기 때문이다. 이 전략이 안고 있는 분명한 문제는, "선"에는 단순히 인간의 욕망으로 환원될 수 없는 측면이 있다는 것이다. 실제로 선은 종종 인간의 욕망과 상충된다. 기독교 신학 또한 다양한 환원주의적 전략들—때때로 기적을 자연으로 환원하거나(불트만), 계시를 〔일반적인〕 영감으로 환원하거나(*슐라이어마허), 계시를 받아쓰기로 환원하는 전략들—로 잘못을 범했다. 창조의 복잡성을 감안할 때, 기독교 신학은 세계에 대한 우리의 이론적인 설명들을 지나치게 단순화하기 보다는, 이론적 설명들이 이 창조의 복잡성에 경의를 표하기를 기대해야 한다.

함께 보기 #단순성 #마음·영혼·정신 #미결정성 #윤리학 #윤리학(성경적) #자연주의·유물론 #정의

참고 문헌 Terrance Brown and Leslie Smith, eds., *Reductionism and the Development of Knowledge*; David Charles and Kathleen Lennon, eds., *Reduction, Explanation, and Realism*; Philip Clayton, *Explanation from Physics to Theology*; John W. Cook, *Wittgenstein, Empiricism, and Language*.

흄, 데이비드

Hume, David, 1711-1776

*계몽주의와 관련된 스코틀랜드의 철학자. 흄은 존 로크와 조지 버클리의 경험론 전통 안에서 연구하였다. 그러나 흄은 이들보다 더 단호하고 회의적인 결론에 도달했다. 가장 유명한 흄의 저서로는 『인간 본성에 관한 논고』 *Treatise on Human Nature*와 사후에 출간된 『자연종교에 관한 대화』 *Dialogues Concerning Natural Religion* 가 있다. 흄의 연구는 "누군가 이끌어낸 결론으로부터가 아니라 다만 경험으로 검증된" 전제로부터 시작하였다. 흄이 (베이컨 및 로크처럼) 경험론자로 묘사되는 이유는 이 같은 경험에 대한 강조 때문이다. 흄에게, 우리의 모든 지각 ─우리 *마음에 나타난 것─은 궁극적으로 두 가지 근원, 즉 인상과 관념으로 거슬러 올라갈 수 있다. 인상이란 외부 대상의 현전으로 인해 마음에 전달되는 "생생하고 강한" 지각이다. 관념은 인상의 모사copy로, 인상보다 "희미하고 약한 것"이다. 우리가 지닌 모든 관념들은 궁극적으로 인상들로부터 나온 것이다. 이러한 기준은 *데카르트와 *라이프니츠 같은 합리론자들과 대조적이다. 이 합리론자들은 마음에 본유 관념이 미리 심어져 있다고 믿었다. 본유 관념은 경험에서 나온 것이 아니다.

흄은 형이상학적 관념들의 타당성 또는 정당성을 결정하는 기준을 이러한 경험론적 토대 위에 세운다. 즉 원래의 인상이 무엇인지 밝혀질 수 있는 관념들만 받아들여야 한다는 것이다. 원래의 인상이 무엇인지 추적될 수 없는 관념들은 순전히 억측에 기초한 것이며 폐기되어야 하는 것이다. 이 엄격한 기준의 영향이 몇몇 영역에서 감지된다. 예를 들어 형이상학에서 이야기된 것들 ─하나님과 영혼 같은 것들─은 경험적으로 관찰될 수 없다. 또한 외부 세계에 대한 감각 인상은 없다(우리는 외부 세계가 어떠할지에 대한 현상appearances만을 가지고 있다). 자아는 시간을 통해 지속되고 있으나, 우리는 자아에 대한 감각 인상을 가지고 있지 않다(우리는 어떤 감각 주체의 감각 인상만을 가지고 있을 뿐이지, 시간을 통해 지속되는 동일한 감각 주체의 감각 인상을 가지고 있는 것이 아니다). 우리는 또한 귀납 원리에 대한 감각 인상을 가지고 있지 않다.

귀납 원리가 없으면 경험 세계의 미래에 대한 추측을 정당화할 수 없다. 우리는 인과 관계에 대해 전혀 알 수 없다. 우리는 x가 발생했을 때 y가 발생했다는 것만 알 뿐, x가 y의 원인이라는 것은 관찰할 수 없다. 그래서 흄은 경험론을 취하면서, 경험론을 논리적(그리고 회의적) 결론까지 밀어붙인다. 즉 우리가 세계에 접근할 수 있는 유일한 길이 감각 정보라면, 우리는 (물질, 하나님, 인과 관계, 자아를 포함하여) 세계에 대해 거의 알 수 없다. *칸트는 "형이상학"이 자기 한계를 인식하지 못한 고삐 풀린 사변이라는 흄의 비판을 지지하면서, 흄이 자신을 독단의 잠에서 깨웠다고 말하였다.

흄은 종교적 믿음에 대한 계몽주의의 반감을 잘 포착하였다. 흄은 감각 경험의 대상이 될 수 있는 것 너머에는 아무것도 없다고 믿는 아주 철저한 자연주의자였다. 무엇보다도 특히 흄은 초월적인 하나님에 대한 믿음에는 어떤 합리적인(즉, 경험적인) 기반도 없다고 느꼈다. 흄은 『인간 오성에 관한 탐구』 _Enquiry Concerning Human Understanding_ 에서 기독교 전통의 어떤 기적도 결코 받아들이기에 합리적이지 않다는 유명한 주장을 하였다. 기적 주장이 거짓일 확률은 보편적인 자연 법칙이 거슬러졌을 확률보다 항상 높다. 그의 사후에 출간된 『자연종교에 관한 대화』는 *악의 문제에 대한 고전적인 표현과, 많은 사람들이 모든 신 존재 논증에 대한 최종적인 논박으로 여기고 있는 것을 담고 있다.

함께 보기 #계몽주의 #기적 #데카르트 #모더니티·모더니즘 #신 존재 논증 #실증주의 #악의 문제 #원인·인과성 #인식론 #자연 신학 #자연주의·유물론 #칸트

참고 문헌 Anthony Quinton, _Hume_; Ernest Mossner, _The Life of David Hume_; William Lad Sessions, _Reading Hume's Dialogues_; Keith Yandell, _Hume's "Inexplicable Mystery"_; David Fate Norton, ed., _The Cambridge Companion to Hume_.

참고 문헌 목록

Adams, Marilyn McCord. *Horrendous Evils and the Goodness of God*. Ithaca: Cornell University Press, 1999.

———. *William Ockham*. Notre Dame: University of Notre Dame Press, 1987.

Adams, Marilyn and Robert. *The Problem of Evil*. Oxford: Oxford University Press, 1990.

Adams, Robert Merrihew. *Finite and Infinite Goods*. New York: Oxford University Press, 1999.

———. *Leibniz: Determinist, Theist, Idealist*. New York: Oxford University Press, 1994.

———. *The Virtue of Faith and Other Essays in Philosophical Theology*. New York: Oxford University Press, 1987.

Alston, William. *Divine Nature and Human Language: Essays in Philosophical Theology*. Ithaca: Cornell University Press, 1989.

———. "Psychoanalytic Theory and Theistic Belief," in *Faith and the Philosophers*, edited by John Hick, 63-102. New York: St. Martin's Press, 1964.

———. ed. *Realism and Antirealism*. Ithaca: Cornell University Press, 2002.

Anglin, W. S. *Free Will and the Christian Faith*. New York: Oxford University Press, 1990.

Annas, Julia. *The Morality of Happiness*. New York: Oxford University Press, 1993.

———. *Plato: A Very Short Introduction*. New York: Oxford University Press, 2003.

Ashley, Benedict M. *Living the Truth in Love: A Biblical Introduction to Moral Theology*. New York: Alba House, 1996.

Atkinson, David John, ed. *New Dictionary of Christian Ethics and Pastoral Theology*. Downers Grove, Ill.: InterVarsity Press, 1995.

Audi, Robert. *Epistemology: A Contemporary Introduction*. New York: Routledge, 2003.

Augustine. *On the Free Choice of the Will*, translated by Thomas Williams. Indianapolis: Hackett, 1993. 『자유의지론』(성염 역, 분도출판사, 1998; 박일민 역, 아웨의말씀, 2010).

Ayer, A. J. *Language, Truth, and Logic*. New York: Dover, 1952. 『언어, 논리, 진리』(송하석 역, 나남, 2010). 또는 『언어와 진리와 논리』(이영춘 역, 한국번역도서, 1959).

Baker, Gordon, and Katherine Morris. *Descartes' Dualism*. New York: Routledge, 1996.

Balthasar, Hans Urs von. *The Glory of the Lord*. T. & T. Clark, 1989.

Barbour, Ian. *Nature, Human Nature, and God*. Minneapolis: Fortress Press, 2002.

Barnes, Jonathan. *Aristotle: A Very Short Introduction*. Oxford: Oxford University Press, 2000. 『아리스토텔레스의 철학』(문계석 역, 서광사, 1898), 한국어판은 1982년에 출간된 판을 번역한 것이다.

———. ed. *The Cambridge Companion to Aristotle*. New York: Cambridge University Press, 1995.

Barrett, William. *Irrational Man: A Study in Existential Philosophy*. New York: Doubleday, 1958. 『비합리와 비합리적 인간』(오병남, 신길수 공역, 예전사, 1996).

Barth, Karl. *Church Dogmatics*, edited by G. W. Bromiley and T. F. Torrance. 4 vols. in 13. New York: Scribner, 1936-1962. 『교회교의학』(박순경 외, 2003~, 대한기독교서회). 2017년 5월 현재 III-3권까지 번역됨.

———. *Protestant Theology in the Nineteenth Century: Its Background and History*. Reprint, Grand Rapids: Eerdmans, 2002.

Basinger, David. *Religious Diversity: A Philosophical Assessment*. Burlington, Vt.: Ashgate, 2002.

Beckwith, Francis, and Greg Koukl. *Relativism: Feet Firmly Planted in Mid-air*. Grand Rapids: Baker, 1998.

Begbie, Jeremy. *Beholding the Glory: Incarnation Through the Arts*. Grand Rapids: Baker, 2000.

———. *Voicing Creation's Praise: Towards a Theology of the Arts*. Edinburgh: T. & T. Clark, 1991.

Behe, Michael, William Dembski, and Stephen Meyer, eds. *Science and Evidence for Design in the Universe*. San Francisco: Ignatius Press, 2000.

Beilby, James. *Divine Foreknowledge: Four Views*. Downers Grove, Ill.: InterVarsity Press, 2001.

———. ed. *Naturalism Defeated? Essays on Plantinga's Evolutionary Argument Against Naturalism*. Ithaca: Cornell University Press, 2002.

Berger, Peter, and Thomas Luckmann. *The Social Construction of Reality: A Treatise in the Sociology of Knowledge*. Garden City, N.Y.: Doubleday, 1966.

Berman, David. *George Berkeley: Idealism and the Man*. New York: Oxford University Press, 1994.

Boethius. *The Consolation of Philosophy*, translated by P. G. Walsh. New York: Oxford University Press, 1999. 『철학의 위안』(정의채 역, 성바오로출판사/바오로딸, 1964; 박병덕 역, 육문사, 1990; 이세운 역, 필로소픽, 2014).

Bracken, Joseph. *The One in the Many: A Contemporary Reconstruction of the God-World Relationship*. Grand Rapids: Eerdmans, 2001.

Brand, Hilary, and Adrienne Chaplin. *Art and Soul: Signposts for Christians in the Arts*. Carlisle, Calif.: Piquant, 2001. 『예술과 영혼』(김유리, 오윤성 공역, 한국 IVP, 2004).

Broadie, Alexander. *The Shadow of Scotus: Philosophy and Faith in Pre-Reformation Scotland*. Edinburgh: T. & T. Clark, 1995.

Brockelman, Paul T. *Cosmology and Creation: The Spiritual Significance of Contemporary Cosmology*. New York: Oxford University Press, 1999.

Brom, Luco van den. *Divine Presence in the World: A Critical Analysis of the Notion of Divine Omnipresence*. Kampen: Kok Pharos, 1993.

Brown, Hunter. *William James on Radical Empiricism and Religion*. Toronto: University of Toronto Press, 2000.

———. ed. *Images of the Human: The Philosophy of the Human Person in a Religious Context*. Chicago: Loyola University Press, 1995.

Brown, Peter. *Augustine of Hippo: A Biography*. Berkeley: University of California Press, 1967.

Brown, Terrance, and Leslie Smith, eds. *Reductionism and the Development of Knowledge*. Mahwah, N.J.: Erlbaum, 2003.

Brown, Warren S. *Whatever Happened to the Soul? Scientific and Theological Portraits of Human Nature*. Minneapolis: Fortress Press, 1998.

Brueggemann, Walter, William C. Placher, and Brian K. Blount. *Struggling with Scripture*. Louisville: Westminster John Knox Press, 2002.

Buckley, Michael. *At the Origins of Modern Atheism*. New Haven: Yale University Press, 1987.

Bultmann, Rudolf, and Hans Bartsch. *Kerygma and Myth: A Theological Debate*. New York: Harper & Row, 1961.

Bunge, Mario. *Causality and Modern Science*. New York: Dover, 1979.

Byrne, James M. *Religion and the Enlightenment: From Descartes to Kant*. Louisville: Westminster John Knox Press, 1996.

Caputo, John. *Deconstruction in a Nutshell: A Conversation with Jacques Derrida*. New York: Fordham University Press, 1997.

———. *Heidegger and Aquinas: An Essay on Overcoming Metaphysics*. New York: Fordham University Press, 1982. 『마르틴 하이데거와 토마스 아퀴나스: 형이상학의 극복에 관한 시론』(정은해 역, 시간과 공간사, 1993).

———. *The Prayers and Tears of Jacques Derrida: Religion Without Religion*. Bloomington: Indiana University Press, 1997.

———. *Radical Hermeneutics: Repetition, Deconstruction, and the Hermeneutic Project*. Bloomington: Indiana University Press, 1987.

———. and Michael J. Scanlon, eds. *God, the Gift, and Postmodernism*. Bloomington: Indiana University Press, 1999.

Caton, Charles E. *Philosophy and Ordinary Language*. Urbana: University of Illinois Press, 1963.

Charles, David, and Kathleen Lennon, eds. *Reduction, Explanation, and Realism*. Oxford: Oxford University Press, 1992.

Clark, Kelly James. *Philosophers Who Believe: The Spiritual Journeys of 11 Leading Thinkers*. Downers Grove, Ill.: InterVarsity Press, 1993. 『(기독교 철학자들의) 고백: 세계의 석학 11인이 들려주는 영적 자서전』(양성만 역, 살림, 2006).

———. *Return to Reason: A Critique of Enlightenment Evidentialism and a Defense of Reason and Belief in God*. Grand Rapids: Eerdmans, 1990. 『이성에로의 복귀』(이승구 역, 1999, 여수룬).

———. *When Faith Is Not Enough*. Grand Rapids: Eerdmans, 1997.

———. and Anne Poortenga. *The Story of Ethics: Fulfilling Our Human Nature*. Upper Saddle River,

N.J.: Prentice-Hall, 2003.

Clayton, Philip. *Explanation from Physics to Theology: An Essay in Rationality and Religion*. New Haven: Yale University Press, 1989.

──────. *The Problem of God in Modern Thought*. Grand Rapids: Eerdmans, 2000.

Clements, Keith W. *Friedrich Schleiermacher: Pioneer of Modern Theology*. San Francisco: Collins, 1987.

Cobb, John, and David Griffin, *Process Theology: An Introductory Exposition*. Philadelphia: Westminster Press, 1976. 『(캅과 그리핀의) 과정신학: 입문적 해설』(이경호 역, 이문출판사, 2012).

──────. and Clark Pinnock, *Searching for an Adequate God: A Dialogue Between Process and Free Will Theists*. Grand Rapids: Eerdmans, 2000.

Coles, Peter. *Cosmology: A Very Short Introduction*. Oxford: Oxford University Press, 2001. 『우주론이란 무엇인가』(송형석 역, 동문선, 2003)

Cook, John W. *Wittgenstein, Empiricism, and Language*. New York: Oxford University Press, 2000.

Cooper, John. *Body, Soul, and Life Everlasting: Biblical Anthropology and the Monism-Dualism Debate*. Grand Rapids: Eerdmans, 1989.

Corcoran, Kevin, ed. *Soul, Body, and Survival: Essays on the Metaphysics of Human Persons*. Ithaca: Cornell University Press, 2001.

Corrigan, Kevin. *Reading Plotinus: A Practical Introduction to Neoplatonism*. London: Eurospan, 2002.

Corrington, Robert. *A Semiotic Theory of Theology and Philosophy*. Cambridge: Cambridge University Press, 2000. 『신학과 기호학』(장왕식·박일준 공역, 이문출판사, 2007).

Cottingham, John, ed. *The Cambridge Companion to Descartes*. Cambridge: Cambridge University Press, 1992.

Cowan, Steven, and William Lane Craig, eds. *Five Views on Apologetics*. Grand Rapids Zondervan, 2000.

Craig, William Lane. *The Only Wise God: The Compatibility of Divine Foreknowledge and Human Freedom*. Grand Rapids: Baker, 1987.

──────. *Reasonable Faith: Christian Truth and Apologetics*. Wheaton, Ill.: Crossway Books, 1994. 『오늘의 기독교 변증학』(정남수 역, 그리스도대학교출판국, 2006).

──────. and Quentin Smith. *Theism, Atheism, and Big Bang Cosmology*. Oxford: Oxford University Press, 1993.

Creel, Richard. *Divine Impassibility: An Essay in Philosophical Theology*. Cambridge: Cambridge University Press, 1986.

Critchley, Simon. *Continental Philosophy: A Very Short Introduction*. Oxford: Oxford University Press, 2001.

Crockett, William, ed. *Four Views on Hell*. Grand Rapids: Zondervan, 1992.

Cross, Richard. *Duns Scotus*. New York: Oxford University Press, 1999.

Cullmann, Oscar. *Immortality of the Soul: Or, Resurrection of the Dead? The Witness of the New Testament*. New York: Macmillan, 1958.

Cunningham, Conor. *A Genealogy of Nihilism: Philosophies of Nothing and the Difference of Theology*. New York: Routledge, 2002.

Dancy, Jonathan. *Berkeley: An Introduction*. Oxford: Blackwell, 1987.

Davies, Brian. *The Thought of Thomas Aquinas*. Oxford: Oxford University Press, 1992.

Davis, Stephen. *God, Reason and Theistic Proofs*. Edinburgh: Edinburgh University Press, 1997.

──────. and John Cobb. *Encountering Evil: Live Options in Theodicy*. Atlanta: John Knox Press, 1981.

De Bary, Philip. *Thomas Reid and Scepticism: His Reliabilist Response*. New York: Routledge, 2002.

Deleuze, Gilles. *Nietzsche and Philosophy*. New York: Columbia University Press, 1983. 『니체와 철학』(이경신 역, 민음사, 2001).

Derrida, Jacques. *Acts of Religion*, translated by Gil Anidjar. New York: Routledge, 2002.

──────. "Circumfession," in *Jacques Derrida*, ed. Geoffrey Basington and Jacques Derrida. Chicago: University of Chicago Press, 1993.

──────. "Letter to a Japanese Friend," in *A Derrida Reader*, ed. Peggy Kamuf. New York: Columbia University Press, 1991.

Desmond, William. *Hegel's God: A Counterfeit Double?* Burlington, Vt.: Ashgate, 2003.

Despland, Michel. *The Education of Desire: Plato and the Philosophy of Religion*. Toronto: University of Toronto Press, 1985.

Dilman, Ilham. *Free Will: An Historical and Philosophical Introduction*. New York: Routledge, 1999.

Dooyeweerd, Herman. *Reformation and Scholasticism in Philosophy*. Collected Works. Lewiston, N.Y.: Edwin Mellen, 2004.

Dorner, Isaak August, and Robert Williams. *Divine Immutability: A Critical Reconsideration*. Minneapolis: Fortress Press, 1994.

Dulles, Avery. *A History of Apologetics*. New York: Corpus, 1971.

Earman, John. *Hume's Abject Failure: The Argument Against Miracles*. Oxford: Oxford University Press, 2000.

Edwards, Jonathan. *The Freedom of the Will*. 1754. Reprint, New Haven: Yale University Press, 1957. 『의지의 자유』(채재희 역, 예일문화사, 1987; 김찬영 역, 부흥과 개혁사, 2016).

————. *The True Believer*. Morgan, Pa.: Soli Deo Gloria, 2001. 『참된 신자가 되라: 참된 믿음이 나타내는 표지와 유익』(이기승 역, 씨뿌리는사람, 2007).

Ekstrom, Laura. *Free Will: A Philosophical Study*. Boulder, Colo.: Westview Press, 1999.

Ellis, Brian D. *The Philosophy of Nature: A Guide to the New Essentialism*. Montreal: McGillQueen's University Press, 2002.

Engel, Morris. *With Good Reason: An Introduction to Informal Fallacies*. New York: St. Martin's Press, 1976.

Evans, C. Stephen. *Faith Beyond Reason: A Kierkegaardian Account*. Grand Rapids: Eerdmans, 1998.

————. *Kierkegaard's "Fragments" and "Postscript": The Religious Philosophy of Johannes Climacus*. Atlantic Highlands, N.J.: Humanities Press, 1983.

————. *Passionate Reason: Making Sense of Kierkegaard's Philosophical Fragments*. Bloomington: Indiana University Press, 1992.

————. *Subjectivity and Religious Belief: An Historical, Critical Survey*. Grand Rapids: Christian University Press, 1978.

Evans, G. R. *Anselm*. London: MorehouseBarlow, 1989.

————. *Anselm and Talking About God*. Oxford: Oxford University Press, 1978.

Farley, Edward. *Ecclesial Reflection: An Anatomy of Theological Method*. Philadelphia: Fortress Press, 1982.

Ferre, Frederick. *Language, Logic and God*. New York: Harper, 1961.

Fideler, David. *Jesus Christ, Sun of God: Ancient Cosmology and Early Christian Symbolism*. Wheaton, Ill.: Quest Books, 1993.

Fish, Stanley. *The Trouble with Principle*. Cambridge: Harvard University Press, 1999.

Flint, Thomas. *Divine Providence: The Molinist Account*. Ithaca: Cornell University Press, 1998.

Fogelin, Robert J. *Routledge Philosophy Guidebook to Berkeley and The Principles of Human Knowledge*. New York: Routledge, 2001.

Ford, Lewis. *Transforming Process Theism*. Albany: State University of New York Press, 2000.

Fox-Genovese, Elizabeth. *Feminism without Illusions: A Critique of Individualism*. Chapel Hill: University of North Carolina Press, 1991.

Frankena, William. *Ethics*. Englewood Cliffs, N.J.: Prentice-Hall, 1973. 『윤리학』(문정복 역, 영남대학교출판부, 1982; 황경식 역, 철학과 현실사, 2003).

Frei, Hans. *The Eclipse of Biblical Narrative: A Study in Eighteenth and Nineteenth Century Hermeneutics*. New Haven: Yale University Press, 1974. 『성경의 서사성 상실』(이종록 역, 한국장로교출판사, 1996).

French, Peter, and Theodore Uehling, eds. *Studies in Essentialism*. Minneapolis: University of Minnesota Press, 1986.

Fuchs, Stephan. *Against Essentialism: A Theory of Culture and Society*. Cambridge: Harvard University Press, 2001.

Fudge, Edward, and Robert Peterson. *Two Views of Hell: A Biblical and Theological Dialogue*. Downers Grove, Ill.: InterVarsity Press, 2000.

Furley, David. *From Aristotle to Augustine*. New York: Routledge, 1999.

Ganssle, Gregory E., and Paul Helm, eds. *God and Time: Four Views*. Downers Grove, Ill.: InterVarsity Press, 2001.

Gay, Peter. *The Enlightenment: An Interpretation*. 2 vols. New York: Knopf, 1966-1969. 『계몽주의의 기원』(주명철 역, 민음사, 1998; 2권 중 제1권에 해당함).

Geach, P. T. *God and the Soul*. New York: Schocken, 1969.

―――. *Truth and Hope*. Notre Dame: University of Notre Dame Press, 2001.

Geisler, Norman. *Miracles and the Modern Mind: A Defense of Biblical Miracles*. Grand Rapids: Baker, 1992.

Gergen, Kenneth. *Social Construction in Context*. Thousand Oaks, Calif.: SAGE, 2001.

Gerrish, Brian A. *A Prince of the Church: Schleiermacher and the Beginnings of Modern Theology*. Philadelphia: Fortress Press, 1984.

Gill, Robin, ed. *The Cambridge Companion to Christian Ethics*. Cambridge: Cambridge University Press, 2001.

Gillespie, Michael Allen. *Nihilism Before Nietzsche*. Chicago: University of Chicago Press, 1995.

Gilligan, Carol. *In a Different Voice: Psychological Theory and Women's Development*. Cambridge: Harvard University Press, 1982. 『다른 목소리로: 심리 이론과 여성의 발달』(허란주 역, 동녘, 1997).

Gilson, Etienne. *Being and Some Philosophers*. Toronto: Pontifical Institute of Mediaeval Studies, 1952. 『존재란 무엇인가: 존재론의 쟁점과 그 전개 과정』(정은해 역, 서광사, 1992).

―――. *The Christian Philosophy of St. Thomas Aquinas*. New York: Random House, 1956.

―――. *The Spirit of Medieval Philosophy*. 1936. Reprint, Notre Dame: University of Notre Dame Press, 1991.

Glock, Hans-Johann. *Wittgenstein: A Critical Reader*. Malden, Mass.: Blackwell, 2001.

Grant, Edward. *God and Reason in the Middle Ages*. Cambridge: Cambridge University Press, 2001.

Grayling, A. C. *Wittgenstein: A Very Short Introduction*. Oxford: Oxford University Press, 2001.

Gregory, John. *The Neoplatonists: A Reader*. New York: Routledge, 1999.

Grenz, Stanley J., and John R. Franke. *Beyond Foundationalism: Shaping Theology in a Postmodern Context*. Louisville: Westminster John Knox Press, 2001.

Groenhout, Ruth, and Marya Bower, eds. *Philosophy, Feminism, and Faith*. Bloomington: Indiana University Press, 2003.

Grondin, Jean. *An Introduction to Philosophical Hermeneutics*. New Haven: Yale University Press, 1994. 『철학적 해석학 입문: 내적 언어를 향한 끝없는 대화』(최성환 역, 한울아카데미, 2008).

Gunton, Colin. *The One, Three and the Many: God, Creation and the Culture of Modernity*. Cambridge: Cambridge University Press, 1993.

―――. *The Triune Creator: A Historical and Systematic Study*. Grand Rapids: Eerdmans, 1998.

Guthrie, W. K. C. *A History of Greek Philosophy*. 6 vols. Cambridge: Cambridge University Press, 1962-1981.

Gutierrez, Gustavo. *Theology of Liberation: History, Politics, and Salvation*. Maryknoll, N.Y.: Orbis, 1973. 『해방신학』(허병섭 역, 미래사, 1986), 『해방신학: 역사와 정치와 구원』(성염 역, 분도출판사, 1987).

Hacking, Ian. *The Social Construction of What?* Cambridge: Harvard University Press, 1999.

Hadot, Pierre, and Arnold Davidson. *Philosophy as a Way of Life: Spiritual Exercises from Socrates to Foucault*. Oxford: Blackwell, 1995.

Haight, M. R. *The Snake and the Fox: An Introduction to Logic*. New York: Routledge, 1999.

Hanfling, Oswald. *Philosophy and Ordinary Language: The Bent and Genius of Our Tongue*. New York: Routledge, 2000.

Hare, John. *God's Call: Moral Realism, God's Commands, and Human Autonomy*. Grand Rapids: Eerdmans, 2001.

―――. *The Moral Gap: Kantian Ethics, Human Limits, and God's Assistance*. Oxford: Oxford University Press, 1996.

―――. *Why Bother Being Good? The Place of God in the Moral Life*. Downers Grove, Ill.: InterVarsity Press, 2002.

Harnack, Adolf von. *What Is Christianity?* New York: Harper, 1957. 『기독교의 본질』(오흥명 역, 한들출

판사 2007).

Harrington, Daniel J., and James Keenan. *Jesus and Virtue Ethics: Building Bridges Between New Testament Studies and Moral Theology*. Lanham, Md.: Sheed & Ward, 2002.

Hart, Kevin. *The Trespass of the Sign: Deconstruction, Theology, and Philosophy*. Cambridge: Cambridge University Press, 1989.

Hartshorne, Charles. *Omnipotence and Other Theological Mistakes*. Albany: State University of New York Press, 1984. 『하나님은 어떤 분이신가?: 하나님의 전능하심과 여섯 가지 신학적인 오류』(홍기석·임인영 공역, 한들, 1995).

Harvey, David. *The Condition of Postmodernity: An Enquiry into the Origins of Cultural Change*. Oxford: Blackwell, 1989. 『포스트모더니티의 조건』(구동회·박영민 공역, 한울, 1994, 2008).

Harvey, Van. *Feuerbach and the Interpretation of Religion*. Cambridge: Cambridge University Press, 1995.

Hasker, William. *The Emergent Self*. Ithaca: Cornell University Press, 1999.

———. *Metaphysics: Constructing a World View*. Downers Grove, Ill.: InterVarsity Press, 1983.

Hauerwas, Stanley. *The Peaceable Kingdom: A Primer in Christian Ethics*. Notre Dame: University of Notre Dame Press, 1983.

Healy, Nicholas. *Thomas Aquinas: Theologian of the Christian Life*. Burlington, Vt.: Ashgate, 2003.

Hebblethwaite, Brian. *The Ocean of Truth: A Defence of Objective Theism*. Cambridge: Cambridge University Press, 1988.

Heidegger, Martin. *Identity and Difference*. New York: Harper & Row, 1969. 『동일성과 차이』(신상희 역, 민음사, 2000).

Helm, Paul. *Eternal God: A Study of God Without Time*. Oxford: Oxford University Press, 1988.

———. *Faith and Understanding*. Edinburgh: Edinburgh University Press, 1997.

Hemming, Laurence. *Heidegger's Atheism: The Refusal of a Theological Voice*. Notre Dame: University of Notre Dame Press, 2002.

Hick, John. *Evil and the God of Love*. New York: Harper & Row, 1966. 『신과 인간 그리고 악의 종교 철학적 이해』(김장생 역, 열린책들, 2007).

———. *God Has Many Names*. Philadelphia: Westminster Press, 1982. 『하느님은 많은 이름을 가졌다』(이찬수 역, 창, 1991).

———. Dennis Okholm, and Timothy Phillips, eds. *Four Views on Salvation in a Pluralistic World*. Grand Rapids: Zondervan, 1996. 『다원주의 논쟁: 다원주의 세계에서의 구원에 대한 네 가지 견해』(이승구 역, 기독교문서선교회, 2001).

Howard-Snyder, Daniel. *The Evidential Argument from Evil*. Bloomington: Indiana University Press, 1996.

Hughes, Christopher. *On a Complex Theory of a Simple God: An Investigation in Aquinas' Philosophical Theology*. Ithaca: Cornell University Press, 1989.

Hughes, Gerald. *The Nature of God*. New York: Routledge, 1995.

Hume, David. *Dialogues Concerning Natural Religion*. New York: Routledge, 1991. 『자연 종교에 관한 대화』(탁석산 역, 울산대학교출판부, 1998; 이태하 역, 나남, 2008).

Husserl, Edmund. *Cartesian Meditations: An Introduction to Phenomenology*. The Hague: M. Nijhoff, 1960. 『데카르트적 성찰』(이종훈 역, 철학과현실사, 1993; 한길사, 2002).

Huxley, T. H. *Agnosticism and Christianity, and Other Essays*. 1931. Reprint, Buffalo: Prometheus, 1992.

Hyman, Gavin. *The Predicament of Postmodern Theology: Radical Orthodoxy or Nihilist Textualism? Louisville*: Westminster John Knox Press, 2001.

Israel, Jonathan. *Radical Enlightenment: Philosophy and the Making of Modernity, 1650-1750*. Oxford: Oxford University Press, 2001.

Janik, Allan, and Stephen Toulmin. *Wittgenstein's Vienna*. New York: Simon & Schuster, 1973. 『빈, 비트겐슈타인, 그 세기말의 풍경: 합스부르크 빈의 마지막 날들과 비트겐슈타인의 탄생』(석기용 역, 이제이북스, 2005)

Johnson, Paul. *The Renaissance: A Short History*. New York: Modern Library, 2000. 『르네상스』(한은경 역, 을유문화사, 2003).

Jones, L. Gregory, and Stephen E. Fowl, eds. *Rethinking Metaphysics*. Oxford: Blackwell, 1995.

Jones, Serene. *Feminist Theology: Cartographies of Grace*. Minneapolis: Fortress Press, 2000.

Jones, W. T., and Robert Fogelin. *A History of Western Philosophy: The Twentieth Century of Quine and Derrida*. Fort Worth: Harcourt Brace Jovanovich College Pub., 1980.

Jordan, Mark. *The Alleged Aristotelianism of Thomas Aquinas*. Toronto: Pontifical Institute of Medieval Studies, 1992.

Karnos, David, and Robert Shoemaker. *Falling in Love with Wisdom: American Philosophers Talk about Their Calling*. New York: Oxford University Press, 1993.

Kaufmann, Walter, ed. *Existentialism: From Dostoevsky to Sartre*. New York: Meridian, 1956.

Kelsey, Catherine. *Thinking about Christ with Schleiermacher*. Louisville: Westminster John Knox Press, 2003.

Kerr, Fergus. *Theology After Wittgenstein*. Oxford: Blackwell, 1986.

Kirkham, Richard. *Theories of Truth: A Critical Introduction*. Cambridge: MIT Press, 1992.

Kisiel, Theodore. *The Genesis of Heidegger's Being and Time*. Berkeley: University of California Press, 1993.

Kockelmans, J. *Phenomenology: The Philosophy of Edmund Husserl and Its Interpretation*. Garden City, N.Y.: Anchor, 1967. 『후설의 현상학』(임헌규 역, 청계출판사, 2000).

Konyndyk, Kenneth. *Introductory Modal Logic*. Notre Dame: University of Notre Dame Press, 1986.

Koons, Robert. *Realism Regained: An Exact Theory of Causation, Teleology, and the Mind*. New York: Oxford University Press, 2000.

Kraye, Jill, ed. *The Cambridge Companion to Renaissance Humanism*. Cambridge: Cambridge University Press, 1996.

Kreeft, Peter, and Ronald Tacelli. *Handbook of Christian Apologetics: Hundreds of Answers to Crucial Questions*. Downers Grove, Ill.: InterVarsity Press, 1994.

Kretzmann, Norman. *The Metaphysics of Theism: Aquinas's Natural Theology in Summa Contra Gentiles I*. New York: Clarendon, 1997.

Kuehn, Manfred. *Kant: A Biography*. New York: Cambridge University Press, 2001.

Kuhn, Thomas. *The Structure of Scientific Revolutions*. Chicago: University of Chicago Press, 1970. 『과학혁명의 구조』(홍성욱 역, 까치글방, 2013).

Kvanvig, Jonathan. *The Possibility of an AllKnowing God*. New York: St. Martin's Press, 1986.

Lehrer, Keith. *Thomas Reid*. New York: Routledge, 1989.

Le Poidevin, Robin. *Arguing for Atheism: An Introduction to the Philosophy of Religion*. New York: Routledge, 1996.

Levinas, Emmanuel. *Of God Who Comes to Mind*, translated by Bettina Bergo. Stanford: Stanford University Press, 1998.

Lewis, C. S. *Mere Christianity*. 1952. Reprint, New York: Touchstone, 1996. 『순전한 기독교』(장경철·이종태 공역, 홍성사, 2001).

―――. *Miracles: A Preliminary Study*. New York: Macmillan, 1947. 『기적: 예비적 연구』(이종태 역, 홍성사, 2008).

Lindbeck, George. *The Nature of Doctrine: Religion and Theology in a Postliberal Age*. Philadelphia: Westminster Press, 1984. 『교리의 본성』(김영원 역, 도서출판 100, 2021).

―――. et al. *The Nature of Confession: Evangelicals and Postliberals in Conversation*, edited by Timothy R. Phillips and Dennis L. Okholm. Downers Grove, Ill.: InterVarsity Press, 1996.

Lloyd, Genevieve. *The Man of Reason: "Male" and "Female" in Western Philosophy*. Minneapolis: University of Minnesota Press, 1984.

Loux, Michael J. *Metaphysics: A Contemporary Introduction*. New York: Routledge, 1998. 『형이상학 강의: 전통 형이상학에 대한 분석적 탐구』(박제철 역, 아카넷, 2010).

―――. *Substance and Attribute: A Study in Ontology*. Boston: D. Reidel, 1978.

Lundin, Roger, Clarence Walhout, and Anthony Thiselton. *The Promise of Hermeneutics*. Grand Rapids: Eerdmans, 1999.

Lyotard, Jean-Francois. *The Postmodern Condition: A Report on Knowledge*. Minneapolis: University of Minnesota Press, 1984. 『포스트모던적 조건: 정보사회에서의 지식의 위상』(이현복 역, 서광사, 1992), 『포스트모던의 조건』(유정완·이삼출·민승기 공역, 민음사, 1992).

MacIntyre, Alasdair. *After Virtue: A Study in Moral Theory*. Notre Dame: University of Notre Dame

Press, 1981. 『덕의 상실』(이진우 역, 문예출판사, 1997).

──────. *First Principles, Final Ends, and Contemporary Philosophical Issues.* Milwaukee: Marquette University Press, 1990.

──────. *A Short History of Ethics.* New York: Macmillan, 1966.

Macquarrie, John. *Heidegger and Christianity.* London: SCM, 1994. 『하이데거와 기독교』(강학순 역, 한들출판사, 2006).

Marcuse, Herbert. *Eros and Civilization: A Philosophical Inquiry into Freud.* Boston: Beacon, 1966. 『에로스와 문명』(김종호 역, 박영사, 1975; 김인환 역, 나남, 1994, 2004; 박경일 역, 시사영어사, 1996).

Marion, Jean-Luc. *Being Given: Toward a Phenomenology of Givenness.* Stanford: Stanford University Press, 2002.

──────. *Cartesian Questions: Method and Metaphysics.* Chicago: University of Chicago Press, 1999.

──────. *God Without Being: Hors-Texte.* Chicago: University of Chicago Press, 1991.

──────. *Idol and Distance: Five Studies.* New York: Fordham University Press, 2001.

Markham, Ian. *Truth and the Reality of God: An Essay in Natural Theology.* Edinburgh: T. & T. Clark, 1998.

Marsh, James, John Caputo, and Merold Westphal. *Modernity and Its Discontents.* New York: Fordham University Press, 1992.

Martin, Francis. *The Feminist Question: Feminist Theology in the Light of Christian Tradition.* Grand Rapids: Eerdmans, 1994.

Martin, Glen. *From Nietzsche to Wittgenstein: The Problem of Truth and Nihilism in the Modern World.* New York: P. Lang, 1989.

McDonald, Paul. *History of the Concept of Mind: Speculations About Soul, Mind, and Spirit from Homer to Hume.* Burlington, Vt.: Ashgate, 2003.

McDonald, Scott. *Being and Goodness: The Concept of the Good in Metaphysics and Philosophical Theology.* Ithaca: Cornell University Press, 1991.

McFayden, Alistair. *The Call to Personhood: A Christian Theory of the Individual in Social Relationships.* New York: Cambridge University Press, 1990.

McInerny, Ralph. *St. Thomas Aquinas.* Boston: Twayne, 1977.

Mele, Alfred, ed. *The Oxford Handbook of Rationality.* New York: Oxford University Press, 2003.

Mellor, D. H. *The Facts of Causation.* New York: Routledge, 1995.

Menand, Louis. *The Metaphysical Club: A Story of Ideas in America.* London: Flamingo, 2001. 『메타피지컬 클럽』(정주연 역, 민음사, 2006).

Middleton, Richard, and Brian Walsh. *Truth Is Stranger Than It Used to Be: Biblical Faith in a Postmodern Age.* Downers Grove, Ill.: InterVarsity Press, 1995. 『포스트모던 시대의 기독교 세계관』(김기현·신광은 공역, 살림, 2007).

Milbank, John. *Theology and Social Theory: Beyond Secular Reason.* Cambridge, Mass.: Blackwell, 1990.

Mitchell, Basil. *The Justification of Religious Belief.* New York: Oxford University Press, 1981.

Moltmann, Jurgen. *The Crucified God: The Cross of Christ as the Foundation and Criticism of Christian Theology*, translated by John Bowden and R. A. Wilson. New York: Harper & Row, 1974. 『십자가에 달리신 하나님』(김균진 역, 한국신학연구소출판부, 1979).

──────. *Theology of Hope: On the Ground and the Implications of a Christian Eschatology*, translated by James W. Leitch. New York: Harper & Row, 1967. 『희망의 신학: 그리스도교적 종말론의 근거와 의미에 대한 연구』(이신건 역, 대한기독교서회, 2002).

Moore, Andrew. *Realism and Christian Faith: God, Grammar, and Meaning.* Cambridge: Cambridge University Press, 2003.

Moore, Stephen. *Poststructuralism and the New Testament: Derrida and Foucault at the Foot of the Cross.* Minneapolis: Fortress Press, 1994.

Moreland, James P. *Universals.* Montreal: McGill-Queen's University Press, 2001.

──────. and William Lane Craig. *Philosophical Foundations for a Christian Worldview.* Downers Grove, Ill.: InterVarsity Press, 2003. 이 책은 5권으로 나눠서 번역되었다. 『인식론: 기독교 세계관의 철학적 기초』(류의근 역, 기독교문서선교회, 2008), 『형이상학: 기독교 세계관의 철학적 기초』(류의근 역, 기독교문서선교회, 2006), 『과학 철학: 기독교 세계관의 철학적 기초 III』(김명석 역, 기독

교문서선교회, 2013), 『논리학·윤리학: 기독교 세계관의 철학적 기초 IV』(이경직 역, 기독교문서선교회, 2011), 『기독교 철학: 종교 철학과 철학적 신학: 기독교 세계관의 철학적 기초 V』(이경직·이성홈 공역, 기독교문서선교회, 2013).

―――. eds. *Naturalism: A Critical Analysis.* New York: Routledge, 2000.

Morris, Thomas. *Anselmian Explorations: Essays in Philosophical Theology.* Notre Dame: University of Notre Dame Press, 1987.

―――. *Making Sense of It All: Pascal and the Meaning of Life.* Grand Rapids: Eerdmans, 1992. 『파스칼의 질문: 〈팡세〉에 담긴 신과 인생의 방정식』(유자화·이윤 공역, 필로소픽, 2012).

―――. *Our Idea of God: An Introduction to Philosophical Theology.* Downers Grove, Ill.: InterVarsity Press, 1991.

Mossner, Ernest. *The Life of David Hume.* Austin: University of Texas Press, 1954.

Mouw, Richard. *The God Who Commands.* Notre Dame: University of Notre Dame Press, 1990.

Mullen, John D. *Hard Thinking: The Reintroduction of Logic into Everyday Life.* Lanham, Md.: Rowman & Littlefield, 1995.

Muller, Richard. *Post-Reformation Reformed Dogmatics.* Grand Rapids: Baker, 1987. 『종교 개혁 후 개혁주의 교의학』(이은선 역, 이레서원, 2002).

Murray, Michael, ed. *Reason for the Hope Within.* Grand Rapids: Eerdmans, 1999.

Neiman, Susan. *Evil in Modern Thought: An Alternative History of Philosophy.* Princeton: Princeton University Press, 2002.

Neuhaus, Richard John. *Doing Well and Doing Good: The Challenge to the Christian Capitalist.* New York: Doubleday, 1992.

Ni, Peimin. *On Reid.* Belmont, Calif.: Wadsworth, 2002.

Nicholi, Armand. *The Question of God: C. S. Lewis and Sigmund Freud Debate God, Love, Sex, and the Meaning of Life.* New York: Free Press, 2002. 『루이스 vs. 프로이트: 신의 존재·사랑·성·인생의 의미에 관한 유신론자와 무신론자의 대논쟁』(홍승기 역, 홍성사, 2004).

Noll, Mark. *The Princeton Theology, 1812-1921: Scripture, Science, and Theological Method from Archibald Alexander to Benjamin Breckinridge Warfield.* Grand Rapids: Baker, 2001.

Norton, David Fate, ed. *The Cambridge Companion to Hume.* Cambridge: Cambridge University Press, 1993.

Oberman, Heiko. *The Harvest of Medieval Theology: Gabriel Biel and Late Medieval Nominalism.* Cambridge: Harvard University Press, 1963.

O'Connell, Marvin R. *Blaise Pascal: Reasons of the Heart.* Grand Rapids: Eerdmans, 1997.

O'Connor, Timothy. *Persons and Causes: The Metaphysics of Free Will.* New York: Oxford University Press, 2000.

Olson, Alan. *Hegel and the Spirit: Philosophy as Pneumatology.* Princeton: Princeton University Press, 1992.

Olson, Roger, and Christopher Hall. *The Trinity.* Grand Rapids: Eerdmans, 2002.

O'Meara, Dominic J. *Neoplatonism and Christian Thought.* Norfolk, Va.: International Society for Neoplatonic Studies, 1981.

Ong, Walter J. *The Presence of the Word: Some Prolegomena for Cultural and Religious History.* New Haven: Yale University Press, 1967. 『언어의 현존』(이영걸 역, 탐구당, 1985).

Ott, Hugo. *Martin Heidegger: A Political Life.* New York: HarperCollins, 1993.

Padgett, Alan G. *God, Eternity and the Nature of Time.* New York: St. Martin's Press, 1992.

Parsons, Susan, ed. *The Cambridge Companion to Feminist Theology.* New York: Cambridge University Press, 2002.

Paul, Ellen F., and Fred D. Miller. *Human Flourishing.* New York: Cambridge University Press, 1999.

Peacocke, Arthur. *Creation and the World of Science.* New York: Oxford University Press, 1979.

Pelikan, Jaroslav. *The Christian Tradition: A History of the Development of Doctrine.* Chicago: University of Chicago Press, 1974. 『고대교회 교리사』(박종숙 역, 크리스챤다이제스트, 1995).

―――. *Christianity and Classical Culture: The Metamorphosis of Natural Theology in the Christian Encounter with Hellenism.* New Haven: Yale University Press, 1993.

Peterson, Michael. *God and Evil: An Introduction to the Issues.* Boulder, Colo.: Westview, 1998.

Phillips, D. Z. *Wittgenstein and Religion.* New York: St. Martin's Press, 1993.

―――. ed. *The Concept of Prayer.* New York: Schocken, 1966.

──────. and Timothy Tessin, eds. *Religion without Transcendence?* New York: St. Martin's Press, 1997.

Pinckaers, Servais. *The Pursuit of Happiness? God's Way: Living the Beatitudes.* New York: Alba House, 1998.

Pinnock, Clark, et al. *The Openness of God: A Biblical Challenge to the Traditional Understanding of God.* Downers Grove, Ill.: InterVarsity Press, 1994.

Placher, William C. *The Domestication of Transcendence: How Modern Thinking About God Went Wrong.* Louisville: Westminster John Knox Press, 1996.

Plantinga, Alvin. *The Analytic Theist: An Alvin Plantinga Reader*, edited by James F. Sennett. Grand Rapids: Eerdmans, 1998.

──────. *Essays in the Metaphysics of Modality*, edited by Matthew Davidson. New York: Oxford University Press, 2003.

──────. *God, Freedom, and Evil.* 1974. Reprint, Grand Rapids: Eerdmans, 1977. 『신·자유·악』(김완종, 우호용 공역, SFC, 2014)

──────. *The Nature of Necessity.* Oxford: Clarendon, 1974.

──────. *Warrant: The Current Debate.* New York: Oxford University Press, 1993.

──────. *Warranted Christian Belief.* New York: Oxford University Press, 2000.

──────. *Warrant and Proper Function.* New York: Oxford University Press, 1993.

──────. and Nicholas Wolterstorff, eds. *Faith and Rationality: Reason and Belief in God.* Notre Dame: University of Notre Dame Press, 1983.

Polkinghorne, John C. *The Faith of a Physicist: Reflections of a Bottom-Up Thinker.* Princeton: Princeton University Press, 1994.

Pope John Paul II. *Fides et Ratio.* Washington, D.C.: United States Catholic Conference, 1998. 「신앙과 이성」(1998)『가톨릭교회의 가르침』(10호, 이재룡 역, 한국천주교중앙협의회, 1999), pp. 32-152. CBCK 홈페이지(www.cbck.or.kr)에서 전자책으로 열람 가능.

Porter, Roy. *The Enlightenment.* New York: Palgrave, 2001.

Power, David. *Sacrament: The Language of God's Giving.* New York: Crossroad, 1999.

Prado, C. G. *A House Divided: Comparing Analytic and Continental Philosophy.* Amherst, N.Y.: Humanity Books, 2003.

Quinn, Philip. *Divine Commands and Moral Requirements.* Oxford: Clarendon, 1978.

──────. ed. "Kant's Philosophy of Religion." Special issue, *Faith and Philosophy* 17, no. 4.

──────. and Kevin Meeker, eds. *The Philosophical Challenge of Religious Diversity.* New York: Oxford University Press, 2000.

Quinton, Anthony. *Hume.* New York: Routledge, 1999.

Ratzsch, Del. *Nature, Design, and Science: The Status of Design in Natural Science.* Albany: State University of New York Press, 2001.

Rea, Michael. *World Without Design: The Ontological Consequence of Naturalism.* New York: Clarendon, 2002.

Ricoeur, Paul. *Figuring the Sacred: Religion, Narrative, and Imagination*, edited by Mark I. Wallace. Minneapolis: Fortress Press, 1995.

──────. *Oneself as Another*, translated by Kathleen Blamey. Chicago: University of Chicago Press, 1992. 『타자로서 자기 자신』(김웅권 역, 동문선, 2006).

Ringe, Sharon. *Wisdom's Friends: Community and Christology in the Fourth Gospel.* Louisville: Westminster John Knox Press, 1999.

Rist, John. *Augustine: Ancient Thought Baptized.* New York: Cambridge University Press, 1994.

──────. *Platonism and Its Christian Heritage.* London: Variorum Reprints, 1985.

──────. *The Stoics.* Berkeley: University of California Press, 1978.

Rorem, Paul. *Pseudo-Dionysius: An Introduction to the Texts and Commentary on Their Influence.* New York: Oxford University Press, 1993.

Rorty, Richard. *Consequences of Pragmatism: Essays, 1972-1980.* Minneapolis: University of Minnesota Press, 1982. 「실용주의의 결과」(김동식 역, 민음사, 1996).

──────. *Objectivity, Relativism and Truth.* New York: Cambridge University Press, 1991.

──────. *Philosophy and the Mirror of Nature.* Princeton: Princeton University Press, 1979.

Rouner, Leroy, ed. *Is There a Human Nature?* Notre Dame: University of Notre Dame Press, 1997.

Russell, Bertrand. *Why I Am Not a Christian, and Other Essays on Religion and Related Subjects*. New York: Simon & Schuster, 1957. 『나는 왜 크리스챤이 아닌가』(조경원 역, 민중서각, 1986), 『종교는 필요한가』(이재황 역, 범우사, 1990), 『나는 왜 기독교인이 아닌가』(황동문 역, 한그루, 1988; 송은경 역, 사회평론 1999).

Russell, Letty M., ed. *Feminist Interpretation of the Bible*. Philadelphia: Westminster, 1985.

Rutherford, Donald. *Leibniz and the Rational Order of Nature*. New York: Cambridge University Press, 1995.

Sandbach, F. H. *The Stoics*. New York: Norton, 1975.

Sanders, John. *The God Who Risks: A Theology of Providence*. Downers Grove, Ill.: InterVarsity Press, 1998.

Saussure, Ferdinand de. *Course in General Linguistics*, translated by Wade Baskin. New York: Philosophical Library, 1959. 『일반 언어학 강의』(오원교 역, 형설출판사, 1973; 최승언 역, 민음사, 1990; 김현권 역, 지식을만드는지식, 2008).

Schmitt, Frederick. *Truth: A Primer*. Boulder, Colo.: Westview Press, 1995.

Schor, Naomi, and Elizabeth Weed. *The Essential Difference*. Bloomington: Indiana University Press, 1994.

Scruton, Roger. *Kant: A Very Short Introduction*. New York: Oxford University Press, 2001. 『칸트』(김성호 역, 시공사, 1999). OUP의 A Very Short Introduction 시리즈로 나오기 이전의 판에서 번역한 듯 하다. 한국어판에는 OUP판의 7장 Enlightenment and law 부분이 빠져 있다.

Searle, John. *The Construction of Social Reality*. New York: Free Press, 1995.

Sessions, William Lad. *The Concept of Faith: A Philosophical Investigation*. Ithaca: Cornell University Press, 1994.

————. *Reading Hume's Dialogues: A Veneration for True Religion*. Bloomington: Indiana University Press, 2002.

Seymour, Charles Steven. *A Theodicy of Hell*. Boston: Kluwer Academic, 2000.

Shanks, Andrew. *Hegel's Political Theology*. New York: Cambridge University Press, 1991.

Shaw, Gregory. *Theurgy and the Soul: The Neoplatonism of Iamblichus*. University Park, Pa.: Pennsylvania State University Press, 1995.

Schrag, Calvin. *The Self After Postmodernity*. New Haven: Yale University Press, 1997. 『탈근대적 자아를 넘어서』(문정복·김영필 공역, 울산대학교출판부, 1999).

Shults, LeRon. *Reforming Theological Anthropology: After the Philosophical Turn to Relationality*. Grand Rapids: Eerdmans, 2003.

Singer, Peter. *Hegel: A Very Short Introduction*. New York: Oxford University Press, 2001.

————. *Marx*. New York: Hill & Wang, 1980.

Smith, James K. A. *The Fall of Interpretation: Philosophical Foundations for a Creational Hermeneutic*. Downers Grove, Ill.: InterVarsity Press, 2000. 『해석의 타락: 창조적 해석학을 위한 철학적 기초』(임형권 역, 대장간, 2015).

————. *Speech and Theology: Language and the Logic of Incarnation*. New York: Routledge, 2002.

Sobosan, Jeffrey. *Romancing the Universe: Theology, Cosmology, and Science*. Grand Rapids: Eerdmans, 1999.

Sokolowski, Robert. *Introduction to Phenomenology*. New York: Cambridge University Press, 2000.

Solomon, Robert C. *From Rationalism to Existentialism: The Existentialists and Their Nineteenth-Century Backgrounds*. New York: Harper & Row, 1972.

————. *A Passion for Wisdom: A Very Brief History of Philosophy*. New York: Oxford University Press, 1997. 『(한권으로 읽는)철학사.zip』(박근재·서광열 공역, 작은이야기, 2004).

Sorrell, Tom. *Descartes: A Very Short Introduction*. 1987. Reprint, New York: Oxford University Press, 2000.

Soskice, Janet Martin. *Metaphor and Religious Language*. New York: Clarendon, 1985.

Southern, R. W. *Saint Anselm: A Portrait in a Landscape*. New York: Cambridge University Press, 1990.

Spiegelberg, Herbert. *The Phenomenological Movement: A Historical Introduction*. The Hague: M. Nijhoff, 1982. 『현상학적 운동』1-2(최경호·박인철 공역, 이론과 실천, 1991-1992).

Springsted, Eric. *The Act of Faith: Christian Faith and the Moral Self*. Grand Rapids: Eerdmans, 2002.

Stevenson, Leslie, and David Haberman. *Ten Theories of Human Nature*. New York: Oxford University Press, 1998. 『인간의 본성에 관한 10가지 이론』(박중서 역, 갈라파고스, 2006).

Stich, Stephen, and Ted Warfield, eds. *The Blackwell Guide to Philosophy of Mind*. Malden, Mass.: Blackwell, 2003.

Stiver, Dan R. *The Philosophy of Religious Language: Sign, Symbol, and Story*. Cambridge, Mass.: Blackwell, 1996. 『종교 언어 철학』(정승태 역, 침례신학대학교출판부, 2001).

Stock, Brian. *Augustine the Reader: Meditation, Self-Knowledge, and the Ethics of Interpretation*. Cambridge: Harvard University Press, 1996. 110 Bibliography

Stump, Eleonore. *Aquinas*. New York: Routledge, 2003.

———. and Norman Kretzmann, eds. *The Cambridge Companion to Augustine*. New York: Cambridge University Press, 2001.

Swinburne, Richard. *The Christian God*. New York: Clarendon, 1994.

———. *The Coherence of Theism*. Oxford: Clarendon, 1977.

———. *The Concept of Miracle*. New York: St Martin's Press, 1970.

———. *The Evolution of the Soul*. New York: Clarendon, 1986.

———. *The Existence of God*. New York: Clarendon, 1979.

———. *Miracles*. London: Macmillan, 1989.

———. *Revelation: From Metaphor to Analogy*. Oxford: Clarendon, 1992.

———. *Simplicity as Evidence of Truth*. Milwaukee: Marquette University Press, 1997.

Taliaferro, *Charles. Consciousness and the Mind of God*. New York: Cambridge University Press, 1994.

Tanner, Michael. *Nietzsche*. New York: Oxford University Press, 1994.

Taylor, C. C. W., and R. M. Hare, eds. *Greek Philosophers*. New York: Oxford University Press, 1999.

Taylor, Charles. *Sources of the Self: The Making of the Modern Identity*. Cambridge: Harvard University Press, 1989. 『자아의 원천들: 현대적 정체성의 형성』(권기돈·하주영 공역, 새물결, 2015).

———. *Varieties of Religion Today: William James Revisited*. Cambridge: Harvard University Press, 2002.

Taylor, Mark C. *Erring: A Postmodern A/Theology*. Chicago: University of Chicago Press, 1984.

Thiselton, Anthony. *New Horizons in Hermeneutics*. Grand Rapids: Zondervan, 1992. 『해석의 새로운 지평』(최승락 역, SFC, 2015).

Torrance, Thomas F. *Divine and Contingent Order*. Edinburgh: T. & T. Clark, 1998.

Trible, Phyllis. *Texts of Terror: Literary-Feminist Readings of Biblical Narratives*. Philadelphia: Fortress Press, 1984. 『성서에 나타난 여성의 희생』(도서출판 100, 2022 출간 예정).

Trigg, Roger. *Ideas of Human Nature: An Historical Introduction*. New York: Blackwell, 1988. 『인간이란 무엇인가』(정철호 역, 이론과 실천, 1993), 『인간 본성에 관한 10가지 철학적 성찰』(최용철 역, 자작나무, 1996).

Turner, James. *Without God, Without Creed: The Origins of Unbelief in America*. Baltimore: Johns Hopkins University Press, 1985.

Twiss, Sumner, and Walter Conser, eds. *Experience of the Sacred: Readings in the Phenomenology of Religion*. Hanover, N.H.: University Press of New England, 1992.

Van Buren, John. *The Young Heidegger: Rumor of the Hidden King*. Bloomington: Indiana University Press, 1994.

Vanhoozer, Kevin. *Is There a Meaning in This Text? The Bible, the Reader, and the Morality of Literary Knowledge*. Grand Rapids: Zondervan, 1998. 『이 텍스트에 의미가 있는가?: 포스트모던 시대의 성경 해석학』(김재영 역, 한국 IVP, 2003).

Vanier, Jean. *Happiness: A Guide to a Good Life: Aristotle for the New Century*. New York: Arcade, 2001.

Van Inwagen, Peter, and Dean Zimmerman. *Metaphysics: The Big Questions*. Malden, Mass.: Blackwell, 1998.

Volf, Miroslav. *Exclusion and Embrace: A Theological Exploration of Identity, Otherness, and Reconciliation*. Nashville: Abingdon, 1996. 『배제와 포용』(박세혁 역, 한국 IVP, 2012)

Wainwright, William. *Reason and the Heart: A Prolegomenon to a Critique of Passional Reason*. Ithaca: Cornell University Press, 1995.

Wallace, Mark. *Fragments of the Spirit: Nature, Violence, and the Renewal of Creation*. New York:

Continuum, 1996.

Wallace, Stan, ed. *Does God Exist? The CraigFlew Debate*. Burlington, Vt.: Ashgate, 2002.

Walls, Jerry. *Hell: The Logic of Damnation*. Notre Dame: University of Notre Dame Press, 1992.

Ward, Tim. *Word and Supplement: Speech Acts, Biblical Texts, and the Sufficiency of Scripture*. New York: Oxford University Press, 2002.

Warner, Richard, and Tadeusz Szubka, eds. *The Mind-Body Problem: A Guide to the Current Debate*. Oxford: Blackwell, 1994.

Watson, Natalie. *Feminist Theology*. Grand Rapids: Eerdmans, 2003.

Watson, Richard. *Cogito, Ergo Sum: The Life of Rene Descartes*. Boston: David R. Godine, 2002.

West, Cornel. *The Cornel West Reader*. New York: Basic Civitas Books, 2000.

Westphal, Merold. *Becoming a Self: A Reading of Kierkegaard's Concluding Unscientific Postscript*. West Lafayette, Ind.: Purdue University Press, 1996.

――――. *Overcoming Onto-Theology: Toward a Postmodern Christian Faith*. New York: Fordham University Press, 2001.

――――. *Suspicion and Faith: The Religious Uses of Modern Atheism*. Grand Rapids: Eerdmans, 1993.

――――. ed. *Postmodern Philosophy and Christian Thought*. Bloomington: Indiana University Press, 1999.

Wierenga, Edward. *The Nature of God: An Inquiry into Divine Attributes*. Ithaca: Cornell University Press, 1989.

Wilcox, Donald J. *In Search of God and Self: Renaissance and Reformation Thought*. Boston: Houghton Mifflin, 1975.

Williams, Thomas, ed. *The Cambridge Companion to Duns Scotus*. New York: Cambridge University Press, 2003.

Wing, Adrien, ed. *Critical Race Feminism: A Reader*. New York: New York University Press, 1997.

Winston, David. *Logos and Mystical Theology in Philo of Alexandria*. Hoboken, N.J.: Hebrew Union College Press, 1985.

Wolter, Allan, and Marilyn McCord Adams, eds. *The Philosophical Theology of Duns Scotus*. Ithaca: Cornell University Press, 1990.

Wolterstorff, Nicholas. *Art in Action: Toward a Christian Aesthetic*. Grand Rapids: Eerdmans, 1980.『행동하는 예술: 창조 세계의 샬롬을 회복하는 예술의 실천적 본질』(신국원 역, 한국 IVP, 2010).

――――. *Divine Discourse: Philosophical Reflections on the Claim That God Speaks*. New York: Cambridge University Press, 1995.

――――. "God Everlasting," in *God and the Good*, ed. Clifton Orlebeke and Lewis Smedes. Grand Rapids: Eerdmans, 1975.

――――. *Lament for a Son*. Grand Rapids: Eerdmans, 1987.『나는 사랑하는 사람을 잃었습니다』(박혜경 역, 좋은 씨앗, 2003).

――――. *Reason within the Bounds of Religion*. Grand Rapids: Eerdmans, 1976.『종교의 한계 내에서의 이성』(도서출판 100, 2022 출간 예정).

――――. *Thomas Reid and the Story of Epistemology*. New York: Cambridge University Press, 2001.

――――. *Until Justice and Peace Embrace*. Grand Rapids: Eerdmans, 1983.『정의와 평화가 입 맞출 때까지』(홍병룡 역, 한국 IVP, 2007).

Wood, Allan. *Kant's Rational Theology*. Ithaca: Cornell University Press, 1978.

Wood, W. Jay. *Epistemology: Becoming Intellectually Virtuous*. Downers Grove, Ill.: InterVarsity Press, 1998.

Woods, John. *Argument: Critical Thinking, Logic and the Fallacies*. Toronto: PrenticeHall, 2000.

Yandell, Keith. *Hume's "Inexplicable Mystery": His Views on Religion*. Philadelphia: Temple University Press, 1990.

Yong, Amos. *Beyond the Impasse: Toward a Pneumatological Theology of Religions*. Grand Rapids: Baker Academic, 2003.

Zagzebski, Linda, ed. *Rational Faith: Catholic Responses to Reformed Epistemology*. Notre Dame: University of Notre Dame Press, 1993.

상호 참조 색인

* 원서의 상호 참조 색인에 역자가 일부 목록을 보충하였다.

덕(Virtue)	아리스토텔레스, 아퀴나스, 윤리학, 윤리학(성경적)
데리다, 자크(Derrida, Jacques)	해체
도덕 실재론(Moral Realism)	선·선함
도덕 정서설(Emotive Theory of Ethics ;Emotivism)	선·선함, 실증주의
도덕(Morality)	윤리학
도덕적 논증(증명)(Moral Argument)	신 존재 논증
뒤나미스(▸▸ 가능태)	아리스토텔레스
리드, 토마스(Reid, Thomas)	상식 철학
만유재신론(▸▸ 범재신론)	편재
명목론(▸▸ 유명론)	보편자, 오컴
모나드(Monads)	라이프니츠
목적론적 논증(증명)(Argument from Design)	신 존재 논증
목적론적 윤리학(Teleological Ethics)	목적론, 윤리학, 행복
목적인(Final Cause; τέλος)	아리스토텔레스
무한퇴행(Infinite Regress)	신 존재 논증, 이성과 믿음
미세조정 논증(Fine-Tuning Argument)	신 존재 논증
믿음(Belief)	신앙, 신앙과 이성, 인식론
반/신학(a/Theology)	니체, 해체
반명제(▸▸ 안티테제)	헤겔
반본질주의(Anti-Essentialism)	본질·본질주의, 페미니즘·페미니스트 철학
반유신론(Antitheism)	무신론
반정립(▸▸ 안티테제)	헤겔
방법론적 자연주의(Methodological Naturalism)	자연주의·유물론
방법적 회의(Methodological Doubt)	데카르트
백지(blank slates)(▸▸ 타불라 라사)	인식론
버클리, 조지(Berkeley, George)	관념론
범신론(Pantheism)	하나님(신앙의)
범재신론(Panentheism)	편재
변신론	▸▸ 신정론
보복적 정의(▸▸ 응보적 정의)	정의
보살핌의 윤리(Ethic of Care)	페미니즘·페미니스트 철학
보증(Warrant)	인식론
보편구원론(Universalism)	지옥
본유관념(Innate Idea)	인식론, 칸트, 흄
본체론적 논증(▸▸ 존재론적 논증)	데카르트, 신 존재 논증, 안셀무스
부동의 원동자(사동자)(Unmoved Mover; ὁ οὐ κινούμενον κινεῖ)	
	신 존재 논증, 우주론, 아리스토텔레스

부정 신학(Negative Theology)	신플라톤주의, 위-디오니시오스, 종교 언어, 해체
분유(Participation; μέθεξις)	보편자, 신플라톤주의, 플라톤·플라톤주의
불가지론(Agnosticism)	하나님(신앙의)
비신화화(▸▸ 탈신화화)	계몽주의, 자연주의·유물론
비엔나 서클(학파)(Vienna Circle)	실증주의
비초자연화(▸▸ 탈초자연화)	계몽주의, 자연주의·유물론
비토대론/비토대주의(Nonfoundationalism)	인식론
비형식적 오류(Informal Fallacy)	논리학
비환원적 유물론(Nonreductionist Materialism)	마음·영혼·정신
사랑(Love)	아우구스티누스, 윤리학(성경적)
사신 신학(Death of God Theology)	실증주의, 포스트모더니즘
삼위일체(Trinity)	단순성, 실체
상기(Recollection; ἀνάμνησις)	아우구스티누스, 플라톤·플라톤주의
상식적 실재론(Common Sense Realism)	상식 철학
생득관념(▸▸ 본유관념)	인식론, 칸트, 흄
샤르트르, 장-폴(Sartre, Jean-Paul)	실존주의, 허무주의
선결문제 요구의 오류(Begging the question)	논리학
선험적(▸▸ 아프리오리)	신 존재 논증
설계 논증(Design Argument)	신 존재 논증
성부수난설(Patripassianism)	불변성·무감수성
세계-내-존재(Being-in-the-world; In-der-Welt-sein)	하이데거, 해석학
소박실재론(Naïve Realism)	관점주의, 실재론·반실재론
속죄(Atonement)	안셀무스
시간(Time)	영원·불후
신 명령 이론/신명론(Divine Command Theory)	윤리학(성경적)
신 존재 증명(Proofs for Existence of God)	신 존재 논증
신감각(Sensus divinitatis)	이성과 믿음
신명론(▸▸ 신 명령 이론)	윤리학(성경적)
신스콜라 철학(Neo-Scholasticism)	둔스 스코투스
신앙주의(Fideism)	신앙과 이성
아파테이아(Apatheia; ἀπάθεια)	스토아 철학
아포스테리오리(a posteriori)	신 존재 논증
아프리오리(a priori)	신 존재 논증
안티테제(Antithesis)	헤겔
애매어 사용의 오류(Equivocation)	논리학
약한 결정론(Soft Determinism)	자유 의지
양립 가능론(Compatibilism)	자유 의지

양상 논리학(Modal Logic)	논리학, 본질·본질주의, 필연성
언어게임(Language Games)	비트겐슈타인
언어그림이론(Picture Theory of Language)	비트겐슈타인
언어놀이(▸▸ 언어게임)	비트겐슈타인
에우다이모니아(*Eudaimonia*)	아리스토텔레스, 아퀴나스, 행복
연역법(Deduction)	논리학
열린 유신론(Open Theism)	과정 사상, 불변성·무감수성, 아우구스티누스, 하나님의 본성, 전능, 전지·예지, 편재
영원회귀(Eternal Return)	니체
영지주의(Gnosticism)	마음·영혼·정신
영혼멸절설(Annihilationism)	부활·불멸성, 지옥
영혼-형성 신정론(Soul-Making Theodicy)	신정론
예지계(Noumenal/Intelligible World; νοούμενον)	다원주의·배타주의·포용주의, 플라톤·플라톤주의, 칸트
오류(Fallacies)	논리학
오컴의 면도날(Ockham's Razor)	오컴
우시아(Ousia; οὐσία)	▸▸ 실체
우주론적 논증(증명)(Cosmological Argument)	신 존재 논증
유명론(Nominalism)	보편자, 오컴
유물론(Materialism)	마르크스, 마음·영혼·정신, 무신론, 자연주의·유물론
유비, 유비적 언어(Analogy, Analogical Language)	신인동형론적 언어, 아퀴나스, 종교 언어, 초월
유신론(Theism)	하나님(신앙의)
은혜(Grace)	아우구스티누스
응보적 정의(Retributive Justice)	정의
의무론(Deontology)	윤리학
의미 검증 이론(Verification Theory of Meaning)	실증주의, 종교 언어
이것임(▸▸ 개별성의 원리)	둔스 스코투스
이데아(Idea ;ἰδέα)	▸▸ 형상
이모(우)티비즘(▸▸ 도덕 정서설)	선·선함, 실증주의
이성주의(▸▸ 합리론)	데카르트, 라이프니츠, 이성·합리성, 인식론, 철학, 칸트
이신론(Deism)	하나님(신앙의)
이해를 추구하는 믿음(*fides quaerens intellectum*)	신앙과 이성
인신공격의 오류(*Ad hominem*)	논리학
일률성(▸▸ 제일성)	기적
일신론(Monotheism)	하나님(신앙의)
일양성(▸▸ 제일성)	기적

에고(Ego)	자아(Self)
엔텔레케이아(▸▸ 현실태)	존재와 선함
자유의지론(Libertarianism)	자유 의지
자존성(Aseity)	불변성·무감수성, 하나님(신앙의)
작용인(Efficient Cause)	아리스토텔레스
재현(▸▸ 표상)	관념론, 상식 철학
저자의 의도(Authorial Intent)	해석학
전제주의(Presuppositionalism)	관점주의, 모더니티·모더니즘, 변증학, 신앙과 이성, 포스트모더니즘
절대정신(Absolute Spirit; Absoluter Geist)	헤겔
정당화(Justification)	인식론
정서주의(▸▸ 도덕 정서설)	선·선함, 실증주의
정신분석학(Psychoanalysis)	프로이트
정초주의(▸▸ 토대론)	이성과 믿음, 인식론, 포스트모더니즘
정합성/정합론(Coherence; Coherentism)	인식론, 진리
제1원동자(First/Prime Mover)	신 존재 논증, 아리스토텔레스, 형이상학·존재론
제1원리(First Principles)	아퀴나스, 인식론, 철학
제거적 유물론(Eliminative Materialism)	환원주의
제일성(Uniformity)	기적
제임스, 윌리엄(James, William)	실용주의
조명(Illumination)	신앙과 이성, 아우구스티누스, 해석학
존재론적 논증(증명)(Ontological Argument)	데카르트, 신 존재 논증, 안셀무스
주의주의(Voluntarism)	오컴, 둔스 스코투스
주체/주관(성)(Subject/-ivity)	데카르트, 키에르케고어
중간 지식(Middle Knowledge)	전지·예지
중용(Doctrine of The Mean)	신인동형론적 언어, 아리스토텔레스, 윤리학
증거주의(Evidentialism)	무신론, 변증학, 이성과 믿음
지혜(Wisdom)	철학
진리대응론(Correspondence Theory of Truth)	진리
진리정합론(Coherence Theory of Truth)	진리
질료인(Material Cause)	아리스토텔레스
참여(▸▸ 분유)	보편자, 신플라톤주의, 플라톤·플라톤주의
창발(Emergence)	마음·영혼·정신
초인(Overman ;Übermensch)	니체
충족이유율(Principle of Sufficient Reason)	라이프니츠
카뮈, 알베르(Camus, Albert)	실존주의, 허무주의
코기토(Cogito)	데카르트, 자아

콩트, 오귀스트(Comte, Auguste)	실증주의
쾌락주의(Hedonism)	행복
크리스천 사이언스(Christian Science)	신정론
타당성(Validity)	논리학
타불라 라사(*Tabula Rasa*)	인식론
탈신화화(Demythologizing/-ation)	계몽주의, 자연주의·유물론
탈초자연화(Desupernaturalization)	계몽주의, 자연주의·유물론
탈토대론/탈토대주의(Postfoundationalism)	이성과 믿음, 인식론, 포스트모더니즘
토대론/토대주의(Foundationalism)	이성과 믿음, 인식론, 포스트모더니즘
토미즘(Thomism)	둔스 스코투스, 아퀴나스
페트라르카(Petrarch)	르네상스 인문주의
표상(Representation; μίμησις)	관념론, 상식 철학
플로티노스(Plotinus; Πλωτῖνος)	신플라톤주의
합리론/합리주의(Rationalism)	데카르트, 라이프니츠, 이성·합리성, 인식론, 철학, 칸트
해석(Interpretation)	해석학
해석학적 순환(Hermeneutics Circle)	슐라이어마허
행복주의(Eudaimonism)	행복
허수아비 논증(Straw Man Argument)	논리학
험증주의(▶▶ 증거주의)	무신론, 변증학, 이성과 믿음
현상계(Phenomenal World)	다원주의·배타주의·포용주의
현실태(Actuality; ἐντελέχεια/ἐνέργεια)	존재와 선함
현존재(Dasein)	하이데거
형상/이데아(Form ;εἶδος)	관념론, 영원·불후, 플라톤·플라톤주의
형상인(Formal Cause; εἶδος)	아리스토텔레스
호신론	▶▶ 신정론
화이트헤드, 알프레드 노스(Whitehead, Alfred North)	
	과정 사상
화행 이론(Speech-act Theory)	일상 언어 철학
확률적 우위(Balance of Probabilities)	신 존재 논증
환원적 유물론(Reductionistic Materialism)	마음·영혼·정신
후기자유주의(Postliberalism)	모더니티·모더니즘, 실재론·반실재론, 인식론
후기 칸트주의(Post-Kantian)	계몽주의, 종교 언어, 초월
후설, 에드문트(Husserl, Edmund)	현상학
후험적(▶▶ 아포스테리오리)	신 존재 논증
힉, 존(Hick, John)	다원주의·배타주의·포용주의, 신정론

인명 색인

신학 공부를 위해 필요한 101가지 철학 개념
101 Key Terms in Philosophy and Their Importance for Theology

초판 1쇄 발행 2017. 6. 9.
초판 3쇄 발행 2018. 3. 23.
개정판 1쇄 발행 2021. 9. 1.

지은이 켈리 제임스 클락, 리처드 린츠, 제임스 K. A. 스미스
옮긴이 김지호
펴낸이 김지호

도서출판 100
전　화 070-4078-6078
팩　스 050-4373-1873
소재지 경기도 고양시 덕양구 행신동
이메일 100@100book.co.kr
홈페이지 www.100book.co.kr
등록번호 제2016-000140호

정　가 13,000원
ISBN 979-11-89092-24-5